AF482441

MARKETING
EMPRESARIAL

Diseño de tapa:
JUAN PABLO OLIVIERI

PHILIP KOTLER

HERMAWAN KARTAJAYA
HOOI DEN HUAN
JACKY MUSSRY

MARKETING
EMPRESARIAL

MÁS ALLÁ DEL PROFESIONALISMO, HACIA LA CREATIVIDAD, EL LIDERAZGO Y LA SOSTENIBILIDAD

GRANICA

Marketing empresarial : más allá del profesionalismo hacia la creatividad, el liderazgo y la sostenibilidad / Philip Kotler ... [*et al.*]. - 1a edición especial - Ciudad Autónoma de Buenos Aires : Granica, 2024.
   390 p. ; 22 x 15 cm.

   ISBN 978-631-6544-24-7

   1. Marketing Estratégico. I. Kotler, Philip.
CDD 658.802

A mis nueve nietas y nietos: Jordan, Jamie, Ellie, Abbie, Olivia, Sam, Saffire, Shaina y Dante.

PHILIP KOTLER

A Joko Widodo, presidente de la República de Indonesia (2014-2024), quien lidera la presidencia del G20 en Indonesia (2022) y la presidencia de la ASEAN (2023), que traerán la sabiduría indonesia a la humanidad mundial. Estoy muy orgulloso de ti.

HERMAWAN KARTAJAYA

A mis maravillosos padres, esposa, hijas y hermanas.

HOOI DEN HUAN

A mi familia, que siempre creyó en mí, a los maestros y a aquellos que fallecieron demasiado pronto debido al COVID-19.

JACKY MUSSRY

Índice

Palabras preliminares

Este libro es un obsequio oportuno para la siguiente generación de comercializadores. *Marketing empresarial* podría ser el manual de estrategia para lo que Henry David Thoreau describió como: "una corporación consciente... una corporación con una conciencia para la humanidad".

El libro establece marcos pragmáticos y probados para que los especialistas en marketing del siglo XXI creen una civilización colaborativa y sostenible. Su rigor intelectual es absoluto.

Recomiendo mantener *Marketing empresarial* al alcance de la mano (como continuación del aclamado *Marketing Management* de Kotler, ¡ahora en su 16ª edición!). Este libro es una lectura obligatoria para los CEO, CFO, CIO y otros altos directivos. Hace un excelente trabajo con herramientas analíticas contables y financieras. En una laboriosa tarea perspicaz señala los desarrollos futuros en marketing, y cómo permanecer flexible y alerta ante las tensiones gerenciales inherentes al interior de cualquier empresa.

RUSS KLEIN

Ex ejecutivo de agencia de publicidad, Leo Burnett;
Foote, Cone & Belding; ex CMO de Inspire Brands
(Arby's, 7-Eleven, Dr Pepper/7UP, Church's Chicken);
ex presidente mundial de Burger King; ex CEO
de American Marketing Association

Prólogo

El marketing en la era posnormal

En los últimos años han habido muchos cambios, desde avances tecnológicos que revolucionaron la manera en que nos comunicamos, hasta hechos que han sacudido al mundo, como la pandemia de COVID-19. Aunque existe mucha incertidumbre en torno a esos cambios, un factor queda claro: los negocios nunca serán lo mismo.

Y eso incluye el marketing. En el pasado, un enfoque tradicional o procedimental una y otra vez podría haber dado resultados confiables. En este libro nos referiremos a ese enfoque como marketing profesional, que a menudo se asocia con conceptos como segmentación, focalización, posicionamiento y gestión del producto y de la marca. La metodología lenta, de un paso a la vez, puede haber sido una gran opción para una era menos conectada. Ahora ya no lo es.

El mundo cambiante y vertiginoso de hoy exige una estrategia de marketing que pueda encajar en todas partes, y ser lo bastante ágil como para mutar cuando sea necesario. Un enfoque empresarial puede ser el boleto para que las organizaciones estén interconectadas, sean flexibles y estén orientadas hacia los resultados.

Aunque el concepto de marketing empresarial no es necesariamente nuevo, se hace esencial una versión más amplia. Su definición original se refería a una combinación de marketing y elementos de emprendimiento. Sin embargo, debido a los recientes acontecimientos en todo el mundo, ese enfoque debe tener un alcance más amplio, una perspectiva holística si se quiere. Se trata de una que consiga integrar a todos los otros departamentos de una empresa; que no permanezca en un silo, como a menudo lo ha hecho el marketing (y otras funciones) en el pasado. Y que también combine una mentalidad emprendedora con una mentalidad profesional.

Ese nuevo género de marketing empresarial toma el centro del escenario cuando tenemos en cuenta la manera en que se ha visto afectado nuestro mundo por la pandemia. Y mantiene su importancia cuando evaluamos las tecnologías actualmente disponibles que pueden conectarnos. Al dirigir nuestra mirada hacia los próximos años, vemos que nos esperan metas para iniciativas como los "Objetivos de desarrollo sostenible". Las Naciones Unidas los adoptaron en 2015 como un marco para poner fin a la pobreza y proteger el planeta. Su cronograma espera conseguir estos objetivos en 2030.

Podríamos decir que, en cierto sentido, se han sentado las bases para esta nueva versión del marketing empresarial. Pensemos en la tecnología *online*, por ejemplo. Los clientes pueden buscar fácilmente lo que desean, conocer empresas y realizar compras. Tanto pequeñas como grandes empresas pueden formar parte de esta comunicación interactiva. El sistema crea caminos para un compromiso más fuerte, una mayor retención de clientes y niveles más altos de fidelidad.

El marketing empresarial lleva esas capacidades al siguiente nivel. Busca formas no solo de conectarse con los clientes, sino también de hablar directamente con ellos. Es más práctico. (¿Quiere saber si una solución está funcionando? En lugar de ejecutar un informe, ¡simplemente pregúnteselo a los clientes!)

Además, los avances digitales han simplificado más que nunca la integración de varias funciones de una organización. El marketing empresarial interactúa con otras áreas, incluidas las finanzas y los departamentos de tecnología y de operaciones. Respalda el liderazgo (y asume un papel de liderazgo en sí mismo) y elabora estrategias de iniciativas. Aboga por la innovación y responde rápidamente al cambio. De hecho, agrega valor a la organización y a sus accionistas.

Si comienza a pensar que el nuevo género de marketing empresarial se parece bastante a un emprendedor, tiene razón. Esta metodología alienta la toma de riesgos y está orientada a los resultados, con los siguientes resultados[1]: desea intensamente la productividad[2], siempre está buscando oportunidades para mejorar el nuevo género de marketing empresarial con tantos grandes potenciales para sacar provecho.

---

1 Extraído el 20 de agosto de https://www.marketing-schools.org/types-of-marketing/entrepreneurial-marketing/

2 Basado en varias definiciones como se explica en Robert D. Hisrich y Veland Ramadani, *Entrepreneurial Marketing: Entrepreneurship and Marketing Interface*, Entrepreneurial Marketing (Elgar, 2018).

Agradecimientos

Los autores agradecen el inestimable apoyo y aliento de todo el equipo directivo de MarkPlus, Inc., y especialmente al equipo de liderazgo constituido por: Michael Hermawan, Taufik, Vivie Jericho, Iwan Setiawan, Ence, Estania Rimadini y Yosanova Savitry.

Un agradecimiento especial y el mayor aprecio a Richard Narramore, quien ha sido muy paciente y se comprometió a supervisar y dirigir la preparación de este libro desde el principio hasta su publicación. Sin Richard, este libro no existiría.

Los autores desean agradecer al equipo editorial de Wiley por su increíble atención y colaboración en cada etapa del proceso de escritura de este libro: Angela Morrison, Deborah Schindlar, Susan Geraghty y Rene Caroline. Nuestro reconocimiento también a Kevin Anderson & Associates y a su equipo editorial, quienes ayudaron a garantizar que cada capítulo fuera mucho más conciso y fácil de leer: Emily Hillebrand, Amanda Ayers Barnett y Rachel Hartman.

Vaya también nuestro agradecimiento y los pulgares en alto para el equipo del Instituto MarkPlus, que trabajó incansablemente durante casi dos años para ayudar a realizar investigaciones, intercambiar ideas con los autores y preparar mucho material valioso: Ardhi Ridwansyah, Giovanni Panudju y Thasya Fadilla.

Deseamos agradecer también, con profundo aprecio, el apoyo de World Marketing Summit y las siguientes organizaciones miembros de la Asia Marketing Federation y el Asia Council for Small Business (ACSB):

- Organizaciones miembro de la Asia Marketing Federation:
  - China Council for the Promotion of International Trade – Commercial Sub-Council
  - Hong Kong Institute of Marketing
  - Indonesia Marketing Association
  - Institute of Marketing Malaysia
  - Japan Marketing Association
  - Macau Marketing Institute
  - Marketing Association of Cambodia
  - Marketing Association of Thailand
  - Marketing Institute of Singapore
  - Marketing Society of Bangladesh
  - Marketing Society of Korea
  - Mongolian Marketing Association
  - Myanmar Marketing Society Institute
  - Nepal Marketing Association
  - Philippine Marketing Association
  - Sri Lanka Institute of Marketing
  - Taiwan Institute of Marketing Science
  - Vietnam Marketing Association
- Organizaciones miembro del Asia Council for Small Business:
  - ACSB Bangladesh
  - ACSB China
  - ACSB Indonesia
  - ACSB Philippines
  - ACSB Sri Lanka
  - ICSB Laos
  - ICSB Macau
  - ICSB Taiwan
  - ICSB Thailand
  - ICSB Vietnam
  - ICSMEE Malaysia
  - ICSMEHK
  - Korea ICSB
  - SEAANZ

Capítulo 1

El modelo *omnihouse*

Una perspectiva holística
del marketing empresarial

Los rápidos cambios en el ambiente empresarial, sobre todo después de que el mundo fuera afectado por la pandemia de COVID-19, exigen un enfoque nuevo, más holístico del marketing, una concepción que pueda ser una base firme para que las organizaciones enfrenten los desafíos del presente y especialmente del futuro. En este capítulo, analizamos los diferentes elementos que forman parte de un nuevo tipo de marketing empresarial.

Para facilitar la comprensión de este nuevo concepto de marketing empresarial, usaremos un marco llamado el *modelo omnihouse* (véase Figura 1.1). Este modelo revela nuestra visión de cómo debe llevarse a cabo el marketing empresarial. También muestra la manera en que se integra el enfoque con la totalidad de una organización. Lo usaremos como guía a lo largo de todo este libro

Omni (que viene del latín *omnis*) significa "combinar" en una de sus acepciones. En el nombre del modelo, el término está usado junto con la palabra *house,* que representa un lugar, establecimiento o empresa. Así, *omnihouse* hace referencia a una organización que combina diferentes elementos. Cada uno de esos componentes juega un papel individual y colabora también con las otras partes de la organización.

El modelo *omnihouse* es un marco que puede usarse para implementar estrategias y alcanzar objetivos específicos. Abordaremos eso brevemente aquí. Y nos referiremos en profundidad a sus diferentes componentes en los capítulos que siguen.

El núcleo de este modelo está alojado en dos grupos. El primero es el grupo de la *iniciativa empresarial*, que consta de cuatro componentes: *creatividad, innovación, espíritu emprendedor*[1] y *liderazgo* (CI-EL). El segundo es el grupo del *profesionalismo*, formado también por cuatro componentes: *productividad, mejoramiento, profesionalismo* y *gestión* (PM-PG).[2]

Nótese que esos grupos están rodeados por otras funciones e interactúan con ellas. Están influidos por la *dinámica* (véase la parte superior izquierda de la Figura 1.1), que comprende cinco factores o impulsores: *tecnológico, político/legal* (incluidas regulaciones), *económico, social/cultural* y *mercado*. Esos impulsores, que colectivamente llamamos *cambio*, inciden en los otros elementos 4C: *competidor, cliente* y *compañía*.

Esa parte dinámica sirve como base para desarrollar estrategias y tácticas de marketing, como se muestra en el triángulo de la parte superior derecha del modelo. Dentro del triángulo, PDB significa *posicionamiento, diferenciación* y *marca*[3]. Esa es el ancla para los otros elementos principales del marketing: segmentación, focalización *[targeting]*, mezcla de marketing *[marketing mix]*, venta, servicio y procesos.

---

1 En inglés, *entrepreneurship*; "espíritu emprendedor" o "iniciativa empresarial". En adelante, se mantendrá generalmente la traducción escogida. [N. del T.]

2 En la sigla en inglés (PI-PM), la I corresponde al inglés *improvement*, y la M a *management*. [N. del T.]

3 En inglés, *brand*. [N. del T.]

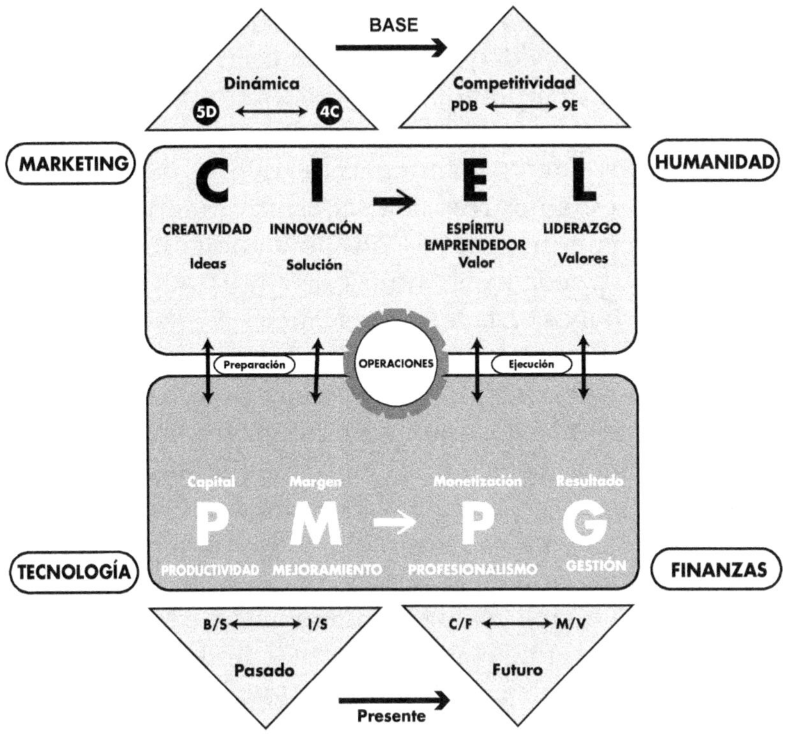

Figura 1.1. El modelo *omnihouse*

La parte dinámica también es la base para desarrollar ideas, lo que conduce a la creatividad. Esas ideas pueden convertirse en innovación en forma de soluciones tangibles para los clientes. Las ideas creativas deben además utilizar productivamente el capital de las empresas. Es necesario que las soluciones brindadas a los clientes resulten en mejoras, reflejadas como mejores márgenes de ganancia de la empresa. Por consiguiente, la convergencia de los componentes *creatividad/innovación* y *productividad/mejoramiento* influye en la hoja de balance (B/S) y en el estado de resultados (I/S).[4]

---

4   Por el inglés *balance sheet* e *income statement*, respectivamente. [N. del T.]

Los elementos de creatividad y mejoramiento pueden generar competitividad solo si tenemos gente con una firme mentalidad emprendedora y liderazgo para gestionarlos. La creación de valor es responsabilidad de los emprendedores, y los líderes mantienen los valores. No obstante, también necesitamos respaldar el espíritu emprendedor y el liderazgo con un profesionalismo y una gestión sólidos. Eso, a su vez, puede hacer avanzar la empresa.

Lo que vemos en la hoja de balance y el estado de resultados es consecuencia del pasado. Lo que estamos haciendo ahora, especialmente a través de la sólida convergencia de elementos de iniciativa empresarial/profesionalismo y liderazgo/gestión, determinará el flujo de fondos (indicado como C/F) y el valor de mercado (indicado como M/V). Por lo tanto, obtenemos una imagen de cómo se desempeñará la organización en el futuro.

Como se establece en el modelo *omnihouse,* es esencial integrar el marketing con las finanzas y también la tecnología con la humanidad. El término *humanidad* se refiere a las principales partes interesadas, a saber, los empleados, los clientes y la sociedad. Colectivamente, esos objetivos respaldan las acciones que conducen a resultados financieros y no financieros.

Nótese que en el centro del modelo tenemos las operaciones. Esa tarea toma los objetivos de marketing y los pone en acción y, al mismo tiempo, asegura que se puedan alcanzar las metas financieras. Las operaciones que también unen ese uso de la tecnología tendrán al final un impacto para la humanidad. Las capacidades de las operaciones interactúan con otras capacidades para mantener a una empresa en movimiento y competitiva dentro de su industria. Las capacidades de las operaciones también permiten que la organización se adapte rápidamente a cualquier cambio en el entorno empresarial.

Superar los puntos ciegos del marketing

La expresión *miopía del marketing* se refiere a una condición en la que una empresa está demasiado enfocada en producir bienes o servicios y pasa por alto las necesidades y deseos reales del cliente. Theodore Levitt introdujo el concepto en 1960, y su uso se extendió durante las décadas siguientes.

En respuesta a ese inconveniente, muchas empresas adoptaron un enfoque centrado en el cliente. Esto coloca al cliente como punto de partida en el desarrollo de productos y servicios. Prioriza la experiencia del cliente a través de múltiples puntos de contacto.[5]

El asunto es: ¿funcionó? Tal vez para algunos. Sin embargo, ese nuevo foco en realidad llevó a otro conjunto de inconvenientes, que llamaremos *puntos ciegos del marketing*. Definamos qué son y veamos cómo pueden ser problemáticos. Luego veremos de qué manera el marketing empresarial puede resolver esos desafíos.

Podemos definir un punto ciego de marketing como una condición en la que una empresa ha llevado a cabo diversos procesos de gestión de marketing adecuados, pero no ha advertido que todavía existen muchos elementos desconectados. Nadie ha buscado otras dinámicas que pudieran desempeñar un papel en la forma en que se lleva a cabo el marketing. A su vez, esos puntos ciegos crean obstáculos a la empresa y, a la larga, hacen que pierda su capacidad para competir.

Algunos de los puntos ciegos comunes de marketing se analizan en las siguientes secciones.

---

5   De acuerdo con Accenture, ese concepto experiencial tuvo una evolución que lo llevó más allá de la filosofía de la experiencia del cliente y organizó todo el negocio en torno a brindar experiencias excepcionales, y se llama *negocio de la experiencia* (BX). Véase Baiju Shah, "An Experience Renaissance to Reignite Growth". Recuperado en enero de 2021 de https://www.forbes.com/sites/paultalbot/2020/12/07/accenture-interactive-advocates-the-business-of-experience/?sh=78c54bb22ca4

Ignorar el macroentorno

Lo que ocurre en el macroentorno puede afectar el microentorno. En la ciencia del marketing, hay aspectos de estrategia y de tácticas. La formulación de una estrategia de marketing debe estar conectada con la estrategia corporativa. Mientras que la estrategia corporativa está determinada, entre otras cosas, por las condiciones macroeconómicas existentes. Sin embargo, el marketing en la práctica a menudo no presta suficiente atención a los aspectos macroeconómicos. Por ejemplo, para los ejecutivos de marketing puede ser un reto vincular los fenómenos del macroentorno con las políticas tácticas de la empresa.

Definimos marketing como *mercadeo* (no *mercadotecnia*), lo que quiere decir la forma en que lidiamos con el mercado muy dinámico y en constante cambio. Si el marketing dentro de una empresa se desarrolla a un ritmo más lento que el ritmo rápido real del mercado en el que compite, se pierde una ventaja. Es paradójico: lo llamamos marketing, pero no es eficaz para tratar con el mercado. La Figura 1.2 ilustra bien esta condición.

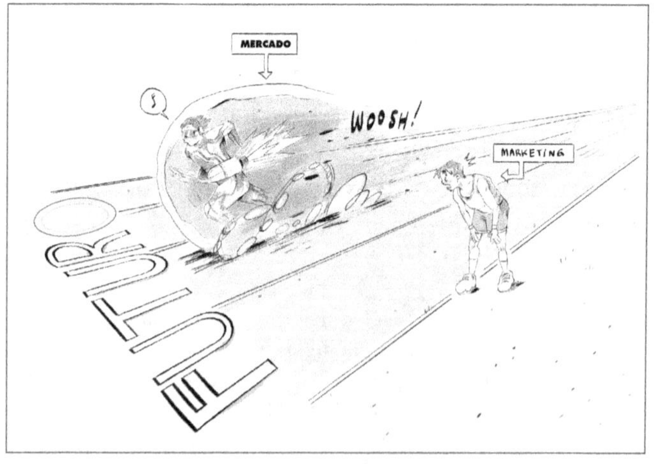

Figura 1.2. Marketing versus *market*

Desalineación entre marketing y finanzas

Este clásico punto ciego a menudo provoca una desconexión. Puede que los profesionales del marketing [en adelante, *marketers*] se centren únicamente en el desempeño no financiero, como aumentar el conocimiento de la marca, formar percepciones específicas y comunicar propuestas de valor. Tal vez esos parámetros no tengan importancia para los profesionales de las finanzas, que luchan por ver el valor real que el marketing está tratando de lograr.

Es posible que los ejecutivos financieros pregunten cuánto es el retorno de un presupuesto de marketing asignado y cuándo ocurrirá. Esa puede ser una pregunta difícil de responder para la gente de marketing. Y es especialmente difícil si la mentalidad del *marketer* no está conectada con el concepto de rendimiento, al que siempre alude la mayor parte de la gente de finanzas.

Una relación discordante entre marketing y ventas

Cuando el marketing y las ventas no están completamente alineados, a menudo parece un dibujo animado de Tom y Jerry. A veces pueden llevarse muy bien, pero en otros momentos podrían estar en desacuerdo.

Integración débil entre marketing en línea y offline

Muchas empresas físicas (*offline*) también cuentan con plataformas en línea. A su vez, empresas en línea están adoptando prácticas *offline*, al abrir tiendas físicas para fortalecer su existencia. No obstante, algunas empresas que hacen negocios exclusivamente en línea todavía pueden competir bien. En ese caso, ¿qué pasa con las empresas *offline* que solo se mantienen *offline*? Si una empresa *offline* decide mantenerse *fuera de línea* para siempre, quizás también pronto podría quedar fuera del mercado. Por lo tanto, debemos prestar atención, por ejemplo, no solo al *showrooming* sino también al *webrooming*.[6]

Subestimar el capital humano

Este punto ciego puede arrancar al inicio del proceso de reclutamiento en una empresa. No sirve reclutar personas sin ninguna iniciativa cuya única aspiración es hacer un trabajo limitado a lo que se le ordene. Las empresas sólidas necesitan personas que tengan una intensa pasión y amen su trabajo. Esos candidatos deben ser creativos e innovadores y, al mismo tiempo, personas productivas y capaces de realizar mejoras significativas.

Estamos al final de la era de las personas que tienen una "mentalidad de empleado": gente que solo quiere trabajar de nueve a cinco y únicamente los días hábiles de la semana, que sigue estrictamente la descripción de su trabajo y no quiere hacer millas extras. Por lo tanto, el equipo de recursos humanos ya no puede buscar simples empleados comunes, sino que debe apuntar a personas talentosas y apasionadas que muestren vocación por sus funciones y tengan características afines al carácter, los valores y la marca de la empresa.

Falta de humanidad en el marketing

En el pasado, cada tanto escuchábamos que el marketing estaba siendo usado por algunos *marketers* irresponsables exclusivamente para el beneficio de la empresa y no para el bienestar de los clientes, y mucho menos para intereses sociales más amplios. Eso ocurre cuando la empresa consi-

---

6   El *webrooming*, también conocido como *ROPO o "research online, purchase offline"* ("investigación en línea, compra offline") es una tendencia de compra en la que los consumidores realizan la investigación sobre un producto en línea, pero finalizan la compra en una tienda física. [N. del T.]

dera el marketing solo como una herramienta para obtener ganancias. La empresa "persuade" a los clientes para que compren sus productos, sin prestar suficiente atención al bienestar de los empleados, al medio ambiente y otras consideraciones relevantes.

Por eso algunas empresas de hoy están tratando de incorporar elementos sociales en sus modelos de negocio, en un esfuerzo por hacerlos más humanos. Puede que hagan esfuerzos de responsabilidad social empresarial (RSE) simplemente para ser aceptables a los ojos del público, empleándola como una herramienta para encubrir abusos. Adoptar una RSE falsa no es sostenible, y las prácticas de marketing deberían volver a sus valores nobles.

El marketing empresarial resuelve estos puntos ciegos. Al integrar funciones, puede realizar un mejor seguimiento de los desarrollos macroeconómicos e implementar estrategias que se alineen con los objetivos generales de la empresa. Asimismo, ayuda a los departamentos a mantenerse conectados e incluso a comunicarse. Resuelve temas relacionados con la gestión del talento y el capital humano porque busca actores que estén preparados para trabajar en un entorno colaborativo. Y, por último, ayuda a la empresa a comunicar su papel social como contribuyente a una comunidad, a la sociedad y el planeta.

En las páginas que siguen veremos detenidamente el cambio del marketing profesional a esta nueva era de marketing empresarial. Analizaremos el panorama cambiante del marketing y cómo afecta a la competencia, a los clientes y a la propia empresa. Expondremos cómo se pueden implementar las capacidades empresariales y las estrategias de marketing en el entorno actual, y cómo debería organizarse idealmente una organización para enfrentar el futuro.

En cada capítulo nos referiremos al modelo *omnihouse*, que servirá como guía en nuestro viaje hacia una visión más refinada del marketing empresarial. Al finalizar la lectura, usted comprenderá mejor el potencial que existe en su propia organización. Mejor aún, sabrá cómo abordar los puntos débiles y estará completamente preparado para asumir un papel de liderazgo en un mundo cambiante.

Capítulo 2

Del marketing profesional al empresarial

Los elementos centrales
del modelo *omnihouse*

En 2010, Instagram lanzó una plataforma para compartir fotos concentrándose en ofrecer una red social basada en fotos. Dos meses más tarde, podía alardear de haber obtenido un millón de descargas.

En esencia, Instagram es una plataforma dinámica que aprovecha las últimas tendencias agregando nuevas funciones, como contenido de corta duración (historias) y videos cortos (*reels*). En un mercado saturado de plataformas de redes sociales, la empresa ha alcanzado una posición de liderazgo con el foco puesto actualmente en cuatro elementos: los creadores, los videos, las ventas y la mensajería. En 2022, el valor de Instagram se situó en 100 millones de dólares, lo que ha convertido a la plataforma en la inversión de mayor rendimiento de Facebook, con un retorno de la inversión de más de cien veces.

¿Qué puede deducirse de la historia de Instagram? Quizás un buen punto de partida radique en la oportunidad de ver que, en condiciones muy dinámicas, no es suficiente confiar en un enfoque demasiado formal para obtener los resultados deseados. El entorno empresarial cambia rápidamente, y las compañías que quieren jugar fuerte deberán estar listas para dar un giro –a menudo y velozmente–. Instagram siguió esta estrategia y, al ejecutarla, se convirtió en una figura gigantesca que domina su industria.

La mentalidad superficial tiende a contradecir el enfoque profesional que con tanta frecuencia prevalece en el segmento de marketing. En el pasado, el departamento de marketing podía establecer un plan, delinear los pasos a seguir, y avanzar. Ese enfoque puede haber parecido apropiado en algún momento, especialmente antes de que Internet y las tecnologías tomaran vuelo y crearan un espacio interconectado y fluido.

En el mundo actual, el método profesional de marketing se enfrenta a varios riesgos clave. Primero, y quizás lo más importante, es que tal vez no esté preparado para adaptarse a los cambios en la demanda. Podría no tener la capacidad de seguirle el ritmo a un mercado ágil y cambiante. Cuando la marea cambia, un departamento de marketing que siga marchando por el mismo camino puede que no alcance sus objetivos.

Esa contradicción en el marketing –esto es, el enfoque "profesional" frente a la mentalidad empresarial ejemplificada por Instagram– es precisamente lo que analizaremos en este capítulo. Exploremos qué hay detrás de cada uno de estos métodos de marketing. Al hacerlo, veremos que cada uno tiene su valor. Al mismo tiempo, las empresas necesitan saber qué método (o combinación de ambos) es el apropiado para su situación y cuál es la mejor forma de utilizarlo para impulsar el crecimiento y la expansión en los próximos años.

Entender el marketing profesional

Cuando usamos el término *profesional* para describir el marketing, a menudo nos referimos a las tendencias hacia los procedimientos y la formalidad. En una organización consolidada con responsabilidades claras, por lo general esperamos que cada miembro del equipo desempeñe un rol específico dentro de una función particular. En ese escenario, la ejecución de actividades interfuncionales puede tomar varias rutas para obtener la aprobación.[1] Por ende, puede ser natural que los departamentos, incluido el de marketing, trabajen con la mentalidad de "seguir los procedimientos". Puede haber poco cruzamiento [*crossover*] y podría haber pocos intentos, o ninguno, de llevar a cabo múltiples tareas simultáneamente.

Ese enfoque tiene varios beneficios y desventajas importantes. Comencemos examinando los aspectos positivos que se derivan del enfoque profesional del marketing. Luego veremos algunas de las desventajas clave.

Ventajas y desventajas del marketing profesional

En la historia del marketing hay una larga lista de empresas exitosas que han seguido un enfoque profesional. A continuación, se describen algunas de las principales ventajas que aporta el marketing profesional:

- **Entender los modelos de negocio.** El equipo profesional ve la propuesta de valor del producto o marca. Puede identificar de dónde proviene el flujo de ingresos de la empresa, controlar el cálculo de los diferentes costos incurridos y asegurar un influjo re-

---

1   Nina Toren, "Bureaucracy and Professionalism: A Reconsideration of Weber's Thesis", *The Academy of Management Review* 1, no. 3 (1976): 36-46. https://doi.org/10.2307/257271

gular de efectivo. Por ejemplo, Netflix desarrolló un modelo de negocio eficaz que acumuló 220 millones de suscriptores pagos en 2021 y generó ingresos por US$ 7.700 millones en 2022.[2]

- **Capacidad para manejar los recursos.** El enfoque de marketing profesional determina qué recursos y capacidades se requieren. El objetivo es asegurar que pueda haber un intercambio de valor con los clientes.

- **Capacidad para coordinar actividades.** El equipo profesional comprende las relaciones y las dependencias entre las diferentes funciones de la empresa. Organiza los procedimientos para que las actividades, cuando se realicen, estén bien coordinadas y sincronizadas con la dirección establecida.

- **Capacidad para gestionar la colaboración.** El equipo profesional establece todas las formas de cooperación con términos y condiciones claros. Las tareas siguen un protocolo establecido y evitan la superposición o conflicto con otras actividades.

- **Saber cómo comunicar.** El equipo profesional puede realizar eficaz y eficientemente el marketing interno y externo. Puede generar una conciencia y un atractivo fuertes como punto de partida esencial para penetrar en el mercado.

- **Capacidad para responder preguntas.** El equipo profesional conoce el producto en detalle, incluidos sus características, sus beneficios, el proceso de compra y cómo se entrega. La gente de marketing también sabe cómo explicar el uso de sus productos para que los clientes puedan utilizarlos de manera óptima.

- **Capacidad para proporcionar soporte al cliente**. El equipo profesional brinda servicios de soporte, que

---

2   https://www.statista.com/statistics/273883/netflixs-quarterly-revenue/; https://www.hollywoodreporter.com/business/digital/netflix-q4-2021-earnings-1235078237/

incluyen el manejo de las reclamaciones de los clientes, compras repetidas, servicios de ventas cruzadas o adicionales, consultoría, administración de la lealtad y defensa de los clientes, y mantenimiento de una relación sostenible.

Además de este conjunto de habilidades, existen ventajas adicionales que surgen cuando los *marketers* tienen la actitud correcta. Algunas de esas prácticas positivas son las siguientes:

- **Evitar la parcialidad.** Todo pensamiento y toma de decisiones están libres de prejuicios personales respecto de opiniones políticas, género o antecedentes sociales y culturales. Todo análisis está basado en hechos. No representa ningún prejuicio o un interés personal.
- **Respetar a los demás.** Los marketers exitosos aprecian las opiniones de los compañeros de trabajo, incluidas las de sus superiores, iguales y subordinados, de acuerdo con los límites existentes. Tratan a los clientes con humanidad y son conscientes de que esas personas son el sustento de la empresa. Acatan las normas de la empresa, incluidos los valores empresariales establecidos.
- **Demostrar responsabilidad.** El equipo profesional es constantemente responsable de todos los pensamientos, palabras y acciones que lleva a cabo de acuerdo con el alcance de la tarea asignada. Se responsabiliza de las decisiones tomadas y de sus repercusiones, tanto a nivel individual como de equipo.
- **Mostrar integridad.** Los *marketers* profesionales cumplen con sus responsabilidades de manera correcta y adecuada, manteniendo la honestidad internamente

entre colegas y externamente con clientes y socios comerciales.

- **Centrarse en la tarea.** Los *marketers* profesionales demuestran disciplina al completar las tareas de acuerdo con un cronograma predeterminado. Utilizan las horas de trabajo con fines productivos y no mezclan asuntos personales con los negocios.

Aunque sin duda existen ventajas significativas resultantes de una mentalidad profesional, es importante para nuestro análisis equilibrado observar algunos inconvenientes comunes:

- **Lentitud para cambiar.** Puede haber una tendencia a mantener a los líderes y los estilos de liderazgo tal como están, incluso cuando los tiempos cambian. Que permanezcan en su lugar ejecutivos que no son aptos para sus funciones puede obstaculizar el progreso general de la empresa. También puede empañar la cultura de la empresa y el espíritu de los empleados.[3]
- **Gran planificación.** Dedicar mucho tiempo al diseño de procedimientos y procesos a menudo conduce a una implementación lenta. Cuando el mundo que nos rodea cambia rápidamente, puede ser difícil seguirle el ritmo.
- **Estancamiento.** Las organizaciones que se enfocan en los procedimientos podrían no detectar las oportunidades que surjan, arriesgándose a no estar listas para dar un giro cuando sea necesario.
- **Una actitud "nueve a cinco".** Los *marketers* profesionales pueden sentir que su trabajo en la empresa

3   https://www.forbes.com/sites/forbestechcouncil/2021/06/15/13-industry-experts-sharereasons-companies-fail-at-digital-transformation/?sh=5aca2d2f7a3f; https://www.forbes.com/sites/forbesdallascouncil/2019/08/23/how-modern-organizations-can-adapt-to-change/ ?sh=64ea3cf5687e

debe realizarse en los horarios establecidos. Puede ser un desafío pedirles a los empleados que se queden horas extra fuera de este período de tiempo.

- **Incapacidad para reajustar prioridades.** Cuando se siguen procedimientos y se mantiene el *statu quo* burocrático, a menudo constituye un desafío para los equipos de marketing tener que pensar y actuar fuera de lo establecido. Incluso si se identifica una oportunidad, pueden dudar en modificar sus prioridades y moverse en una dirección diferente. Esa vacilación puede poner a una empresa en riesgo de quedarse atrás de los competidores que están cambiando de estrategia y satisfaciendo la demanda del mercado.[4]

- **Ser reactivos.** Los equipos de marketing podrían responder tardíamente a los cambios que ven, y seguirán a otros en vez de liderar el camino hacia nuevos mercados y segmentos.

El enfoque empresarial

Ahora abramos nuestra mente y consideremos un abordaje diferente del marketing, uno que tal vez esté en línea con el enfoque de Instagram. Como el término *emprendedor* se ha asociado durante mucho tiempo a las empresas emergentes y los disruptores, junto con los grandes éxitos (y posibilidades de fracaso), vale la pena comenzar esta sección revisando la definición. Después de ver lo que abarca, aplicaremos el término al marketing.

Durante décadas, los visionarios han aprovechado las oportunidades, con independencia de lo pequeñas que ellas pudieran ser. A la hora de avanzar, las personas con

---

4   https://www.weforum.org/agenda/2014/12/8-ways-negative-people-affect-your-workplace/

espíritu emprendedor son plenamente conscientes de los riesgos que enfrentarán. Al mismo tiempo, cuentan con el coraje y el optimismo para poner a prueba sus planes.

Quienes aplican un enfoque emprendedor saben identificar las brechas, se atreven a tomar decisiones, enfrentan las consecuencias de sus acciones y colaboran con múltiples partes. A partir de esta explicación, al menos existen tres capacidades muy destacadas relacionadas con el espíritu emprendedor, a saber: la actitud y la capacidad de ver oportunidades (buscador de oportunidades), una mentalidad que se atreve a asumir riesgos (tomador de riesgos) y la capacidad de cooperar con otras partes (colaborador de red). Veamos más atentamente cada una de ellas.

Buscador de oportunidades

El buscador de oportunidades tiene la capacidad de adaptarse y ver el lado positivo de una determinada situación. No se queda en una postura pesimista, que pueda desviar a un líder de su foco en la búsqueda de oportunidades.[5]

Tomador de riesgos

La incertidumbre rodea las nuevas iniciativas. El tomador de riesgos evalúa la circunstancia actual, las opciones disponibles y el posible fracaso. Luego adopta una decisión basada en esos riesgos calculados.

Colaborador de red

El colaborador de red reconoce que no puede operar completamente solo.

---

5   https://hbr.org/2021/09/every-leader-has-flaws-dont-let-yours-derail-your-strategy; https://hbr.org/2021/08/leaders-dont-be-afraid-to-talk-about-your-fears-and-anxieties

Entonces, construye una extensa red donde colabora con otros expertos que pueden contribuir en áreas en las que el emprendedor no puede.

El modelo del espíritu emprendedor para el marketing

A partir de nuestra descripción del espíritu emprendedor, podemos pasar a ver cómo él se aplica al marketing. El marketing comienza con la visión para detectar oportunidades y luego se somete a un proceso creativo e innovador para encontrar una solución que se pueda ofrecer a los clientes. Debemos posicionar claramente nuestra solución de marca en el segmento de clientes relevantes. Eso incluye enmarcar la solución mostrando su punto de diferenciación y razones para creer en ella, respaldada por varias ventajas competitivas.

Los *marketers* deben ser capaces de convertir las soluciones en valor, que puede asumir diferentes formas. Para la empresa, normalmente significará mayores ganancias. Los inversores buscarán un mayor valor de mercado de la empresa, junto con un aumento de los dividendos. Para los clientes, el valor estará en que nuestros productos puedan solucionar sus problemas.

La actitud de atreverse a correr riesgos, es decir, elegir un camino que nosotros u otros nunca hemos probado, muestra que los *marketers* aspiran a ser diferentes y no convencionales. Una advertencia: aunque la diferenciación es esencial, debemos asegurarnos de que el mercado aprecie esta opción. Debe mostrársela constantemente en campañas de marketing y ser respaldada con campañas de ventas tanto *offline* como en línea.

El equipo de ventas debe comprender las características del segmento objetivo y cómo posicionar una oferta (incluida la marca) en relación con los competidores. El equipo querrá aprovechar la diferenciación del producto y los servicios de soporte ofrecidos. También deberá asegurarse de que se realicen esfuerzos para mantener el carácter de la marca.

Mediante una colaboración sólida, tenemos una mejor oportunidad de superar los desafíos. Por ejemplo, Target y Starbucks se unieron para ofrecer una experiencia de compra completa.[6] Target comenzó a vender productos Starbucks, y Starbucks estableció puntos de venta dentro de las tiendas Target, lo que permitió a los clientes tomar un café al entrar o salir. Como resultado, Target recibió un mayor reconocimiento de marca por parte de los clientes leales de Starbucks y viceversa.

A partir de lo antedicho, podemos ver que el emprendimiento en marketing tiene tres factores principales: posicionamiento, diferenciación y marca. Estos componentes están vinculados entre sí y guiarán las decisiones. El modelo que se muestra en la Figura 2.1 puede ayudarnos a ver estos rasgos y cómo se interrelacionan.

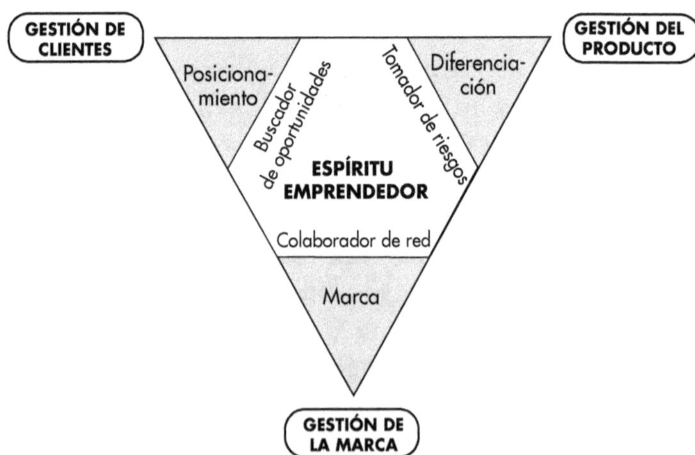

Figura 2.1. Modelo de espíritu emprendedor para el marketing

---

6 https://globalnews.ca/news/771537/target-starbucks-partnership-brews-up-perfect-blend/

Las personas con habilidades empresariales pueden tener un enfoque específico. Los buscadores de oportunidades se relacionarán con el posicionamiento, que es una parte más amplia de la gestión de clientes. Los tomadores de riesgos estarán involucrados con la diferenciación y, más ampliamente, con la gestión del producto. En tanto que los colaboradores de red se centrarán en el desarrollo de la marca, que a su vez forma parte de la gestión de la marca.

Comparación: marketing profesional y marketing empresarial

Ahora que hemos estudiado algunas de las principales características de dos enfoques, ¿cuál es el mejor? La respuesta no es sencilla. Puede haber momentos en los que se deban priorizar los intentos empresariales y otros en los que la clave sea el profesionalismo. Profundicemos en cómo estos enfoques tienden a sobresalir y cómo pueden combinarse para obtener los mejores resultados.

Las empresas emergentes [*start-ups*] a menudo cuentan con un fuerte espíritu emprendedor al principio de su establecimiento. En cierto punto, sin embargo, pueden tener dificultades para crecer. Una de las razones detrás de esto es que para las empresas nuevas puede resultar todo un desafío desarrollar sus capacidades profesionales. Las empresas emergentes suelen tardar mucho en incorporar esa capacidad profesional.

La idea de Pretty Young Professionals —una *start-up* fundada por colegas de McKinsey que compartían la misma visión de ayudar a las mujeres empresarias a encontrar recursos para administrar sus negocios— suscitó el interés de varios inversionistas potenciales. Sin embargo, las amistades no pudieron ayudarlos a asumir un papel profesional sólido en la dirección de esa empresa. Tras 11 meses de actividad, la empresa debió cerrar por una disputa interna.[7]

A menudo vemos que algunas empresas pueden existir solo durante un breve tiempo porque no poseen esas dos capacidades. Dicha situación se observa con frecuencia en las pequeñas y medianas empresas (pymes). Es uno de los factores responsables de los elevados porcentajes de pymes fallidas.

La Figura 2.2 puede ayudarnos a descifrar cómo pueden verse afectadas empresas de diferentes tamaños por su nivel de capacidades de marketing. Cuando combinamos elementos empresariales en un entorno profesional es posible generar un gran potencial. Por ejemplo, Google alentó a sus empleados a dedicar el 20% de sus horas de trabajo a hacer cosas que, según su propio criterio, pudieran beneficiar más a Google. Esa estrategia dio como resultado que los empleados presentaran algunas ideas exitosas, como Gmail, Google Maps y AdSense.[8]

Figura 2.2. Los cambios: más profesional, más emprendedor

---

7 https://foundr.com/articles/leadership/personal-growth/4-startup-case-studies-failure

8 https://www.forbes.com/sites/georgedeeb/2016/02/18/big-companies-must-embraceintrapreneurship-to-survive/?sh=6b51f30348ab; https://www.fm-

La aplicación del espíritu emprendedor en una configuración profesional a menudo se denomina *espíritu emprendedor corporativo* o *intraemprendimiento*. Esa medida permite seguir con los procedimientos correctos, pero, al mismo tiempo, existe cierto margen para la flexibilidad. La firma de consultoría contable PwC ha estado dando cierta libertad a sus empleados, permitiéndoles que se concentraran en sus talentos. Descubrieron que la flexibilidad en el trabajo puede ayudar a la empresa a retener y atraer talentos valiosos.[9]

Según la *Harvard Business Review*, casi todas las empresas de hoy en día han dado votos de confianza y han conseguido importantes innovaciones en lugar de mejoras continuas.[10] Si nos basamos solo en el profesionalismo, nos limitaremos únicamente a cifras de productividad y a mejoras paulatinas, ya que tendemos a medir el éxito apenas por los logros financieros. Esa actitud de jugar a lo seguro no puede respaldar el aumento del valor de mercado de la empresa a largo plazo porque, sin un avance innovador, el futuro de la empresa será sombrío. Ese valor de mercado también es importante para los inversores cuando deciden colocar sus fondos en una empresa.

Sin embargo, el espíritu emprendedor está muy relacionado con ver las diversas oportunidades externas y aprender a aprovecharlas. Además, la creatividad y la innovación suelen ir unidas al espíritu emprendedor. Para proporcionar gobernabilidad en las tareas diarias es esencial una cantidad equilibrada de burocracia. Los líderes enfrentan desafíos

---

magazine.com/issues/2021/sep/boost-your-career-with-intrapreneurship.html; https://www.cnbc.com/2021/12/16/google-20-percent-rule-shows-exactly-how-much-time-you-should-spend-learning-new-skills. html; https://www.inc.com/bill-murphy-jr/google-says-it-still-uses-20-percent-rule-you-shouldtotally-copy-it.htm

9   https://www.linkedin.com/business/talent/blog/talent-engagement/how-pwc-successfullybuilt-culture-of-work-flexibility; https://www.pwc.com/vn/en/careers/experienced-jobs/pwc-professional.html

10 https://hbr.org/amp/2013/10/the-hidden-dangers-of-playing-it-safe

constantes para colocar la burocracia en el lugar correcto. Remitiéndonos a una consulta realizada por la *Harvard Business Review,* 7.000 encuestados experimentaron un crecimiento de la burocracia durante el año anterior a 2017. Los líderes deben minimizar la aprobación multicapa para dar cabida a las innovaciones.[11]

Por esa razón, debemos tratar de unir los dos extremos en el *continuum* profesional y empresarial. Los profesionales que por lo general tienden a ir a lo seguro con un enfoque atado a las reglas del juego deben atreverse a tomar riesgos calculados, tal como lo hacen los empresarios. Básicamente, un profesional necesitará aplicar el espíritu emprendedor en diversos procesos de creación de valor en una empresa. Una cultura intraemprendedora permite a los empleados practicar y perfeccionar sus habilidades empresariales, lo que da como resultado una gestión de marca más eficiente.[12]

Por lo tanto, las empresas deben proporcionar un entorno propicio que promueva la creatividad. Una empresa también debe ser capaz de ver minuciosamente las ideas creativas técnicamente factibles, elegir la mejor idea y convertirla en una solución innovadora que creará valor para los clientes y, a su vez, también para la empresa. Curtis Carlson, por ejemplo, creó el programa "Champion", que alienta a su equipo a presentar ideas innovadoras basadas en una necesidad, un enfoque, los beneficios relacionados con los costos y una propuesta de valor competitiva. Esa medida ha tenido resultados exitosos; entre otros, el desarrollo de tecnologías como HDTV y Siri.[13]

Ya nadie puede confiar únicamente en un enfoque profesional en este entorno empresarial sumamente diná-

---

11 https://www.linkedin.com/pulse/bureaucracy-hindering-your-organisations-agility-adapting-sean-huang/?trk=public_profile_article_view

12 https://www.investopedia.com/terms/i/intrapreneurship.asp

13 https://hbr.org/2020/11/innovation-for-impact?registration=success

mico. Necesitamos flexibilidad estratégica dentro de la empresa, y una forma de hacer que eso sea posible es lograr que la junta directiva y la gerencia adopten un enfoque empresarial. La gerencia juega un papel en el mantenimiento de varios procesos de rutina necesarios para que las operaciones diarias de la empresa puedan funcionar sin problemas, pero si surge un cambio o incluso una transformación, la gerencia debe acomodarse y adaptarse rápidamente a esos cambios y hacerlos parte del nuevo proceso de rutina. De ese modo, la empresa podrá existir de forma sostenible a largo plazo.

Así como es imperativo incorporar elementos profesionales y emprendedores en las campañas de marketing, es importante señalar que eso no es suficiente para sobrevivir. Para prosperar plenamente en este mundo cambiante, las empresas también deben poder integrar esos enfoques de marketing en otros departamentos. Cuando todas las áreas estén conectadas, las posibilidades se ampliarán aún más. Veremos esta próxima fase en el Capítulo 3.

Conclusiones clave

- El marketing profesional se centra en los procedimientos y en un enfoque paso a paso.
- Algunos beneficios del marketing profesional incluyen la comprensión de los modelos comerciales, la gestión de recursos, la coordinación de actividades, la gestión de la colaboración, la buena comunicación, la respuesta a preguntas y la prestación de asistencia al cliente. Sus mejores prácticas consisten en evitar prejuicios, respetar a los demás, mostrar responsabilidad e integridad, y concentrarse en la tarea.
- Los inconvenientes relacionados con el marketing profesional incluyen la lentitud para cambiar, la gran

planificación, el estancamiento, una actitud "nueve a cinco", la incapacidad de ajustar los recursos y ser reactivo en lugar de proactivo.

- El marketing empresarial abarca saber identificar brechas, tomar decisiones, enfrentar consecuencias y colaborar con varias prácticas.
- Las empresas harán bien en encontrar el equilibrio entre marketing profesional y empresarial que mejor se adapte a sus necesidades.

Capítulo 3

Repensar la competencia

Colaborar para la sostenibilidad

Si uno viaja en su Renault Zoe eléctrico por las principales carreteras de Europa, es posible que pueda recargar fácilmente en las estaciones de Francia, Países Bajos y Alemania. Esos países están a la cabeza en cuanto al número de estaciones de carga disponibles en el continente. Otras naciones tienen menos, pero están buscando formas de responder a la creciente demanda de vehículos eléctricos. En total, la Unión Europea tiene más de 300.000 estaciones de carga, con planes para aumentar sustancialmente esa cantidad en los próximos años.[1]

En lugares con la infraestructura de carga adecuada puede ser fácil conducir hasta una estación y conectarse. Pero si miramos bien, veremos que se han hecho grandes esfuerzos para instalar los cargadores de batería en su lugar. Esto es particularmente cierto en Europa, donde los planes para construir estaciones eficientes de recarga de baterías comenzaron mucho antes de que aparecieran las unidades de carga.

---

1 https://www.euronews.com/next/2022/06/20/demand-for-evs-is-soaring-is-europes-charging-station-network-up-to-speed#:~:text=The%20EU%20has%20more%20than,in%20a%20report%20last%20year

Un dato interesante –e importante para nuestro análisis– es que la capacidad detrás de esos lugares de recarga no provino de un solo actor. Esto se debe a que son enormes los recursos necesarios para construir una infraestructura de carga ultrarrápida y de alto voltaje. Simplemente se trataba de un proyecto demasiado grande para ser asumido por una sola empresa.

Por lo tanto, varios años atrás se reunieron fabricantes de automóviles de diversas partes del mundo y decidieron colaborar para instalar una infraestructura de carga en Europa. El Grupo BMW, Daimler AG, Ford y el Grupo Volkswagen, junto con Audi y Porsche, aunaron sus recursos.[2] Presentaron planes para construir unidades de carga, como apoyo a sus prometedores vehículos eléctricos (EV). Los objetivos del proyecto buscaban hacer que los automóviles eléctricos tuvieran mayor aceptación entre el público, los cambiaran y se convirtieran en algo común. Eso, a su vez, podría impulsar las ventas de los vehículos eléctricos de todos los fabricantes involucrados.

La colaboración es un ejemplo de una característica clave para que las empresas, y específicamente los especialistas en marketing, avancen. Tome nota de los actores involucrados. "*¿No son competidores?*", usted podría preguntar. La respuesta, por supuesto, es un resonante *¡sí!* "*¿Están trabajando juntos para crear un recurso que sirva a sus propósitos individuales?*" Una vez más, la respuesta es un *¡sí!* abrumador.

Bienvenido al campo de juego de hoy y de mañana. Los tiempos han cambiado y siguen evolucionando. Para mantenerse con vida, las corporaciones necesitan mirar a sus competidores y, en cierta medida, trabajar juntas.

Por supuesto, esa estrategia tiene limitaciones. Para comprender plenamente el equilibrio entre cooperar y mante-

---

2   https://www.press.bmwgroup.com/global/article/detail/T0275763EN/bmw-group-daimler-ag-ford-motor-company-and-the-volkswagen-group-with-audi-and-porsche-form-joint-venture?language=en

nerse competitivo, exploremos las dinámicas que afectan a esas tendencias colaborativas (véase Figura 3.1). Para ello, recurriremos a nuestro modelo *omnihouse* y ahondaremos en la sección "dinámicas". Veremos los cinco impulsores (5I) que representan los impulsores de esta tendencia colaborativa.

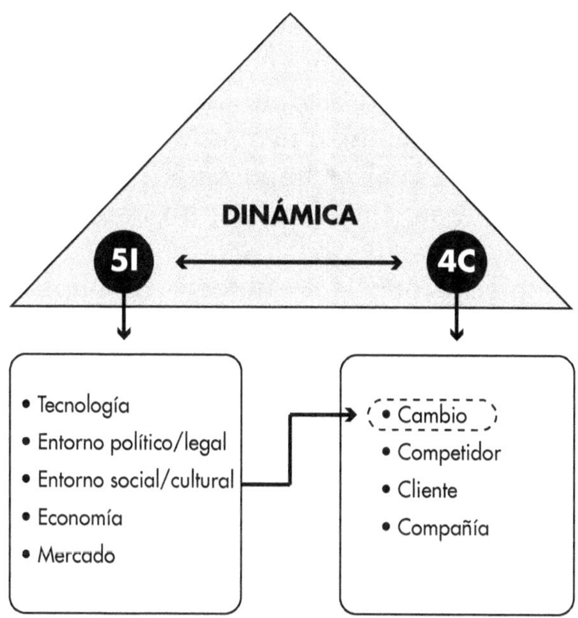

Figura 3.1. La sección "dinámica" del modelo *omnihouse*

Lo que está cambiando nuestro mundo del marketing

Consideremos los cinco impulsores que afectan a la forma en que compiten las empresas. Esos factores tienen que ver con la tecnología, el entorno político y legal, la economía, el entorno social y cultural, y las condiciones del mercado. Examinemos brevemente cada uno de ellos.

Tecnología

El desarrollo de los automóviles eléctricos es un ejemplo del cambio significativo que ha generado la tecnología en los últimos años. Y existen otros más en proceso en la industria automotriz. Tomemos los vehículos autónomos, por ejemplo. Muchos de esos avances están uniendo a las empresas de nuevas maneras. Las organizaciones dependen de múltiples proveedores y redes para contar con los componentes de esos autos complejos. Algunos de los cambios en la tecnología automotriz también han provocado oportunidades más ecológicas, lo cual es importante para una industria asociada durante mucho tiempo a un impacto ambiental negativo.

Por supuesto que la tecnología está impactando a muchos más sectores que la industria automotriz. Las tendencias emergentes en IA, *big data*, procesamiento de lenguaje natural, realidad mixta y aprendizaje automático y robótico están causando sensación en todo tipo de organizaciones. La Internet de las Cosas, *blockchain*, la impresión 3D y el *streaming* de música y videos están transformando la forma en que operan las empresas. Esas tecnologías también están cambiando la forma en que viven y trabajan los consumidores.

Factores políticos y legales

Políticos de diversas partes del mundo se han unido para crear políticas escritas y no escritas. Estas han servido como pautas a seguir por comunidades, organizaciones e individuos.[3] Algunas reglamentaciones abordan cuestiones ecológicas como el cambio climático, la deforestación, la conservación de los océanos y la biodiversidad. Las políticas a

---

3   https://ctb.ku.edu/en/table-of-contents/implement/changing-policies/overview/main

menudo afectan al comercio y a la forma en que pueden funcionar las empresas en determinadas regiones.

La economía

Claramente, el COVID-19 y los cierres relacionados con la pandemia ralentizaron el crecimiento económico mundial. De cara a los próximos años, las tasas de recuperación siguen siendo inciertas. Algunos países pueden recuperar sus pérdidas a un ritmo más rápido que otros. David Malpass, presidente del Banco Mundial, afirmó que la desigual tasa de recuperación de los países de todo el mundo podría desacelerar las iniciativas de colaboración para objetivos compartidos, como ocurre con el cambio climático.[4]

Factores sociales y culturales

Los cambios en la fuerza laboral y la demografía de la población influyen en el funcionamiento de las empresas y a quiénes contratan. Muchos países están experimentando un envejecimiento de la población. Según las Naciones Unidas, la población mundial de personas de 60 años o más en 2017 era de 962 millones, más del doble que en 1980, cuando había 382 millones de personas mayores en todo el mundo. Se espera que la cantidad de personas mayores se duplique para 2050, con una proyección de llegar a casi 2.100 millones.

Otro problema son las desigualdades y disparidades descontroladas. El acceso a la atención de salud y a la educación varía según el lugar de residencia de las personas y de su condición social.[5]

---

4   https://www.bbc.com/news/business-59946302
5   Un aforismo expresado por Percy Bysshe Shelley. https://en.wikipedia.org/wiki/The_rich_get_richer_and_the_poor_get_poorer#:~:text=%22The%20rich%20get%20richer%20and,due%20to%20Percy%20Bysshe%20Shelley.&text=The%20aphorism%20is%20commonly%20evoked,market%20capitalism%20producing%20excessive%20inequality

Condiciones de mercado

Muchos esperan que los mercados y el comercio abiertos conduzcan al fortalecimiento de las economías de diferentes países. Algunos de los beneficios de esas tendencias incluyen nuevas oportunidades para los trabajadores, los consumidores y las empresas de todo el mundo. Se espera que un mejor desempeño económico ayude a aliviar la pobreza y promueva la estabilidad y la seguridad para la comunidad en general.[6]

El carácter del mercado, que tiene una barrera de entrada baja, hace que se convierta en un campo de juego más nivelado. El mercado ya no está limitado geográficamente. Aun así, cada vez es más importante considerar el contexto local.

El cambio está en el aire

Estas fuerzas están provocando un cambio, que podemos ver en nuestro modelo *omnihouse*. La Figura 3.2 muestra las 4C representadas en lo que llamamos el modelo de diamante 4C. El cambio, a su vez, afecta a la forma en que las empresas operan, compiten e interactúan con los clientes.

Fujifilm, un gigante en la industria de películas fotográficas, se vio derribado cuando no pudo cambiar de marcha en la era digital y mantenerse a la par de los otros en ese espacio. Eso podría haber llevado a la desaparición de la empresa. Pero los miembros del equipo hallaron una forma de ser ágiles y cambiar, reorientando sus aplicaciones tecnológicas hacia las áreas de la salud y la cosmética.[7]

---

6   https://www.oecd.org/trade/understanding-the-global-trading-system/why-open-markets-matter/

7   https://www.channelnewsasia.com/cna-insider/how-fujifilm-survived-digital-age-unexpected-makeover-1026656

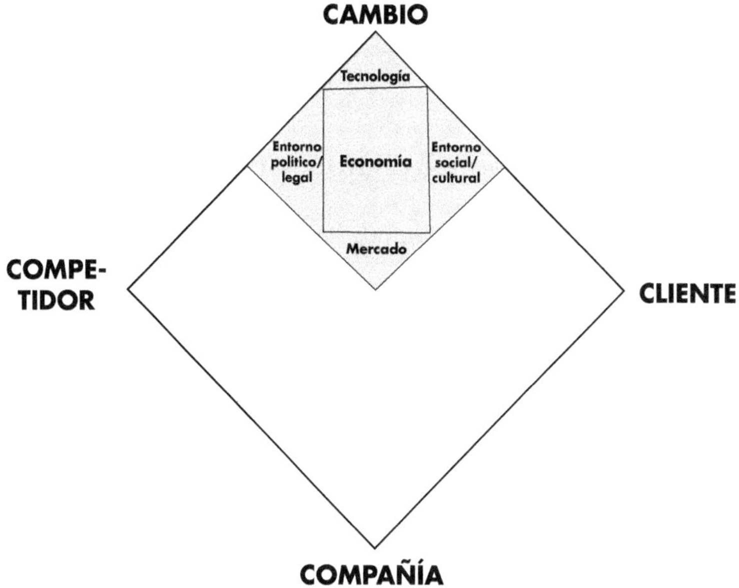

Figura 3.2. El modelo de diamante 4C

Además de adaptarse con toda su fuerza, algunos actores se están volviendo más agresivos. Tomemos el caso del Banco Industrial y Comercial de China (ICBC), establecido en 1984. ICBC trabajó duro para crecer y aumentar de tamaño. En 2007 superó a Citibank, que en ese momento ocupaba la posición de liderazgo en la industria bancaria en cuanto a activos totales. Durante los años siguientes, ICBC se mantuvo como el banco más grande del mundo.[8]

Gran parte del éxito de Fujifilm y de ICBC puede atribuirse a una mentalidad de crecimiento. Eso va más allá del enfoque de ofrecer productos y servicios únicos. Richard D'Aveni, un pensador estadounidense, afirmó

---

8   https://www.doughroller.net/banking/largest-banks-in-the-world/; https://www.chinadaily.com.cn/china/2007-07/24/content_5442270.htm

que el enfoque tradicional de ventaja competitiva ya no es relevante en las competencias agresivas del mercado.[9]

Competir en medio de los impulsores

Para comprender debidamente el tema de la colaboración en este entorno emergente, analizaremos detenidamente el componente "competidor" del modelo. Pensemos por qué es importante colaborar tanto con los competidores directos como con los indirectos. Comenzaremos con dar un vistazo a la manera en que funciona la colaboración. Luego pasaremos a analizar lo que deben saber las empresas sobre la competencia actual y futura, y cómo equilibrar la colaboración y la competencia en el futuro.

Como vimos en el ejemplo de la industria automotriz, los competidores más improbables se están asociando en cierta medida. Hay otros que también apoyan nuestro punto, como Samsung y Apple. Estos dos gigantes encontraron una colaboración mutuamente beneficiosa. Samsung acordó suministrar a Apple una pantalla Super Retina OLED *edge-to-edge* para el iPhone X. Apple, por su parte, aceptó compartir conocimientos sobre sus proveedores. Eso le dio a Samsung la oportunidad de aprender y elevar la calidad de sus productos.[10]

Repasemos las tres principales razones por las que hoy colaboran las organizaciones:

- No pueden afrontar individualmente las circunstancias importantes. Al unirse, comparten conocimientos, se fortalecen y resuelven con rapidez los problemas.
- Una sola empresa puede no contar con el respaldo financiero para superar un desafío. Cuando se enfren-

9   https://daveni.tuck.dartmouth.edu/research-and-ideas/hypercompetition
10 Adam Brandenburger y Barry Nalebuff, "The Rules of Co-opetition", *Harvard Business Review* (January-February 2021).

tan a grandes problemas, las empresas pueden aunar sus recursos para compartir los costos involucrados.

• Juntas, las empresas pueden lograr una situación en la que todos ganen, en lugar de un juego de suma cero. Si establecen un estándar o una plataforma en su industria, todas fortalecerán su posición en el mercado.

Aunque la colaboración tiene sus ventajas, tengamos presente que las empresas siguen trabajando para alcanzar sus propios objetivos. Al considerar el marketing empresarial, es esencial tener en cuenta varios factores a la hora de competir en la actualidad. He aquí una breve descripción general de la idoneidad, las capacidades, los recursos intangibles, la estrategia, la ejecución y el terreno.

Es urgente construir una idoneidad o aptitud distintiva. Tener una ventaja competitiva ya no es suficiente; las empresas deben desarrollar una idoneidad distintiva.[11] Eso podría abarcar su cultura o sistema operativo.
Se requiere un desarrollo de capacidades adecuado. Las empresas necesitan de todo, desde capacidades básicas, como habilidades gerenciales, hasta habilidades complejas, como innovación, liderazgo fuerte y gestión de clientes. Las capacidades que se perfeccionan continuamente y se desarrollan de manera consistente moldearán a su vez las aptitudes.[12]

---

11 El tópico de la idoneidad distintiva también fue tratado en profundidad por Hitt y Ireland a mediados de la década de 1980. Michael A. Hitt y R. Duane Ireland, "Corporate Distinctive Competence, Strategy, Industry and Performance", *Strategic Management Journal* 6, no. 3 (273-293).

12 El tópico relacionado con esta idoneidad fue estudiado en profundidad por dos renombradas figuras de la ciencia del management, Prahalad y Hamel, que acuñaron la expresión *competencias núcleo*. Véase C. K. Prahalad y Gary Hamel, "The Core Competence of the Corporation", *Harvard Business Review* (1990). https://hbr.org/1990/05/the-core-competence-of-the-corporation; https://en.wikipedia.org/wiki/Core_competency

Los recursos intangibles son cada vez más importantes. Los recursos tangibles, en general, son más fáciles de imitar que los recursos intangibles y pueden obtenerse en el mercado abierto. Los recursos intangibles suelen ser más difíciles porque pasan por un proceso de formación relativamente largo. Por lo tanto, la inversión en recursos intangibles –incluido el capital humano y el talento– se ha convertido en una necesidad para establecer la competitividad.

Una estrategia vigorosa debe estar en línea con las políticas. Las empresas deben desarrollar su estrategia en función de las condiciones macroambientales relevantes, las situaciones competitivas y los competidores y clientes importantes. El siguiente paso es desarrollar políticas. Las organizaciones necesitarán que las políticas estén bajo el mismo paraguas; deben complementarse entre sí y apoyar la estrategia.

La ejecución debe enfocarse en la productividad. La empresa debe llevar a cabo todas las operaciones comerciales de manera eficiente y utilizar los activos de manera eficaz. Cuando se trata de productividad, no podemos hacer concesiones. La gerencia puede utilizar varios índices financieros para medir los niveles de productividad. También existen mediciones no financieras que reflejan el desempeño. Algunas de ellas son la lealtad del cliente, la mejora de la calidad del producto y la productividad de los empleados.[13]

Definir claramente el área de la competencia. Las empresas deben asegurarse de que siempre sean compatibles y tengan las ventajas competitivas necesarias, cualquiera sea el área de competencia en que participen. El área de la competencia también puede adaptarse a los cambios

---

13 https://hbr.org/2003/11/coming-up-short-on-nonfinancial-performance-measurement

en el entorno empresarial y el desarrollo empresarial puede redefinirla de vez en cuando.

El futuro de la competencia

En línea con el entorno macroeconómico cada vez más dinámico, la competencia será más desafiante porque el futuro está cada vez más lleno de incertidumbres. Varias cuestiones definirán la competencia ahora y en el futuro. Las empresas deberían prestar atención a estas tendencias.

Más digitalizada

La competencia se basará principalmente en tecnología y datos digitales. Esa tecnología proporcionará a las empresas una sólida capacidad para obtener información rápida, precisa y relevante sobre el entorno empresarial, y en especial sobre los competidores y los clientes. Los datos proporcionarán conocimientos predictivos y prescriptivos sustanciales para realizar ajustes estratégicos y tácticos precisos.

Más actores implacables

La economía colaborativa se está generalizando en los negocios. Con un mercado totalmente abierto, entrarán nuevas empresas eficientes y entusiastas. Esas nuevas empresas se verán muy diferentes de las empresas establecidas tradicionales. Esa nueva generación tendrá sólidas capacidades digitales que ofrecerán diversos productos con buena calidad, menores costos, entregas más rápidas y mejores servicios de soporte. La capacidad digital también les permitirá cruzar fronteras hacia nuevos segmentos e industrias.[14]

---

14 Esto se refiere a Peter Weill y Stephanie L. Woerner, *What's Your Digital Business Model?* (Cambridge, MA: Harvard Business Review Press, 2018).

Campo de juego nivelado

Las redes sociales brindan a todos las mismas oportunidades de ser el centro de atención. Ofrecen una nueva forma de consumir una promoción paga, con imágenes sin editar y menos editadas que dan una sensación de realidad. A partir de esta tendencia, muchos *influencers* cuyo rostro, cuerpo e identidad no se ajustan al modelado tradicional han surgido como un nuevo modelo.[15] Cuanto mayor sea la igualdad de oportunidades, más difícil será para una empresa construir una ventaja competitiva significativa. Este fenómeno también está en consonancia con las políticas emergentes. Muchos de ellos se centran en un enfoque de juego limpio.

Más difícil de diferenciar

A las empresas les resulta cada vez más difícil mantener una diferenciación marcada. Los tomadores de decisiones de una empresa deben basarse en el enfoque centrado en el cliente –haciendo hincapié en la personalización– en el momento de construir su propuesta de valor. Los productos o servicios de la empresa se volverán rápidamente *commodities* y llevarán a una guerra de precios si se carece de creatividad y capacidad de innovación.

Ritmo más rápido

La tendencia al cambio rápido acortará el ciclo de vida de diferentes productos e incluso la propuesta de valor de la empresa. El tiempo de llegada al mercado y la estrategia de entrada de la empresa son cruciales para determinar su ventaja competitiva. Los pioneros no se beneficiarán si no

---

15 https://www.bbc.com/news/technology-56592913;https://medium.com/ @TheWEIV/how-social-media-has-impacted-the-modeling-industry-a25721549b65; https://www.youtube.com/ watch?v=6OKDa9h4lDo

logran establecer un nuevo estándar aceptado por el mercado, y pronto serán parte de la corriente convencional. La flexibilidad es una clave esencial para sobrevivir en un entorno competitivo muy duro.

Interdependencia más fuerte

Casi todos los elementos de la cadena de valor estarán más integrados y la interdependencia será más fuerte. Hasta cierto punto, incluso los factores del ecosistema más amplio –por ejemplo, las plataformas de pago, el comercio electrónico, los mercados, omnicanales y otros– también estarán fuertemente relacionados entre sí. Por lo tanto, la sincronización entre los elementos es crucial para garantizar un proceso de creación de valor efectivo y eficiente.

Por ejemplo, en la industria de la aviación, una aerolínea dependerá del gestor del aeropuerto y viceversa. Además, existen otros elementos interdependientes en la industria, como los servicios de asistencia en tierra, los servicios de *catering* y los proveedores de combustible, que exigen todos una sólida sincronización. En varios países asiáticos las regulaciones de los aspectos técnicos y la disponibilidad de técnicos obstaculizaron el crecimiento del mercado de las aerolíneas de bajo costo.[16]

Equilibrar la competencia y la colaboración

Hay varias ventajas y desventajas al competir y colaborar (ver Tabla 3.1). No obstante, un desafío para las empresas es aprovechar al máximo las ventajas. Al mismo tiempo, buscarán formas de mitigar el impacto de las causas de las desventajas o eliminarlas.

---

16 Wiboon Kittilaksanawong y Elise Perrin, "All Nippon Airways: Are Dual Business Model Sustainable?", *Harvard Business Review* (January 29, 2016).

Tabla 3.1. Ventajas y desventajas de la competición y la colaboración

	Ventajas	Desventajas
Competición	• Obliga a la empresa a mejorar en los negocios[17] • Más valor o servicio[18] • Más opciones para los clientes[19] • Acceso a nuevos clientes[20] • Aprender de los errores de la competencia[21]	• Disminuye la cuota de mercado[22] • Reduce la base de clientes[23] • Alto costo para competir[24]
Colaboración	• Creada para formar recursos[25] • Ahorra costos y evita duplicaciones[26] • Comparte recursos para crear una ventaja competitiva[27] • Acelera el logro de economías de escala y alcance[28] • Brinda la posibilidad de reducir mutuamente los costos[29]	• Aumenta la probabilidad de conflicto[30] • Actividades parasitadas *[free riding]* y racionalidad limitada[31] • Requiere un esfuerzo serio y sostenido[32] • Pérdida de autonomía[33] • Complicaciones de ventas futuras[34]

17 https://bizfiuent.com/info-8455003-advantages-disadvantages-economic-competition.html
18 https://www.autoritedelaconcurrence.fr/en/the-benefits-of-competition
19 https://www.marketing91.com/5-advantages-of-market-competition/
20 https://opentextbc.ca/strategicmanagement/chapter/advantages-and-disadvantages-of-competing-in-international-markets/
21 https://www.entrepreneur.com/article/311359
22 https://bizfiuent.com/info-8455003-advantages-disadvantages-economic-competition.html
23 *Ibid.*
24 https://www.thebalancesmb.com/what-is-competition-oriented-pricing-2295452
25 https://www.mdpi.com/2071-1050/10/8/2688/pdf
26 https://hbr.org/2021/01/the-rules-of-co-opetition
27 *Ibid.*
28 https://www.mdpi.com/2071-1050/10/8/2688/pdf
29 https://www.forbes.com/sites/briannegarrett/2019/09/19/why-collaborating-with-your-competition-can-be-a-great-idea/?sh=451bd432df86
30 https://www.mdpi.com/2071-1050/10/8/2688/pdf
31 *Ibid.*
32 https://hbr.org/20 21/01/when-should-you-collaborate-with-the-competition
33 https://www.americanexpress.com/en-us/business/trends-and-insights/articles/what-are-the-advantages-and-disadvantages-of-a-partnership/
34 *Ibid.*

La colaboración también abre la oportunidad de aumentar la flexibilidad de la empresa para afrontar los cambios que se producen rápidamente en el entorno empresarial al que se enfrenta. Esa flexibilidad es una capacidad esencial para afrontar condiciones llenas de incertidumbres que requieren modificar o incluso adoptar nuevos modelos de negocio. Por ejemplo, en 2020, JD.com fue la única marca de comercio electrónico en China con una entrega ininterrumpida de productos durante la pandemia de COVID-19, superando a Alibaba. JD.com, que es una de las más grandes plataformas de comercio electrónico, colaboró con sus comerciantes para prever y enviar suministros con el fin de garantizar la disponibilidad del producto. Con esa flexibilidad, JD.com se convirtió en uno de los primeros en ofrecer experiencias de fiestas nocturnas virtuales al unirse a marcas de bebidas alcohólicas y grupos musicales.[35]

Con los mismos recursos, la empresa puede alcanzar un mayor nivel de ventas más rápidamente y lograr con facilidad un mejor nivel de economías de escala. Más aún, si la empresa puede desarrollar otros productos y realizar ventas cruzadas o adicionales con los mismos recursos (e idoneidad central), también logrará mejores economías de alcance.

Por ejemplo, la invención y el desarrollo de la fabricación aditiva es una forma que tiene una empresa de lograr mejores economías de escala y alcance. La fabricación aditiva, conocida popularmente como impresión 3D, es un proceso de creación de objetos a partir de la entrada de datos, inicialmente creado para una empresa que necesitaba fabricar pequeñas piezas de manufactura que serían costosas de comprar en la cadena de suministros disponi-

---

35 https://www.valuer.ai/blog/examples-of-successful-companies-who-embraced-new-business-models

ble. Esa tecnología ayuda a la empresa a gestionar producciones a pequeña escala porque puede imprimir algunas piezas en la cantidad exacta que necesite. De ese modo, la fabricación aditiva ayuda a la empresa a lograr economías de escala porque la empresa puede controlar el costo de la creación de prototipos.[36]

Un rasgo distintivo de una empresa exitosa con capacidades digitales es la colaboración. La transformación digital desdibuja la burocracia y las funciones laborales compartimentadas.[37] La colaboración también puede acortar el proceso desde la etapa de la idea hasta la comercialización, donde puede responder a los desafíos comerciales relacionados con la velocidad para hacer que un producto esté rápidamente disponible en el mercado de acuerdo con las demandas cambiantes de los clientes. Otra historia de colaboración en actividades comerciales es la de Marhen J., una marca coreana de moda vegana con una gran base de *fans* en el sudeste asiático. Al entrar en Tailandia, Marhen J. creó un escaparate en las tiendas Samsung para mostrar a los clientes cómo llevarían la experiencia de la moda y la tecnología a la vida cotidiana de las personas. La campaña fue el resultado del apoyo mutuo de ambas marcas coreanas y su posicionamiento en la vida diaria de los clientes.[38]

Como dice un proverbio africano: "Si quieres ir rápido, ve solo. Si quieres llegar lejos, ve acompañado". Podemos ver que "ir solo" significa elegir un enfoque para competir e "ir acompañado" significa que elegimos un enfoque colaborativo. Ir solo permite decidir rápidamente cosas dentro de

---

36 https://www.3deo.co/strategy/additive-manufacturing-delivers-economies-of-scale-and-scope/

37 https://sloanreview.mit.edu/article/why-your-company-needs-more-collaboration/

38 https://www.bangkokpost.com/thailand/pr/2078987/marhen-j-brand-collaborates-with-samsung-in-in-store-launch-showcase

nuestro ecosistema de gestión, pero necesitamos colaborar para ser sostenibles a largo plazo. El desafío de la empresa es cómo combinar esa dicotomía. No rápido *o* sostenible, sino rápido *y* sostenible. Ese ejemplo explica por qué un enfoque colaborativo mientras se compite se está volviendo un enfoque cada vez más importante.

La cooperación entre organizaciones competidoras –o coopetición– para lograr objetivos comunes se ha convertido en un requisito previo para la competitividad y la innovación globales.[39] La cooperación ideal es buscar obtener las ventajas de cada asociado y volverse más competitivos. De acuerdo con este enfoque, las partes involucradas pueden integrar y crear sinergias con las fortalezas cada vez más necesarias para enfrentar un entorno empresarial desafiante, especialmente en tiempos de crisis.[40]

Mayores desafíos, mayor colaboración

Como mencionamos antes, las situaciones desafiantes, cada vez más difíciles de afrontar individualmente por las empresas si los recursos, capacidades y competencias –o fuentes de ventajas– con que cuentan son realmente mínimos, inducen a la colaboración. Al observar los dos aspectos, es decir, los diversos desafíos y fuentes de ventajas, identificamos tres situaciones:

Primera situación: desafíos < fuentes de ventajas

Una sobreinversión permite a las empresas tener poderosas fuentes de ventajas que, sin embargo, pueden causarles

---

39 Se refiere al concepto clásico de los años 90 del que se hizo eco Raymond Norda.

40 Dorothe Kossyva, Katerina Sarri, y Nikolaos Georgopoulos, "Co-opetition: A Business Strategy for SMEs in Times of Economic Crisis", *South-Eastern Europe Journal of Economics* no. 1 (January 2014): 89-106.

problemas de productividad si no logran aprovechar estas ventajas. Por lo tanto, se necesitan esfuerzos empresariales para encontrar nuevos desafíos u oportunidades de negocio que permitan aprovechar todos los recursos, capacidades y competencias de la empresa. Las empresas deben aprovechar una mentalidad empresarial innovadora para construir una red y encontrar socios que estén dispuestos a capitalizar las oportunidades existentes. En esencia, las empresas deben explotar estas ventajas excedentes centrándose en diferentes condiciones externas para identificar múltiples oportunidades.

Segunda situación: desafíos = fuentes de ventajas

En esta situación, las empresas necesitan un enfoque empresarial para considerar las diversas oportunidades y riesgos asociados con la asignación adecuada de sus fuentes de ventajas. La empresa se centra más en cuestiones internas relacionadas con esas ventajas porque su sostenibilidad aún no se ve comprometida. La empresa debe utilizar todos sus recursos para afrontar los desafíos existentes.

IKEA, una de las principales empresas suecas con sede en los Países Bajos, es muy cautelosa. Presta atención a algunos conceptos básicos al ampliar su alcance geográfico. En primer lugar busca comprender las preferencias culturales en diferentes ubicaciones geográficas y luego asegurarse de que las satisfacen. En segundo lugar, la empresa se preocupa mucho por el factor precio como estrategia para competir, de modo que los diversos productos que ofrece sean asequibles en cada mercado local. Y tercero, IKEA siempre se esfuerza por realizar las operaciones de la empresa de la manera más eficiente posible, y utiliza los recursos locales.[41]

---

41 https://myassignmenthelp.com/free-samples/challenges-ikea-faced-in-the-global-market

Con todo ello, la empresa alinea sus ventajas con los desafíos de cada ubicación geográfica. IKEA nunca abarca más de lo que puede apretar.

Tercera situación: desafíos > fuentes de ventajas

Esta situación se da cuando las ventajas se vuelven limitadas y las empresas no tienen tiempo suficiente para fortalecerse, aunque los desafíos surgen rápidamente. Es una situación que puede amenazar la sostenibilidad de la empresa. Por eso se necesitan esfuerzos empresariales y creatividad para construir redes con diferentes partes (incluidos los competidores) en un ecosistema empresarial. En ese estado de cosas, la colaboración es necesaria para superar la escasez de fuentes de ventajas y afrontar esos formidables desafíos.

Al contrario de la primera situación, en esta tercera situación necesitamos construir una red para encontrar socios compatibles que complementen la falta de ventajas de cada uno. Las empresas deben centrar su atención en los aspectos externos y explorar fuentes relevantes de ventajas (ver Figura 3.3).

De estas tres situaciones, queda claro que la colaboración es vital, especialmente cuando la sostenibilidad de la empresa se encuentra comprometida. La colaboración está en línea con el principio de economía compartida, que ahora es común en la era de alta conectividad con fuerte interdependencia. Las empresas pueden colaborar convirtiéndose en parte de un ecosistema de plataforma, o incluso transformándose en proveedores de plataforma y luego invitar a otras empresas a unirse.

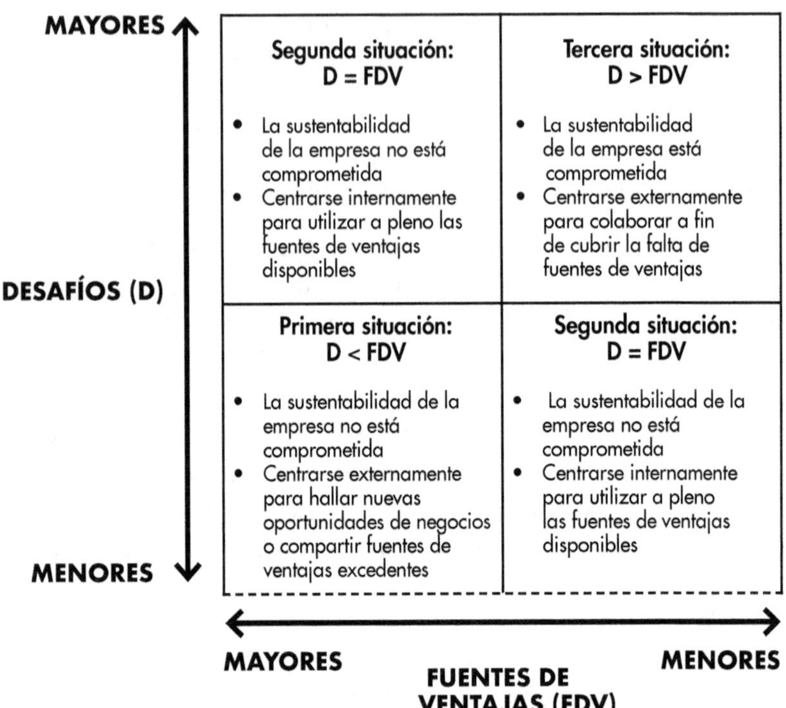

Figura 3.3. Desafíos versus fuentes de ventajas

Una empresa también puede colaborar con elementos de una cadena de valor convencional, más estática y lineal. Esto podría suceder entre una empresa y proveedores y canales. Con colaboraciones de ese tipo, las empresas pueden tener una capacidad de gestión de productos mucho mejor y llegar a sus clientes de forma más masiva, lo que les permitirá implementar una mejor gestión de clientes. Las empresas pueden lograr la idoneidad de sus productos y mercados de manera más eficiente y efectiva gracias a relaciones de trabajo continuas, unos sistemas integrados y un flujo abierto de información con otros elementos de la cadena de valor.

Conclusiones clave

- Para comprender el equilibrio entre cooperar y mantenerse competitivo, los especialistas en marketing pueden recurrir a los cinco impulsores (5I): la tecnología, el entorno político y legal, la economía, los factores sociales y culturales y las condiciones del mercado.
- Las organizaciones colaboran para encarar los cinco impulsores, aunar sus recursos y fortalecer su posición en el mercado.
- Al competir, las empresas necesitan construir una idoneidad distintiva, desarrollar capacidades, invertir en recursos intangibles, alinear estrategias con políticas, centrarse en la productividad y definir el área de competición.
- En el futuro la competencia estará más digitalizada, involucrará actores más implacables, tendrá igualdad de condiciones, será más difícil de diferenciar, avanzará a un ritmo más rápido y tendrá mayor interdependencia.
- Al mismo tiempo que colaboran y compiten, las empresas buscarán formas de maximizar sus ventajas y mitigar sus desventajas.

Capítulo 4

Guiar a los clientes

Abordaje progresivo para una posición
más fuerte en el mercado

En 2012, dos personas que luchaban para poder pagar el alquiler tuvieron un momento de "¡eureka!". En ese tiempo vivían en San Francisco. Podrían poner colchones en el suelo, ofrecer servicios de desayuno y cobrar a los huéspedes por alojarse en su casa.

Avancemos rápidamente hasta 2020. Esos mismos individuos, ahora con un negocio basado en la idea de brindar servicios de alojamiento, efectuaron la oferta pública de venta (IPO por la sigla en inglés), la mayor de ese año. Su empresa alcanzó una valoración de más de 100.000 millones de dólares, superando el valor de las tres cadenas hoteleras que cotizaban en bolsa: Marriott, Hilton e Intercontinental.[1]

Esa es la historia de Airbnb, que llevó el concepto de alojamiento compartido y alquileres de corto plazo al siguiente nivel. Además de ser pionero en un nuevo modelo de negocio en la industria hotelera, en el que los propie-

---

1 Recuperado en marzo de 2021 de https://en.wikipedia.org/wiki/Airbnb

tarios pueden alquilar sus viviendas a huéspedes a través de un sitio web y una aplicación, Airbnb sabe cómo resolver la confusión de los clientes respecto de los viajes.

Los huéspedes pueden encontrar lo que necesitan en un entorno seguro y fácil de usar. Comienzan con una inspiradora experiencia de viaje. Los usuarios pueden elegir sus espacios únicos, que van desde una habitación sencilla hasta lo exótico. Casas en los árboles, cuevas, barcos, condominios, casas de campo y tiendas de campaña; todo eso está disponible en Airbnb.[2]

No se detiene ahí; Airbnb también ofrece Airbnb Plus, que proporciona alojamientos de la más alta calidad administrados por anfitriones que obtienen excelentes críticas y prestan gran atención a los detalles.[3] Los viajeros pueden incluso alquilar una ciudad, un pueblo o un país.[4]

Airbnb implementó la iniciativa "Tú perteneces aquí" para incentivar a los anfitriones a fin de que faciliten una experiencia satisfactoria. Esta iniciativa mide hasta dónde llegan los sentimientos de pertenencia de los anfitriones, a quienes recompensa si pueden demostrarlo. Por el contrario, si no brindan la experiencia esperada por los huéspedes (según las reseñas de estos), el algoritmo de Airbnb hará que la propiedad del anfitrión sea difícil de encontrar.[5]

Para respaldar esto, los tres cofundadores visitan constantemente y viven en las casas de los anfitriones clave de todo el mundo, lo que influye significativamente en la construcción de lealtad. Airbnb también guía a esos anfitriones

---

2   Recuperado en marzo de 2021 de https://econsultancy.com/airbnb-how-its-customer-experience-is-revolutionising-the-travel-industry/

3   Recuperado en marzo de 2021 de https://www.airbnb.com/luxury; https://www.airbnb.com/plus

4   Recuperado en marzo de 2021 de https://www.wired.co.uk/article/liechtenstein-airbnb

5   Recuperado en marzo de 2021 de https://www.mycustomer.com/customer-experience/loyalty/four-customer-experience-lessons-from-the-airbnb-way

a través de diversas actividades en grupo. Los anfitriones pueden compartir conocimientos, integrarse en una aplicación de hospedaje que incorpora estándares y pautas de hospitalidad, y participar en reuniones independientes para intercambiar información.[6]

Durante la pandemia, Airbnb lanzó la Búsqueda Flexible. Este servicio permite a los usuarios elegir una fecha flexible, facilita la búsqueda de una escapada de fin de semana, vacaciones de una semana o vacaciones de un mes sin determinar fechas específicas. La Búsqueda Flexible restablece la mentalidad de viaje de los usuarios sin que deban preocuparse por futuras restricciones de viaje o tarifas de cancelación.[7]

El caso de Airbnb ilustra cómo los avances actuales, junto con las expectativas de los consumidores, han permitido ofrecer nuevos sistemas de orientación para los clientes. En este capítulo, seguiremos abordando la sección "dinámicas" del modelo *omnihouse*. Veremos el elemento "cliente", ubicado en el modelo de diamante 4C (ver Figura 4.1). Junto con los elementos "cambio" y "competidores", el cliente es uno de los principales determinantes del panorama empresarial. El cambio, los competidores y los clientes son las fuentes de diversos riesgos comerciales que la empresa debe tener en cuenta.

Como hemos visto, los clientes de hoy tienen un poder de negociación extremo. Por lo tanto, las empresas suelen adoptar un enfoque centrado en el cliente. Sin embargo, también ocurre que los clientes vacilan cada vez más ante la gran cantidad de información que tienen a disposición, incluida la información falsa, estafas y demás datos engañosos. Existe tanta información disponible que pueden

---

6   Recuperado en marzo de 2021 de https://hbr.org/2014/11/what-airbnb-gets-about-culture-that-uber-doesnt

7   Recuperado en marzo de 2021 de https://techcrunch.com/2021/02/24/airbnb-plans-for-a-new-kind-of-travel-post-covid-with-flexible-search/

quedar atrapados en una confusión. Las empresas deben proporcionar a sus clientes sistemas de navegación sólidos para que puedan encontrar las soluciones que necesitan.

En consonancia con el avance de las tecnologías de la información y las comunicaciones, lo que precipita la democratización digital, el mundo está cada vez más conectado. Por un lado, esto proporciona nuevas fuerzas a cada individuo, pero por otro inunda a todos con una enorme cantidad de información. Hay mucho que digerir y es difícil garantizar la precisión.

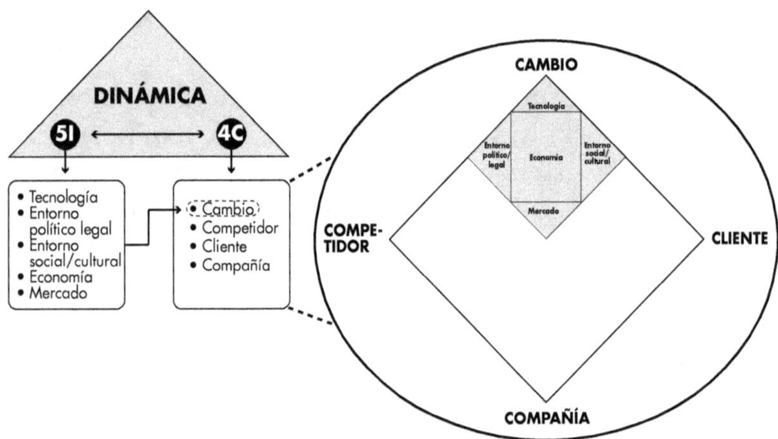

Figura 4.1. Elemento "cliente" en la sección "dinámica" del modelo de diamante 4C

Estas circunstancias abren oportunidades para que las empresas proporcionen una navegación que permita a los clientes comprender mejor lo que quieren. Eso maximiza su experiencia y les permite disfrutar de las soluciones. Una navegación clara, transparente y honesta es esencial en la era de la posverdad marcada por engaños descontrolados en todo el mundo.

Los clientes conectados

En línea con el mundo digital actual, los clientes (que fueron y serán atendidos por empresas de todo el mundo) también están más conectados. Eso conduce a una serie de consecuencias:

- **Los clientes están más informados**. Con el acceso casi ilimitado a una gran cantidad de datos e información, todo el mundo investigará antes de tomar decisiones, triviales o trascendentes.[8] En general, más del 80% de los consumidores investigan en línea antes de realizar una compra para validar su elección, como verificar la originalidad y revisar las experiencias de los usuarios. Los consumidores aprecian la información detallada sobre el producto o servicio.[9]
- **Los clientes son más sofisticados.** Al estar cada vez más informados, los clientes pueden generar una brecha entre sus expectativas y la capacidad de la empresa para satisfacerlas. Esos consumidores sofisticados tienen expectativas más altas, lo que hace cada vez más difícil para las empresas poder satisfacerlas.[10] Más del 90% de los consumidores quieren obtener productos que ya han pensado según su gusto.[11]

---

8   Recuperado en marzo de 2021 de https://www.thinkwithgoogle.com/marketing-strategies/search/informeddecisionmaking/

9   https://www.inriver.com/resources/inside-the-mind-of-an-online-shopper/#resource-gated-content;https://www.ge.com/news/press-releases/ge-capital-retail-banks-second-annual-shopper-study-outlines-digital-path-major; https://insights.sirclo.com/

10 Recuperado en marzo de 2021 de https://www2.deloitte.com/content/dam/Deloitte/uk/Documents/consumer-business/consumer-review-8-the-growing-power-of-consumers.pdf

11 https://www.inriver.com/resources/inside-the-mind-of-an-online-shopper/#resource-gated-content;https://www.ipsos.com/en-nl/exceeding-customer-expectations-around-data-privacy-will-be-key-marketers-success-new-studies-find

- **El cambio de la posición negociadora.** A su vez, esos clientes altamente sofisticados se fortalecen porque tienen un gran conocimiento de los productos y servicios. Conocen los precios y saben cómo determinar qué oferta provee el mejor valor. Además, los clientes pueden incluso exigir tener la libertad de personalizar. Eso les permite aprovechar al máximo cada dólar que gastan.

Con la posición cada vez más fuerte de los clientes desde principios de la década de 2010, las empresas se han enfrentado últimamente a diversos problemas. Entre ellos:

- **Es más difícil satisfacer a los clientes.** Para algunas categorías de productos, los clientes buscan la función del producto más que la marca. Otras veces, eligen la marca con la que se sienten más conectados. Sin embargo, existe una tendencia entre los clientes a abandonar la marca inmediatamente cuando se los descuida.[12]
- **Es más difícil tener clientes leales.** Los consumidores son dinámicos, entienden rápidamente y, al mismo tiempo, también rápidamente cambian de acuerdo con sus conocimientos más recientes, lo que a su vez ha provocado una ola de deslealtad hacia las marcas en varias partes del mundo. Como resultado, solo alrededor del 8% de los consumidores a nivel mundial están comprometidos con las marcas que compran.[13] Los *marketers* invierten mucho

---

12 https://www.businesswire.com/news/home/20211021005687/en/TruRating-Announce-the-Release-of-New-Report-Investigating-Consumer-Loyalty-in-2021-Following-Survey-of-180000-US-Consumers

13 Recuperado en marzo de 2021 de https://nielseniq.com/global/en/insights/analysis/2019/battle-of-the-brands-consumer-disloyalty-is-sweeping-the-globe/

esfuerzo y dinero en complacer a los clientes, pero a veces a ellos no les importa, porque la mayoría toma decisiones de compra automáticamente. Por lo tanto, las empresas necesitan desarrollar una ventaja "acumulativa".[14]

- **Es más difícil lograr un apoyo positivo.** En la era previa a la conectividad, a menudo usábamos el nivel de retención y recompra como indicador de la lealtad del cliente. Ahora, en un mundo conectado, incluimos la voluntad de apoyar nuestra marca como parte de la lealtad. Sin embargo, el apoyo a menudo pone a los clientes en un riesgo mayor que el de simplemente repetir la compra de un producto o servicio, porque los clientes que recomiendan una marca a otros se exponen a "riesgos sociales". Por ejemplo, si otros siguen la recomendación de alguien, pero luego los resultados son decepcionantes, quien hizo la recomendación puede recibir un castigo social. Este riesgo hace que los clientes sean cautelosos al expresar sus opiniones positivas.[15]

La gestión de clientes hacia 2030

Enfrentar esta nueva especie de clientes exige una revisión seria de la gestión de clientes de una empresa a fin de sobrevivir y seguir siendo competitiva. Para ello, en el futuro, muchas más empresas se convertirán en negocios de Internet y trabajarán en todo tipo de canales y dispositivos. Utilizarán una gran cantidad de herramientas de su batería

---

14 Recuperado en marzo de 2021 de https://hbr.org/2017/01/customer-loyalty-is-overrated

15 Philip Kotler, Hermawan Kartajaya y Den Huan Hooi, *Marketing for Competitiveness: Asia to the World; In the Age of Digital Consumers* (Singapore: World Scientific, 2017).

tecnológica y deberán tener la capacidad de mantener a sus clientes actualizados y en tiempo real. Los datos de los clientes serán un activo valioso y las empresas no tendrán más alternativa que realizar esfuerzos de transformación digital, lo que conducirá a la adopción de una plataforma de datos de clientes (CDP, por la sigla en inglés). En la etapa que viene, la CDP determinará la capacidad de una empresa para brindar la mejor experiencia al cliente.[16] Veamos lo que esto significa para el marketing digitalizado y el futuro modelo de negocio.

La necesidad de capacidades de marketing digitalizadas

El marketing digital puede aportar muchos beneficios, como un valor de marca más sustancial, mayores ventas, mejor calidad del servicio al cliente, eficiencia en el gasto en medios y ahorros significativos en los gastos de investigación.[17] Esas capacidades de respaldo al marketing son fundamentales, pero para garantizar la flexibilidad de una empresa a la hora de enfrentarse a un mercado muy dinámico la empresa debe implantar en su ADN datos actualizados y en tiempo real. Aprovechar el *big data* significa que encontraremos cantidades de datos de múltiples fuentes a una velocidad increíble.

La tecnología digital también respaldará diversos procesos de automatización. Los trabajos que se automatizarán en un futuro próximo incluyen el servicio al cliente, la entrada de datos, la corrección, los servicios de mensajería, los análisis de investigación de mercado y la fabricación.[18] El talento humano necesario para 2030 incluirá sensibilidad a

---

16 https://segment.com/2030-today/

17 Recuperado en marzo de 2021 de https://jcirera.files.wordpress.com/2012/02/bcg.pdf

18 https://firsthand.co/blogs/career-readiness/jobs-that-will-likely-be-automated-in-the-near-future

los problemas, razonamiento deductivo, ordenamiento de la información, fluidez de ideas, comprensión oral, expresión escrita y claridad del discurso.[19]

Los empleados deben moverse con rapidez y flexibilidad, tener mentalidad emprendedora y tomar decisiones fundadas en hechos que guarden relación con los datos.[20]

El marketing basado en datos funciona para empresas de cualquier escala. Por ejemplo, los pequeños servicios de atención médica que utilizan marketing digital han mostrado mayor velocidad de crecimiento en los últimos años. La publicidad en medios pagos utilizada para dirigirse con precisión a la comunidad local es uno de los factores impulsores de ese crecimiento.[21]

Hacia 2030, la cultura del marketing se basará cada vez más en la creatividad y la tecnología. Casi todo se realizará en forma de una experiencia sin fricciones para ayudar a las personas en sus vidas.[22] La segmentación uno a uno será aún más común debido al soporte del *big data*, la IA y el análisis, que permiten una total individualización y personalización. Las marcas tendrán que ser muy adaptables, y las empresas tendrán que reposicionarse como respuesta a un mercado muy dinámico.[23] El papel de la IA en la estrategia de marca será vital, y los *marketers* que no puedan aplicar la IA para generar compromiso con el cliente en

---

19 Recuperado en marzo de 2021 de https://www2.deloitte.com/content/dam/Deloitte/ch/Documents/innovation/ch-en-innovation-automation-competencies.pdf

20 Adaptado de https://www.fintalent.com/future-enabled-digital-banking-skill-sets/

21 Recuperado en marzo de 2021 de https://www.mckinsey.com/business-functions/marketing-and-sales/our-insights/the-big-reset-data-driven-marketing-in-the-next-normal

22 Recuperado en marzo de 2021 de https://www.thinkwithgoogle.com/future-of-marketing/creativity/ marketing-in-2030/

23 Recuperado en marzo de 2021 de https://www.ignytebrands.com/adaptive-brand-positioning/

diferentes etapas del recorrido del cliente quedarán fuera de la competencia.[24]

La necesidad de revisar el modelo de negocio

Centrarse únicamente en el aspecto digital del marketing no garantizará la supervivencia. Las empresas necesitan revisar sus modelos de negocio y crear un modelo de negocio digital. El libro *What's Your Digital Business Model? (¿Cuál es su modelo de negocio digital?)* analiza que hay dos polos en un continuo a partir del diseño empresarial. Ellos son: la cadena de valor y el ecosistema. Podemos dividir el conocimiento de los clientes finales en dos, a saber, parcial o completo.[25]

En general, cuanto más el diseño de negocios de una empresa conduce al ecosistema (tanto como productor modular como impulsor del ecosistema), más probabilidades habrá de que la empresa obtenga un mayor crecimiento de los ingresos y de los márgenes de beneficio neto. Además, si la comprensión que una empresa tiene de sus clientes es completa y amplia, estará mejor equipada para lograr un mayor rendimiento. El ecosistema le permite a una empresa ampliar su red y cartera de negocios, y vender más productos y servicios nuevos. Un ecosistema podría aumentar los ingresos totales en aproximadamente un 30% para 2025.[26]

---

24 Xóchitl Austria, "13 Marketing Trends for 2030". Recuperado en noviembre de 2022 de https://www.studocu.com/es-ar/document/instituto-educativo-siglo-xxi/comercializacion-en-marketing/13-tendencias-de-marketing-para-2030/19069461

25 Peter Weill y Stephanie Woerner, *What's Your Digital Business Model? Six Questions to Help You Build the Next-Generation Enterprise* (Cambridge, MA: Harvard Business Review Press, 2018).

26 https://www.mckinsey.com/~/media/McKinsey/Business %20Functions/McKinsey%20Digital/Our%20Insights/How%20do%20companies%20create%20value%20from%20digital%20ecosystems/How-do-companies-create-value-from-digital-ecosystems-vF.pdf

Vemos que lo grande ya no es suficiente en esta era aún más social. La clave para ganar la competencia es ser más rápido, más fluido y más flexible. Jugar constantemente con la cadena de valor ya no es adecuado para establecer una alta competitividad.[27]

The New York Times, una empresa de medios global centrada en la creación, recopilación y distribución de noticias e información de alta calidad, fue la que más rápido entró en el modelo de negocio de suscripción *online* en 2011. Aplicó un modelo de negocio *freemium* para atraer suscriptores al producto informativo y ofreció muchas oportunidades publicitarias. En los últimos años, cuando el *freemium* se volvió universal, *The New York Times* adquirió la empresa de juegos *Wordle* para expandir su negocio de juegos. El gigante periodístico está listo para atraer clientes más jóvenes y con más contacto digital a fin de ampliar el alcance de la empresa. Además de los juegos, *The New York Times* también tiene un podcast, junto con su periodismo internacional de larga data. Para febrero de 2022, el *periódico* ya alcanzaba 10 millones de suscripciones pagas.[28]

En un ecosistema dinámico, podemos ver que se están expandiendo los límites de las actividades de creación de valor, volviéndose más integradas y fortaleciendo la interdependencia de los socios comerciales. Los diversos elementos de una plataforma o ecosistema digital tendrán una interdependencia que no es lineal como en el enfoque clásico de la cadena de valor.[29] Por lo tanto, debemos ampliar

---

27 https://hbr.org/2012/02/why-porters-model-no-longer-wo

28 https://theconversation.com/wordle-how-a-simple-game-of-letters-beca-me-part-of-the-new-york-times-business-plan-176299;   https://www.forbes.com/sites/mikevorhaus/2020/11/05/digital-subscriptions-boost-new-york-times-revenue-and-profits/?sh=1c459ea96adc

29 https://cissokomamady.com/2019/04/02/debunking-the-myth-of-com-petitive-strategy-forces-disrupting-porter-five-forces/

el análisis de la cadena de valor para abarcar diversas tendencias y factores que influyen en ellas.[30]

Guiar a los clientes

Los clientes se sienten abrumados por la gran información disponible sobre productos en el mercado, lo que lleva a que sus decisiones sean menos precisas. Las empresas deben actuar de forma proactiva, como una guía confiable para esos clientes, siguiendo estos procesos:

- **Proporcionar una plataforma.** Las empresas pueden proporcionar una plataforma física y digital para que los clientes la utilicen como una herramienta que les permita identificar sus problemas, encontrar soluciones y descubrir cómo lograrlas. Es importante asegurarse de que los clientes puedan comprender de inmediato los beneficios de la plataforma. Y deben asegurarse de que todas las funciones de la plataforma sean completas, relevantes y fáciles de usar, especialmente para las generaciones Y y Z.
  Por ejemplo, las aplicaciones móviles para servicios bancarios son útiles y eliminan todos los puntos débiles de los clientes. Una cita famosa dice: "La gente no necesita los bancos, pero necesita servicios bancarios". Una reseña sobre una aplicación móvil en la página de *Forbes*, por ejemplo, afirma que los servicios bancarios completos en una interfaz móvil son suficientes para satisfacer las necesidades de los clientes, como extractos de cuenta, seguimiento de gastos y seguridad para bloquear las tarjetas de débito sin necesidad de hacer una verificación presencial.[31]

---

30 Recuperado en marzo de 2021 de https://www.cgma.org/Resources/Reports/ DownloadableDocuments/The-extended-value-chain.pdf
31 https://www.forbes.com/advisor/banking/capital-one-360-bank-review/

- **Involucrar a los socios.** Las empresas deben involucrar en la plataforma a socios relevantes para respaldar los recursos, actividades, capacidades y competencias indispensables para satisfacer las múltiples necesidades de los clientes. La participación de esos socios debe ser fluida y brindar a los clientes una experiencia sin complicaciones. Se debe garantizar que la plataforma de arquitectura sea flexible y compatible con los socios, pero que tenga un riguroso control de manejo.

- **Enfocarse en la solución.** Mediante esa plataforma, la empresa debe proporcionar soluciones integrales a los clientes, para que los liberen de incordios en cada punto del recorrido. La empresa debe comprender cómo utilizar la plataforma y producir soluciones que puedan resolver los problemas centrales de los clientes mediante la adaptación y la personalización. También debería ofrecer oportunidades de cocreación y colaboración con los clientes.

- **Proporcionar servicios de soporte.** El servicio de soporte tiene como objetivo brindar seguridad a los clientes y ser accesible en cualquier momento y lugar. Las empresas deben estar preparadas para recibir llamadas de los clientes en cualquier momento, y asegurarse de que todos los servicios de soporte refuercen el compromiso con los clientes.

- **Comunicar valor y valores.** Comprobar que la propuesta de valor de la empresa se centre en la experiencia, pero también en la transformación. Asegurarse de que los valores de la empresa, especialmente los relacionados con los intereses de la comunidad en general, estén en el modelo de negocio y de que se comunican claramente a los clientes para que los comprendan y aprecien. Involucrar a los clientes en una comunidad para que interactúen entre sí, se ayuden unos a otros, compartan ideas, brinden opiniones, establezcan contactos e incluso se diviertan.

La elección: conservador o progresista

Los términos *market-driven* y *market-driving* ["impulsada por el mercado" e "impulsora del mercado", respectivamente] vienen utilizándose desde hace ya un tiempo. Remitiéndonos a la explicación de Bernard Jaworski, Ajay Kohli y Arvind Sahay, *market-driven* es una orientación empresarial que busca comprender el comportamiento de los actores en una determinada estructura de mercado y reaccionar luego a ello. Mientras que *market-driving* significa influir en la estructura del mercado y/o en el comportamiento de los actores del mercado en una dirección que mejore la posición competitiva de la empresa.[32]

Ambas orientaciones comerciales son opcionales y en gran medida dependen de diversos factores de las empresas, incluidos los relacionados con los recursos (tangibles e intangibles), las capacidades y las competencias básicas. Una orientación de mercado más sólida le dará a una empresa la posibilidad de lograr un mejor desempeño. También sabemos que los desafíos empresariales son demasiado grandes para que una sola empresa los enfrente por sí sola, por lo que la participación de una empresa en un ecosistema empresarial digital brindará una mejor oportunidad para que la empresa sobreviva en el largo plazo (véase la Figura 4.2).

Al combinar la orientación del mercado con el modelo de la empresa podemos describir y predecir que cuanto más se desplace hacia la parte inferior izquierda (en la fi-

---

32 Bernard Jaworski, Ajay K. Kohli y Arvind Sahay, "Market-Driven Versus Driving Markets", *Journal of the Academy of Marketing Science*, no. 28 (2000): 45-54.

gura 4.2), más impulsada será la empresa por el mercado. En cambio, cuanto más se acerque a la esquina superior derecha, mayor capacidad tendrá para impulsar el mercado. Esta capacidad de impulso será especialmente más poderosa si una empresa puede impulsar el ecosistema, y no solo participar en él.[33]

En la sección inferior izquierda se encuentran las empresas conservadoras, y en la sección superior derecha las que son progresistas. Al *continuum* entre esas dos características de las empresas lo denominamos continuo firmográfico conservador-progresista. La mayoría de las empresas estarán en algún lugar del continuo (o tal vez incluso fuera de él), con independencia de si la empresa elige de forma deliberada su posición o simplemente termina en ella por casualidad.

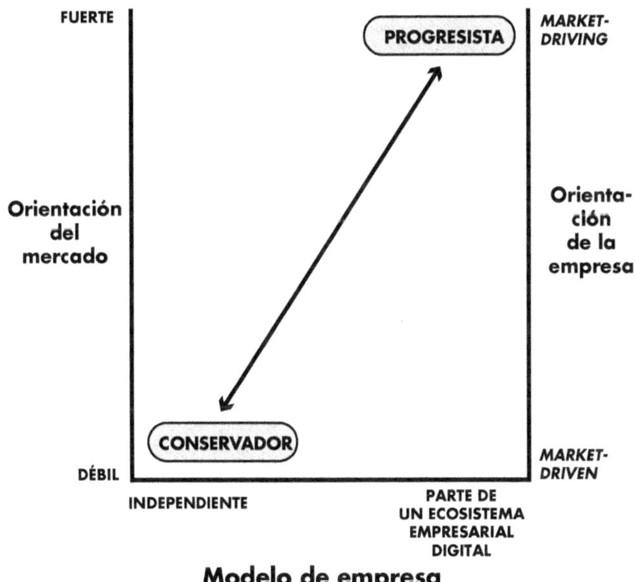

Figura 4.2. Continuo firmográfico conservador-progresista

---

33 A las empresas de ese tipo se las llama impulsoras del ecosistema. Véase nuevamente Weill y Woerner (2018).

Las empresas progresistas tienen una fuerte orientación hacia el mercado, son parte de un ecosistema empresarial digital (y pueden tener el poder de controlar ese ecosistema) y poseen una orientación empresarial que impulsa el mercado. Por ejemplo, TikTok está disponible en todos los ecosistemas. Llevó el contenido de video corto a tal popularidad que impulsó a otras plataformas a seguir su ejemplo; 3.000 millones de usuarios descargaron TikTok en menos de cuatro años.[34] Ahora los videos de TikTok pueden tener una duración de tres minutos, para permitir algunos géneros de video, como los de cocina, por ejemplo.[35]

Por el contrario, las empresas conservadoras tienen una débil orientación hacia el mercado. Son independientes o no forman parte de un ecosistema empresarial digital. Son impulsadas por el mercado según su orientación empresarial.

Puede haber empresas con características tanto conservadoras como progresistas, pero las empresas progresistas tendrán más posibilidades de generar una fuerte competitividad a largo plazo. Una empresa conservadora es adecuada para un panorama empresarial estático. Una empresa progresista, en cambio, es ideal para un entorno empresarial muy dinámico, como el actual (y lo seguiremos presenciando hacia el año 2030). Las empresas progresistas confían en su capacidad dinámica, lo que les permite convertirse en empresas que impulsan el mercado.

Las empresas conservadoras pueden sobrevivir en un entorno empresarial que tienda a ser estático. Hasta cierto punto, pueden continuar en un entorno empresarial dinámico, pero les resulta difícil lograr una posición sólida en el mercado; mientras que las empresas progresistas siempre pueden seguir –e incluso ayudar a darle forma– en ese entorno empresarial tan dinámico.

---

34 https://backlinko.com/tiktok-users
35 https://www.theverge.com/2021/7/1/22558856/tiktok-videos-three-minutes-length

Las empresas conservadoras tienen un modelo independiente asentado en cadenas de valor convencionales. Las empresas progresistas se basan en redes con socios altamente coordinados e interdependientes dentro del ecosistema empresarial digital, lo que les permite fortalecer su posición negociadora en la relación con sus clientes. Por ejemplo, el modelo de negocio de cocina en la nube, adoptado por la empresa de transporte Grab, permite que muchas marcas cocinen en una cocina central. Esas estructuras suelen diseñarse para pedidos de comida en línea. Ese concepto permite a los usuarios de Grab recoger comida más rápido que recoger pedidos en un restaurante. Iniciado en 2018, este modelo de negocio permitió a la marca seguir operativa durante la pandemia.[36]

Las empresas conservadoras todavía tienden a aplicar enfoques de marketing convencionales, al contrario que las empresas progresistas que con frecuencia utilizan un enfoque de marketing digital para orientar a sus clientes de manera esencial, holística y proactiva. Por ejemplo, la aplicación DBS Digibank lanzó LiveBetter como una plataforma digital integral que aspira a ayudar a la transición hacia una vida más ecológica simplemente adoptando soluciones financieras minoristas "verdes" para la renovación de viviendas, préstamos para automóviles e inversiones. Esa iniciativa le permitió a DBS convertirse en uno de los bancos más rentables del mundo. En 2021 DBS registró beneficios superiores a los esperados, cumpliendo 10 años consecutivos de este logro. La transformación de DBS al adoptar un sistema bancario digital para servir a sus clientes lo ha convertido en uno de los mejores bancos digitales de Singapur.[37]

---

36 https://www.kompas.com/properti/read/2021/04/10/135228821/membaca-peta-persaingan-cloud-kitchen-di-jakarta-ini-7-pemainnya?page=all

37 https://knowledge.insead.edu/blog/insead-blog/how-dbs-became-the-worlds-best-bank-17671; https://www.reuters.com/world/asia-pacific/singapore-lender-dbs-q2-profit-jumps-37-beats-market-estimates-2021-08-04/

Ambos tipos de empresas pueden orientar a sus clientes. Pero las empresas conservadoras solo pueden guiarlos de manera limitada, a través de diversas plataformas, hacia cosas que no son fundamentales, que tienden a ser técnicas, como la forma de obtener información, de comprar, los métodos de pago, cómo utilizar los productos, etc. En cambio, las empresas progresistas guían a sus clientes de manera más fundamental; por ejemplo, al implantar nuevas reglas de juego, haciendo que muchos actores establecidos sean irrelevantes en una competencia, y cambiando la mentalidad y el comportamiento de clientes y competidores.

Las empresas progresistas pueden producir ondas de choque disruptivas. Y también pueden influir significativamente en el entorno macro. Por ejemplo, pueden obligar a las autoridades a revisar las regulaciones, crear cambios sociales/culturales o incluso afectar a las estructuras del mercado.

Basándonos en estas explicaciones, podemos empezar a comprender por qué las empresas conservadoras tienden a tener una ventaja competitiva transitoria. Por el contrario, las empresas progresistas pueden establecer una ventaja competitiva sostenible. Esas razones también muestran que cuanto más progresista sea una empresa, mayor será la competitividad que puede alcanzar (ver Tabla 4.1).

Tabla 4.1. Resumen de las características de las empresas conservadoras y progresistas

	Firmográfico	
	Conservadora	**Progresista**
Panorama empresarial	Adecuada para el panorama empresarial estático	Ideal para el panorama empresarial dinámico
Capacidad estratégica	Impulsada por el mercado	Impulsora del mercado, capacidad dinámica

Tabla 4.1. *(Continuación)*

Modelo empresarial/ plataforma	Independiente con cadena de valor secuencial convencional	Una red de socios muy coordinados e interdependientes dentro del ecosistema empresarial digital
Poder de negociación	Los clientes tienen una posición de negociación más fuerte	La empresa tiene una posición de negociación más fuerte
	Firmográfico	
	Conservadora	**Progresista**
Organización	Rígida, fuerte inercia	Adaptable y flexible
Enfoque del marketing	Marketing convencional	Marketing digital
Nivel de orientación	Básico, de alcance limitado y reactivo	Fundamental, holístico y proactivo
Centro de gravedad	Centrada en el cliente	Centrada en soluciones
Mercado	Nicho, segmentado, mercado objetivo específico, focalizado en economías de escala	Amplio, trascendente, *one-to-one*, focalizado tanto en economías de escala como de alcance
Tecnología y contacto	Baja tecnología, bajo contacto	Alta tecnología, alto contacto
Marca y posicionamiento	Solo el nombre, sin un posicionamiento preciso	Marca viva: posicionamiento ubicuo, relevante y fluido
Diferenciación	Basada en beneficios funcionales y emocionales por el uso de productos y servicios	Basada en la experiencia del cliente o en la transformación por un fuerte compromiso
Argumento de venta	Solo características y beneficios del producto	Experiencia del cliente individualizada o personalizada/ transformación en cada punto de contacto
Productos y servicios	Producto estándar con ligeras variantes	Permite opciones integrales de personalización, cocreación y colaboración

Tabla 4.1. *(Continuación)*

Precio	Precio fijo	Precio dinámico
Lealtad	Por diseño, basada en un mecanismo de retención a través de programas de fidelización de alto costo, porque los clientes pueden cambiar	Por defecto, basada en un mecanismo de retención "natural" porque la empresa es esencial en la vida del cliente, de modo que los clientes son reacios a cambiar
	Firmográfico	
	Conservadora	**Progresista**
Indicadores clave de rendimiento	Financieros y no financieros, subjetivos y objetivos	Tracción integral financiera y no financiera (subjetiva y objetiva) y digital
Ventaja competitiva	Ventaja competitiva transitoria	Ventaja competitiva sostenible

Hay varios puntos que requieren atención. Primero, una empresa progresista no mira solamente la perspectiva de sus clientes, como lo hacen las conservadoras. También analiza de manera integral otros aspectos del modelo de diamante 4C, donde el cliente es solo uno de los elementos. Las empresas no pueden centrarse apenas en crear productos y servicios que sean atractivos únicamente a los ojos de sus clientes para garantizar la continuidad del negocio. Además, deben prestar atención a la dinámica del entorno empresarial, incluido lo que ocurre en el entorno macro y los competidores.

Segundo, el nuevo enfoque progresista, en particular la forma en que las empresas tratan con sus clientes (y sus comunidades), requiere esfuerzos educativos inspiradores que sean inmediatamente aceptados y adoptados como parte de la vida diaria de las personas. Educar al mercado para que alcance una masa crítica es una cuestión crucial que las empresas progresistas deben considerar cuidadosamente.

Tercero, el modelo de negocio de una empresa progresista será diferente del de una empresa conservadora, que depende en gran medida de la formación de competencias basadas en sus capacidades para usar diversos activos tangibles. Por el contrario, las empresas progresistas construyen su competitividad aprovechando activos intangibles de empresas que son muy difíciles de imitar, no están a la venta en el mercado o son escasas, y tienen un alto valor. Por otra parte, una empresa puede obtener otros activos que no posee de múltiples socios que son miembros del ecosistema empresarial, generando a la postre una ventaja para el ecosistema.

Cuarto, 2030 es un punto estratégico en el tiempo y es un trampolín hacia 2045. Según las predicciones de Ray Kurzweil, se producirán aumentos exponenciales en tecnologías como la informática, la genética, la nanotecnología, la robótica y la inteligencia artificial, relacionados con la ley de los rendimientos acelerados. La singularidad es el punto donde finalmente se fusionarán la inteligencia humana y la de las máquinas.[38]

Por lo tanto, cada empresa debe determinar su futuro a partir de ahora. Una empresa no puede desaprovechar el impulso hacia 2030 si quiere sobrevivir en la era posterior. Por esa razón, las empresas deben planificar dónde estará su punto de apoyo en el continuo firmográfico conservador-progresista.

Conclusiones clave

- El cliente, que forma parte del modelo diamante 4C (cliente, cambio, empresa, competidor), ocupa un

---

38 Ray Kurzweil, *Singularity Is Near* (New York: Penguin, 2005).

lugar central en el panorama empresarial de hoy y de mañana.

- Los clientes están más conectados, lo que los hace más informados y sofisticados, y tienen mayor poder de negociación. Es un desafío satisfacerlos, retenerlos y lograr que defiendan positivamente a una empresa.
- En el futuro, las empresas necesitarán adaptar sus capacidades de marketing digital y revisar sus modelos de negocio.
- Para guiar a los clientes, las empresas pueden proporcionar una plataforma, involucrar socios, centrarse en la solución, brindar servicios de soporte y comunicar valor y valores.
- Las empresas necesitan evaluar su estatus conservador y progresista, y plantearse cómo quieren operar para prepararse para el futuro.

Capítulo 5

Unificar capacidades

Armonizar las mentalidades
dentro de la organización

¿Quiere escuchar música o un podcast en su teléfono? ¿Qué pasa con su computadora portátil, tableta u otros dispositivos?

Para obtener una solución *todo-en-uno*, recurra a Spotify. Fundada por Daniel Ek y Martin Lorentzon en 2006, esta empresa con sede en Suecia ha hecho que el audio sea accesible desde cualquier lugar. Los consumidores pueden optar por una suscripción gratuita o de pago.[1] Actualmente Spotify tiene cerca de 350 millones de usuarios; de ellos, alrededor de 155 millones son usuarios premium.[2]

¿Cómo logró esa empresa tomar la música, considerada por muchos una necesidad básica durante miles de años, y cumplir con los estándares de conectividad actuales? Ciertamente, la industria ha recorrido un largo camino, pasando de la música en vivo a los discos, de los fonógrafos a los casetes y luego a los discos compactos, seguidos por los iPod.

---

1 Recuperado en marzo de 2021 de https://www.spotify.com/id/about-us/contact/
2 Recuperado en marzo de 2021 de https://en.wikipedia.org/wiki/Spotify

Todas esas innovaciones sirvieron para un objetivo. Pero Spotify aprovechó la tecnología para hacer posible que cualquiera pueda acceder a cualquier canción desde cualquier lugar.

Vayamos al detrás de la escena de esta agresiva empresa en expansión global. Claramente cumplió un deseo de los amantes de la música, como lo demuestra su significativo crecimiento durante los últimos años. De 2018 a 2021 la empresa aumentó su tamaño al pasar de unos 3.600 empleados a más de 6.500.[3]

Para mantener ese ritmo, ha contratado empleados de diversas áreas geográficas con diferentes orígenes culturales.[4] Esa no es una tarea menor. Su mayor desafío es seguir atrayendo a las personas adecuadas (incorporando ocasionalmente a cientos de trabajadores) manteniendo al mismo tiempo la innovación, la agilidad y su cultura única, según Katrina Berg, directora de recursos humanos de Spotify.[5]

Para superar ese obstáculo y seguir siendo líder, la empresa formó equipos multifuncionales llamados *squads*, grupos autónomos de entre 6 y 12 personas. Esos equipos continúan siendo responsables ante la empresa y se esmeran en mantener ágil e innovadora la fuerza laboral mientras siguen comprometidos con el propósito principal de la compañía.[6]

Los equipos son responsables de los nuevos productos, inclusive de decidir qué se hará y quién lo llevará a cabo.[7] En conjunto, varios escuadrones forman una tribu, y cada

---

3   https://www.macrotrends.net/stocks/charts/SPOT/spotify-technology/number-of-employees#:~:text=Interactive%20chart%20of%20Spotify%20Technology,a%2017.12%25%20decline%20from%202019

4   Recuperado en marzo de 2021 de https://corporate-rebels.com/spotify-2

5   Recuperado en marzo de 2021 de https://corporate-rebels.com/spotify-1/

6   Recuperado en marzo de 2021 de https://hbr.org/2017/02/how-spotify-balances-employee-autonomy-and-accountability

7   *Ibid.*

tribu también es autónoma.[8] Uno de los deberes del líder de la tribu es proporcionar un ambiente de trabajo adecuado para todos los equipos.[9] Al mismo tiempo, los miembros de la tribu con las mismas habilidades se agrupan en una subdivisión. Cualquier integrante de una subdivisión también puede unirse a un círculo o gremio, integrado por personas con un interés común.

Para armonizar esa estructura tan única de la organización, Spotify confía en la tecnología para realizar reuniones virtuales abiertas *(town hall)*. Cualquier miembro de un equipo de Spotify, de cualquier parte del mundo, puede participar en esas reuniones.[10] La tecnología también les permite a los empleados de Spotify trabajar de forma remota desde cualquier lugar.[11] Unas directrices claras respaldan la forma en que Spotify realiza el seguimiento de los empleados para que mantengan una mentalidad de crecimiento sólida.[12]

Esa forma de organización de la empresa busca evitar el fenómeno del silo.[13] Le permite a Spotify lograr ese delicado equilibrio entre la implementación de la estructura y el fomento de la creatividad. También pretende mantener a los empleados comprometidos, satisfechos, bien gestionados y activamente involucrados en la innovación y el crecimiento.

Las empresas que quieran hacer lo mismo harán bien en armonizar las mentalidades, funciones y recursos. En este

---

8   Recuperado en marzo de 2021 de https://divante.com/blog/tribes-model-helps-build-agile-organization-divante/

9   Recuperado en marzo de 2021 de https://achardypm.medium.com/agile-team-organisation-squads-chapters-tribes-and-guilds-80932ace0fdc

10 Recuperado en marzo de 2021 de https://corporate-rebels.com/spotify-1/

11 Recuperado en marzo de 2021 de https://www.reuters.com/article/us-spotify-employees-idUSKBN2AC1O7

12 Recuperado en marzo de 2021 de https://corporate-rebels.com/spotify-1/

13 Recuperado en marzo de 2021 de https://www.linkedin.com/pulse/thinking-using-spotifys-agile-tribe-model-your-company-schiffer/

capítulo analizaremos estrategias para alcanzar esos objetivos. Para ello, usaremos el modelo *omnihouse* (ver Figura 5.1).

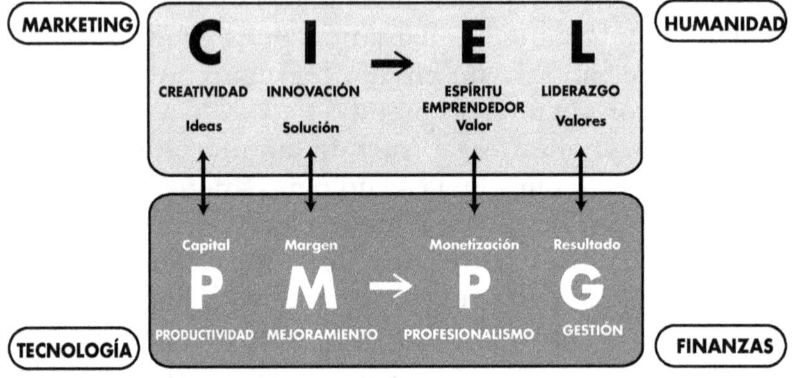

Figura 5.1. Elementos dicotómicos del modelo *omnihouse*

Comenzaremos por explorar cómo hacer converger los diferentes elementos del grupo "espíritu emprendedor", conectándolos luego con el grupo "profesionalismo".

Estudiaremos la relación entre creatividad e innovación, y espíritu emprendedor y liderazgo (CI-EL). También veremos las conexiones entre productividad y mejoramiento, y profesionalismo y gestión (PM-PG). En el Capítulo 6, ahondaremos en las integraciones entre marketing y finanzas, y tecnología y humanidad.

Mentalidad creativa y de innovación

La innovación y la creatividad son fundamentales para todas las disciplinas y actividades educativas, no solo para el arte. La innovación está relacionada con novedades (ideas, métodos o productos) que tienen valor. Es el fruto de las ideas, de producir, de hacer que algo suceda o de implementar algo nuevo. La innovación implica trabajar duro para garantizar que finalmente podamos hacer realidad buenas ideas. La creatividad es un proceso activo que debe estar involucrado en la innovación. El proceso creativo está en el corazón de la innovación.[14]

La creatividad y la innovación son dos constructos independientes que se complementan entre sí.[15] Por sí sola, la creatividad no siempre conduce a la innovación.[16]

La creatividad requiere ideas, conocimientos o soluciones que resuelvan problemas, mientras que la innovación consiste en aplicar estas ideas para progresar.[17] En resumen, la creatividad es la raíz o fuente que determina la innovación, y la innovación es una forma o aplicación concreta de la creatividad.

Se dice que una persona rica en ideas premonitorias y adaptables tiene una mentalidad creativa. Al individuo de mentalidad innovadora se lo ve como alguien que puede brindar soluciones a los problemas de los clientes. En conjunto, estas capacidades permiten que una empresa se posicione mejor que sus principales competidores.

---

14 De Cambridge Assessment International Education, "Developing the Cambridge Learner Attributes", que se usa en más de 160 países. https://www.cambridgeinternational.org/support-and-training-for-schools/teaching-cambridge-at-your-school/cambridge-learner-attributes/

15 Tatiana de Cassia Nakano y Solange Muglia Wechsler, "Creativity and Innovation: Skills for the 21st Century", *Estudos de Psicologia* 35, no. 3 (2018): 237-246. https://doi.org/10.1590/1982-02752018000300002

16 O. C. Ribeiro y M. C. Moraes, *Criatividade em uma perspectiva transdisciplinar: Rompendo crenças, mitos e concepções* (Líber Livro, 2014) citado en Tatiana de Cassia Nakano y Solange Muglia Wechsler, "Creativity and Innovation: Skills for the 21st Century", *Estudos de Psicologia*, 35, no. 3 (2018). https://www.scielo.br/j/estpsi/a/vrTxJGjGnYFLqQGcTzFgfcp/?lang=en&format=html

17 L. Zeng, P.R.W. Proctor y G. Salvendy, "Can Traditional Divergent Thinking Tests Be Trusted in Measuring and Predicting Real-World Creativity?", *Creativity Research Journal* 23, no. 1 (2011): 24-37, citado en "Creativity and Innovation: Skills for the 21st Century", *Estudos de Psicologia* 35, no. 3 (2018). https://www.scielo.br/j/estpsi/a/vrTxJGjGnYFLqQGcTzF gfcp/?lang=en&format=html

Espíritu emprendedor y mentalidad de liderazgo

En términos generales, podemos decir que un individuo con mentalidad empresarial identifica y comprende diferentes problemas, ve oportunidades en esos problemas, asume riesgos calculados y colabora con diferentes partes en la búsqueda de soluciones a esos problemas. Estos pasos pueden finalmente crear valor tanto para los clientes como para la empresa. Por su parte, el liderazgo se demuestra cuando un individuo construye y ejerce influencia sobre otros basándose en sus habilidades intelectuales, emocionales y espirituales.

Podemos ver una serie de ejemplos de empresarios exitosos en el mundo que demuestran un liderazgo transformador, que no solo resuelve problemas en sus empresas, sino que también desempeña un papel en la solución de los problemas más apremiantes del mundo. En lugar de mirar lo que otras personas hicieron en el pasado para resolver un problema, ellos están más interesados en la verdad universal detrás de ese problema. Sobre esa base, proponen soluciones creativas.

Desde la generación anterior de empresarios como Bill Gates o Ted Turner, hasta la generación más joven de empresarios como Larry Page, Sergey Brin o Adam D'Angelo, todos desafían a lo que el ser humano puede pensar y hacer. Sus habilidades empresariales y de liderazgo tienen un gran potencial para influir en su organización y en el mundo

Mentalidad productiva y de mejoramiento

La productividad, en términos simples, a menudo se asocia con la relación entre el *input*, la entrada o los insumos, y el *output*, la salida o lo producido. Podemos lograr un mayor nivel de productividad utilizando menos insumos y con mayor producción. Ese enfoque es particularmente evidente en el proceso de fabricación, donde medimos cuántas unidades de producción se hacen a partir de una unidad de entrada específica.

Aunque es más complejo, también podemos utilizarlo en otras áreas de gestión. Podríamos medir cuántas ventas se logran (la salida) en comparación con la plantilla o los empleados de toda la empresa (la entrada). En general, cuanto mayor sea el nivel de ventas logrado con una plantilla menor, más productiva será una empresa. Muchas veces la productividad es directamente proporcional a la rentabilidad de una empresa.

También con frecuencia utilizamos la combinación de eficiencia y efectividad para medir la productividad. Si el nivel de eficiencia o de efectividad (o incluso el de ambas) disminuye, el nivel de productividad también disminuirá. Dicho sencillamente: la efectividad consiste en hacer las cosas correctas, y la eficiencia en hacer las cosas bien. Por lo tanto, si hacemos bien las cosas correctas, comenzamos desde el punto adecuado para lograr una productividad óptima. Efectividad y eficiencia son, entonces, cosas diferentes, pero no podemos separarlas si hablamos de productividad.

En consecuencia, para aumentar la eficiencia buscamos más *output* con el mismo *input*. Para ser más eficaces, nos centramos en los recursos. Priorizamos aquellos que proporcionarán mejores resultados con relación a los objetivos de la empresa.

Para lograr una productividad óptima, la empresa debe ser a la vez eficaz y eficiente. Una persona con mentalidad productiva puede realizar diversas tareas efectivas, incluido el uso de los recursos de la empresa y la realización de diferentes procesos de creación de valor de manera eficiente. Por otra parte, se dice que una persona tiene una mentalidad de mejoramiento si se concentra en obtener mejores resultados hoy que ayer. Y espera obtener un rendimiento aún mejor mañana.

Profesionalismo y mentalidad de gestión

El profesionalismo suele ser asociado con un determinado estándar (tanto escrito como no escrito).[18] Puede referirse a atributos relacionados con conocimientos y competencias, junto con características como integridad, honestidad y respeto mutuo. El profesionalismo frecuentemente es el resultado de un largo proceso de formación.[19]

La responsabilidad –como parte del profesionalismo– se demuestra cumpliendo las promesas. Eso incluye esquemas de trabajo, planes bien trazados y evitar la postergación. Cuando no se cumplen los compromisos, el rendimiento de los empleados puede disminuir. Según un estudio realizado por el Departamento de Gestión de la LSE, un prestigioso centro mundial de investigación y educación empresarial y de gestión con sede en Londres, las promesas incumplidas agotan la energía mental de los empleados, lo que provoca daños involuntarios a los demás.[20]

El profesionalismo es vital para la carrera laboral en una empresa. Pero además, tomado en forma colectiva, contribuirá a forjar una sólida reputación y confianza entre las diferentes partes de un ecosistema empresarial. El profesionalismo influirá también en un mejor desempeño general de la empresa. Por lo tanto, el compromiso con el profesionalismo es imprescindible, y además el profesionalismo debe remitir a los valores o la cultura corporativa.[21]

---

18 Recuperado en marzo de 2021 de https://www.mindtools.com/pages/article/professionalism.htm

19 Recuperado en marzo de 2021 de http://graduate.auburn.edu/wp-content/uploads/2016/08/What- is-PROFESSIONALISM.pdf

20 Recuperado en febrero de 2022 de https://blogs.lse.ac.uk/management/2018/04/03/breaking- promises-is-bad-for-business/

21 Brandman University, "Professionalism in the Workplace: A Guide for Effective Etiquette". Recuperado en marzo de 2021 from https://www.experd.com/id/whitepapers/2021/03/1583/professionalism-in-the-workplace.html

Un estudio realizado en Australia subraya la importancia del profesionalismo para las organizaciones. El artículo hace hincapié en el impacto de la búsqueda de profesionalismo de un individuo en la reputación de una organización. No solo eso, sino que el profesionalismo también afecta a la ventaja estratégica de la organización.[22]

El profesionalismo es un elemento fundamental en una organización porque aclara lo que generalmente es aceptable (y lo que no) en una determinada comunidad. El establecimiento de esa mentalidad profesional conduce a una armonización que trasciende todas las funciones como un protocolo universal. Ese protocolo ayuda a evitar conflictos y disputas improductivas en diferentes interacciones entre individuos de una misma organización y entre personas de dos o más organizaciones distintas.

Es difícil separar el profesionalismo de la gestión en las organizaciones empresariales. La gestión no puede funcionar según lo previsto si no hay alguien con profesionalismo detrás. Según una encuesta realizada a 2.580 personas en siete hospitales australianos, el comportamiento no profesional tenía una influencia negativa moderada o significativa en la atención al paciente, la frecuencia de errores o la calidad del servicio. Las enfermeras, el personal de maestranza y el personal directivo y administrativo eran más propensos que el personal médico a informar esa influencia.[23]

En general, la gestión abarca diferentes cosas que suelen comenzar con objetivos específicos y planes para alcanzarlos. Por lo tanto, la planificación es crucial en el proceso de gestión. Las estrategias (y tácticas) reflejarán cómo lo-

---

22 Jillian de Araugoa y Richard Beal, "Professionalism as Reputation Capital: The Moral Imperative in the Global Financial Crisis", *Social and Behavioral Sciences* 99 (2013): 351-362.

23 Johanna Westbrook *et al.*, "The Prevalence and Impact of Unprofessional Behaviour Among Hospital Workers: A Survey in Seven Australian Hospitals", *Medical Journal of Australia* 214, no. 1 (2021): 31-37. doi: 10.5694/mja2.50849

grar los objetivos de la empresa. La estrategia tendrá repercusiones sustanciales sobre qué recursos deben estar disponibles, qué capacidades se necesitan y en qué competencias debería centrarse la empresa para obtener una ventaja competitiva.

La organización es un conjunto de personas que trabajan juntas para lograr un objetivo predeterminado. Las empresas advierten que la gestión eficaz de proyectos es fundamental para lograr mejores resultados. Según Bain & Company, para 2027 la mayor parte del trabajo se basará en proyectos. En consecuencia, la necesidad de directores de proyectos está creciendo más rápidamente que la demanda de personas calificadas en otras profesiones. Ese mayor énfasis en los gerentes de proyectos refleja una mayor conciencia de la influencia de una buena gestión de proyectos en los resultados de una empresa.[24]

La gestión también está relacionada con la implementación de planes o estrategias predeterminadas para lograr los objetivos de la empresa. La implementación o ejecución suele ser un desafío porque un entorno dinámico puede crear nuevas restricciones inesperadas que requieran ajustar esos planes y estrategias bien redactados. Por eso suele decirse que es más fácil decirlo que hacerlo.

El Project Management Institute (PMI) patrocinó un informe de la Economist Intelligence Unit titulado "Por qué fracasan las buenas estrategias: lecciones para la C-suite", que analiza cómo participan en la ejecución de la estrategia los ejecutivos de nivel C. Para elaborar el estudio se utilizó una encuesta a 587 altos ejecutivos de todo el mundo. De los encuestados, el 61% admitió que a menudo sus empresas se esfuerzan por cerrar la brecha entre la formulación de la estrategia y la ejecución del día a día. Además,

---

24 Recuperado en febrero de 2022 de https://www.teamwork.com/project-management-guide/why- is-project-management-important/

los encuestados afirmaron que en sus empresas solo el 56% de las iniciativas estratégicas se habían implementado con éxito en los últimos tres años.[25]

En ese proceso de implementación, la comunicación de la dirección y la coordinación juegan un papel fundamental para garantizar el uso efectivo y eficiente de todos los recursos y capacidades organizacionales. La gestión en una empresa, por ejemplo, requiere una buena coordinación entre cada función, como finanzas, marketing, capital humano, operaciones, TI y otras. Esa coordinación es crucial para garantizar que el proceso de creación de valor de una empresa se desarrolle de forma continua y sin interrupciones significativas, aunque tenga que lidiar con la dinámica impredecible del entorno empresarial.

El elemento final de la gestión implica esfuerzos para mantener los estándares. Estos son bien comprendidos y acordados por todas las personas relevantes de una organización. Es imposible realizar una evaluación objetiva sin mediciones precisas y adecuadas.

Cargill Inc., una empresa productora y distribuidora de alimentos con sede en Minneapolis, tuvo problemas para motivar y comprometer a sus 155.000 empleados en todo el mundo. Cuando en 2012 presentó su método "Gestión diaria del desempeño", cuyo objetivo era incluir diariamente el estímulo y el control en las conversaciones en el trabajo, se convirtió en pionera. Cargill asegura haber notado mejoras mensurables después de que la gerencia comenzó a brindar una evaluación constructiva y prospectiva en lugar de retrospectiva.[26]

Así, se dice que una persona tiene una mentalidad profesional si siempre puede desarrollar competencias relevan-

---

25 https://www.pmi.org/-/media/pmi/documents/public/pdf/learning/thought-leadership/why-good-strategies-fail-report.pdf/

26 Recuperado en febrero de 2022 de https://www.fastcompany.com/3054547/six-companies-that-are- redefining-performance-management

tes, mantener una disciplina sólida y sostener una ética aplicable. Y se dice que alguien aplica una buena mentalidad de gestión si siempre actúa de forma adecuada y cuidadosa al planificar, organizar, implementar y controlar los procesos de la empresa.

Como hemos visto, una integración de estos elementos, tanto los del grupo "iniciativa empresarial" como los de "profesionalismo", puede conducir a un desempeño óptimo. Establecer conexiones y valorar las contribuciones de cada mentalidad reduce el riesgo de conflicto. También aumenta la cooperación, permite que se produzcan ideas innovadoras que benefician a la empresa y crea una sinergia que impulsa a la empresa hacia adelante.

Conclusiones clave

- Una mentalidad creativa puede generar ideas; un espíritu innovador convierte las posibilidades en soluciones tangibles que resuelven problemas.
- El espíritu empresarial permite a las empresas aprovechar el valor comercial de las innovaciones; el liderazgo guía e influye en la estrategia, la dirección y la moral.
- Un individuo centrado en la productividad busca aumentar la efectividad y la eficiencia; un miembro del equipo con mentalidad de mejoramiento busca formas de lograr mejores resultados que antes.
- Los profesionales ayudan a garantizar que se respete la ética; los gerentes supervisan los procesos y la aplicación de los protocolos.
- Crear armonía entre las mentalidades de los empleados puede generar ventajas competitivas para las empresas, incluido un aumento de su valor.

Capítulo 6

Integrar las funciones

Hacer converger los departamentos
dentro de la organización

Las empresas se organizan del modo que conduzca a la realización de las actividades requeridas. A menudo nos encontramos con diferentes funciones dentro de la empresa, conocidas como divisiones o departamentos. Cada uno de estos puede realizar sus actividades de forma independiente o interdependiente con otras divisiones. A veces, una división no quiere comunicarse de una manera abierta. Eso puede obstaculizar la difusión de información entre los departamentos.[1] Sin comunicación e intercambio de información no será fácil coordinarse para lograr los objetivos de la organización.[2]

La mentalidad de silo, como ya hemos descrito, es contraproducente porque puede tener su origen en una competencia malsana entre los empleados que ocupan los

---

1   Recuperado en marzo de 2021 de https://www.investopedia.com/terms/s/silo-mentality.asp#:~:text=In%20business%2C%20organizational%20silos%20refer,shared%20because%20of%20system%20limitations

2   Recuperado en marzo de 2021 de https://www.adb.org/sites/default/files/publication/27562/ bridging-organizational-silos.pdf

101

niveles superiores en distintas divisiones de la empresa. También puede darse entre empleados de diversos niveles que, en esencia, tienen una agenda oculta para sus intereses.[3] Una de las características del silo es la falta de voluntad de todos los integrantes de la organización para compartir información muy valiosa o incluso necesaria con otras divisiones o departamentos de la empresa.[4]

En el modelo *omnihouse*, podemos ver cuatro funciones distintas: marketing, tecnología, humanidad y finanzas. (No preocuparse, hablaremos sobre las operaciones más adelante.)

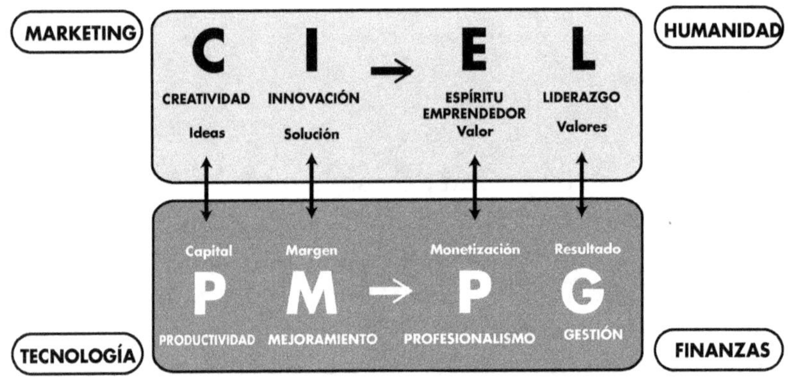

Figura 6.1. Elementos dicotómicos del modelo *omnihouse*

Nótese que el marketing y las finanzas están en esquinas opuestas. Lo mismo ocurre con la tecnología y la humanidad. Están colocadas de ese modo para resaltar el hecho

---

3   Recuperado en marzo de 2021 de https://www.forbes.com/sites/brent-gleeson/2013/10/02/the-silo-mentality-how-to-break-down-the-barriers/?sh=2921022d8c7e

4   Recuperado en marzo de 2021 de https://www.investopedia.com/terms/s/silo-mentality.asp#:~:text=In%20business%2C%20organizational%20silos%20refer,shared%20because%20of%20system%20limitations

de que a menudo, en las empresas, esas funciones están aisladas (silo) o separadas. También se observan caracteres contradictorios entre los elementos CI-EL y PM-PG. Esas son las diferentes dicotomías que podemos encontrar en el modelo *omnihouse* (ver Figura 6.1).

En este capítulo veremos formas de deshacer los desafíos del silo. Comenzaremos explorando maneras de conectar el marketing y las finanzas. También analizaremos la convergencia de otros recursos, especialmente los relacionados con la tecnología y el ser humano.

Conectar marketing y finanzas

Como vimos en el Capítulo 1, uno de los clásicos puntos ciegos del marketing es la incompatibilidad de las funciones de finanzas y marketing, una de las dicotomías más claras (ver Figura 6.2). Los *marketers* a menudo suelen fijarse únicamente en mediciones no financieras. Los ejecutivos financieros a menudo preguntan qué quieren lograr los *marketers* cuando usan su presupuesto. Podría ser que la gente de marketing responda cosas como "aumentar el conocimiento de la marca", "crear ciertas percepciones" y "comunicar propuestas de valor".

Estas respuestas a veces harán que la gente de finanzas frunza el ceño, porque tal vez no comprenda el valor de todo lo que el equipo de marketing quiere lograr, en especial por la terminología utilizada, que no es normal en la jerga financiera. Los encargados de finanzas a veces saltan a la siguiente pregunta: ¿cuál será el retorno del dinero que le darían al personal de marketing?

Muchas de las principales mediciones financieras se refieren a la idea de rentabilidad; por ejemplo, rendimiento de las ventas, rendimiento de los activos y rendimiento de la inversión. Mientras que la gente de marketing suele utilizar mediciones que no son financieras, como el índice de lealtad, el índice de satisfacción, el *top of mind* (esto es, la primera marca en mente) y la participación de mercado.

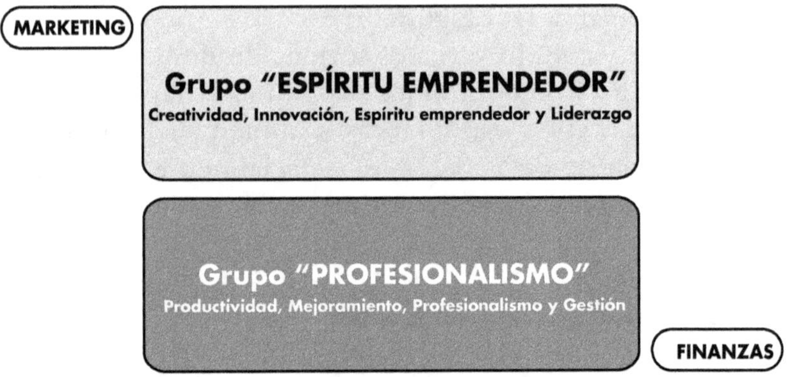

Figura 6.2. Dicotomía entre marketing y finanzas en el modelo *omnihouse*

También es posible que a algunas personas de marketing no les interesen los estados financieros de la empresa. El único aspecto que a menudo se asocia con la medición financiera en la práctica de marketing es el de las ventas, que son solo la primera línea del estado de resultados. Podemos alcanzar (o incluso superar) el objetivo de ventas mediante esfuerzos a cualquier costo, pero eso hará que la cuenta de resultados sea negativa. La cuenta de resultados es la principal preocupación de la mayoría de los accionistas, porque ella determinará los dividendos que recibirán los accionistas.

Sin embargo, a veces la gente de finanzas pone demasiado énfasis en la mera contención de costos sin ver que el dinero gastado generará resultados no financieros, que, bajo ciertas condiciones, pueden convertirse en resultados financieros. Por lo tanto, ese dinero no debe verse solamente como un gasto sino más bien como una inversión.

Los profesionales de finanzas deben entender cómo

funcionan los distintos departamentos para lograr una visión más contextual, lo que puede ayudar a los otros departamentos a la hora de tomar decisiones sobre los gastos presupuestarios.[5] Como se argumentó antes, la colaboración entre departamentos fortalecerá una mentalidad de empresa única para ofrecer los mejores productos y servicios a los clientes, y repercutirá positivamente en los ingresos de la empresa.[6]

Unir tecnología y humanidad

La definición de máquina en esta era digital no se limita a las máquinas que funcionan únicamente en el aspecto mecánico. Máquinas con tecnología como la IA pueden realizar el trabajo humano con mucha mayor precisión y consistencia gracias a la tecnología robótica. Esas máquinas se conectan además entre sí mediante Internet de las cosas (IoT) y tecnología *blockchain.*

Idealmente, estas máquinas inteligentes deberían ayudar a las organizaciones a servir a los clientes internos de la empresa, es decir, a las personas (empleados) que trabajan en la organización; a los clientes externos, esto es, aquellos que compran y utilizan diversos servicios de soporte de la empresa, e incluso a la sociedad.

Las máquinas inteligentes con tecnología digital pueden proporcionar los siguientes servicios:

- **Al personal**. Diseñamos y utilizamos máquinas para lograr eficiencia y, más que eso, para hacer que el trabajo de los empleados sea más fácil, más ergonómico y libre de posibles lesiones, al tiempo que aumentamos la productividad. La tecnología permitirá

---

5   Recuperado en marzo de 2021 de http://www.managingamericans.com/ Accounting/Success/ Breaking-Down-Departmental-Silos-Finance-394.htm

6   Recuperado en marzo de 2021 de https://hbr.org/2019/05/cross-silo-leadership

que los trabajadores desempeñen sus funciones de forma más humana. La tecnología permite que alguien trabaje desde cualquier lugar porque siempre puede estar conectado y acceder a diversos datos e información de forma remota.

- **A los clientes.** La tecnología permite a las empresas ofrecer individualización, personalización y orientación humana o solidaria. Si las personas de una empresa están humanizadas y asistidas por la tecnología, en definitiva, pueden brindar servicios más humanos a los clientes. La era de la explotación del cliente hace tiempo que terminó y, con la tecnología, es hora de humanizar por completo a los clientes ofreciéndoles soluciones que puedan mejorar su calidad de vida.

- **A la sociedad en su conjunto**. Incluso si no se compran los productos comercializados por una empresa, eso no significa que la empresa pueda ignorar los intereses de la comunidad en general. El cambio a una tecnología de energía renovable, como hizo Mercedes-Benz en todas sus fábricas, asegura que las empresas también sean responsables de la calidad del medio ambiente. La tecnología de reciclaje permite a las empresas reducir drásticamente los residuos. Asimismo, el uso de materiales biodegradables en diversos productos es un indicador de la preocupación de la empresa por el medio ambiente.

Los últimos avances tecnológicos se incorporan habitualmente a los proyectos de protección de la vida silvestre, desde el seguimiento de especies en peligro de extinción hasta la detección de cazadores furtivos. Se pueden utilizar drones, datos y mapas digitales para rastrear la vida silvestre en peligro de extinción. El aumento de la caza furtiva en África ha diezmado la población de elefantes en el Parque Nacional Garamba. La manada de Garamba alguna vez contó con 22.000 elefantes, pero en 2017 se había reducido a solo 1.200. Durante los siguientes tres años, Garamba redujo la caza furtiva de elefantes en un 97%. Para hacerlo, adoptó inteligencia de ubicación, que permitió a equipos de vigilancia especializados rastrear y monitorear cada animal las 24 horas del día utilizando una combinación de SIG e IoT.[7]

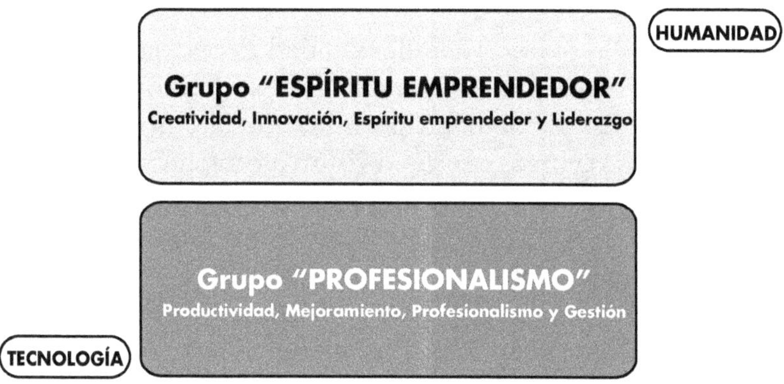

Figura 6.3. Dicotomía entre tecnología y humanidad en el modelo *omnihouse*

Podemos cumplir con nuestras obligaciones para con esas partes interesadas utilizando máquinas inteligentes de tecnología digital muy sofisticadas. Idealmente, la tecnología y los humanos deberían brindar humanidad al personal, a los clientes y a la sociedad en su conjunto.[8] En los próximos años, el sentido de usar la tecnología junto con el ser humano ((y, por lo tanto, la convergencia de la dicotomía entre tecnología y humanidad) se convertirá en una prioridad cada vez mayor entre las empresas (ver Figura 6.3).

---

7   https://www.ericsson.com/en/blog/2021/5/technology-for-good-how-tech-is-helping-us-restore-planet-earth

8   Recuperado en marzo de 2021 de https://www.businessmodelsinc.com/machines/

La importancia de la unificación

Romper el *statu quo* del silo puede resultar difícil. Veamos dos obstáculos que muchas veces es necesario superar para unificar la empresa. Luego veremos por qué la integración es clave y cómo medir el éxito en el camino.

Obstáculo 1. La rigidez organizacional

La rigidez es lo opuesto a la flexibilidad necesaria para adaptarse a las diversas presiones internas y externas que enfrenta la empresa. Esa flexibilidad permite que la empresa asigne sus múltiples recursos de una división a otra, incluido el traslado de empleados a otras tareas en divisiones diferentes. A los empleados les será difícil volverse individuos adaptables y productivos en el futuro si no están dispuestos o no pueden hacer converger las distintas mentalidades de CI-EL y PM-PG.[9]

En un entorno muy dinámico, las empresas deben abandonar su rigidez, lo que incluye descartar estrategias que ya no son válidas, estructuras demasiado rígidas e insensibles, y culturas y mentalidades empresariales que ya no se adaptan a las situaciones actuales. Básicamente, la rigidez traerá grandes problemas para que la empresa mantenga su negocio en esta era de cambios vertiginosos.[10] La flexibilidad es la respuesta; una forma de lograrla es haciendo converger las dicotomías entre diferentes mentalidades, entre diferentes funciones de gestión y entre recursos.

Obstáculo 2. La inercia organizacional

Por lo general, una organización que ha alcanzado la etapa de madurez continuará su viaje hacia el futuro simplemen-

---

9   Recuperado en marzo de 2021 de https://smallbusiness.chron.com/strategic-fiexibility-rigidity- barriers-development-management-65298.html

10 Recuperado en marzo de 2021 de https://www.linkedin.com/pulse/process-rigidity-leads- organizational-entropy-milton-mattox

te continuando su trayectoria durante un largo tiempo. La organización no puede cambiar instantáneamente su trayectoria porque existe una fuerte inercia. No sorprende que una empresa de larga data que utiliza diversos procesos convencionales para la creación de valor enfrente dificultades si de pronto se ve obligada a cambiar y adoptar un enfoque más progresista.

Veamos la explosión de Deepwater Horizon, que se cobró la vida de 11 personas, hirió a otras 126 y provocó una fuga de petróleo que duró tres meses. Según un estudio federal, el desastre fue causado por "mala gestión de riesgos, cambios de planes de último momento, incapacidad para notar y responder a señales graves, una respuesta inadecuada de control y una capacitación insuficiente en el montaje de puentes de emergencia".[11] En resumidas cuentas, la incapacidad de adaptarse a los desafíos externos y a situaciones diversas puede llevar a una organización al desastre.

Las empresas emergentes y las numerosas empresas tecnológicas líderes tienen una historia distinta. Adoptaron desde el inicio un enfoque progresivo que se adecuaba al entorno empresarial altamente dinámico. Desde luego, por el momento no necesitan recalibrar su trayectoria. Pero si aparece otra ola disruptiva de importancia, esas empresas tendrán que revisar y adaptar sus enfoques. En ocasiones vemos algunas empresas emergentes que desde el principio han tenido problemas, lo que les impide crecer, y mucho más desarrollarse (ver Figura 6.4).

Las grandes empresas con una larga trayectoria pueden ciertamente evitar la inercia. Cuando usted escucha el nombre DuPont probablemente pensará en una corporación con visión de futuro. Pero no muchos saben que E. I. du Pont, un francés con experiencia en la creación de pól-

---

11 Recuperado en febrero de 2022 de https://blog.lowersrisk.com/culprits-complacency/

vora, fundó DuPont en Delaware en 1802. Du Pont estableció su primer molino de pólvora en Brandywine Creek en 1804, utilizando corteza de sauce como carbón vegetal para generar pólvora negra. Desde entonces, la empresa produjo tintes, fibras para suéteres y celuloide para Hollywood, entre otras cosas.

Etapa 1 — INICIO
- Mentalidad empresarial débil
- Visión y misión poco claras
- Estrategia y práctica poco claras
- Planificación y evolución mediocres
- Falta de recursos y capacidad

Etapa 2 — CRECIMIENTO
- Estancamiento de la creatividad e innovación
- Falta de un liderazgo fuerte
- Poco profesionalismo
- Gestión mediocre

Etapa 3 — DESARROLLO
- Ignorar cambios en el entorno macro
- Ignorar a la competencia
- No cuidar a los clientes
- Ignorar productos y marcas
- No revisar la visión
- No transformar el modelo de negocios
- Orientación débil a la digitalización

Figura 6.4. Resumen de las etapas de puesta en marcha y sus potenciales problemas

DuPont se fusionó con Dow en 2015. Relanzó su marca en 2018, con un nuevo logotipo, énfasis en la innovación y una amplia gama de soluciones.[12] En 2018, DuPont gastó alrededor de 900 millones de dólares en investigación y desarrollo. La empresa afirma que los artículos introducidos en los cinco años anteriores impulsaron el crecimiento de las nuevas ventas en más del 5% en 2018.[13]

---

12 https://www.businessnewsdaily.com/8122-oldest-companies-in-america.html
13 https://delawarebusinesstimes.com/news/features/dupont-creates-new-digital-center/

Razones para unificar

Entre los muchos beneficios de la integración, se destacan tres ventajas principales, como lo son la relevancia, la capacidad de supervivencia y la sostenibilidad. Cada una de ellas recalca la importancia de unirse.

Relevancia

Unificar la empresa mediante la convergencia de las dicotomías asegurará la relevancia en un determinado entorno de competencia. Eso le dará a la empresa el boleto de entrada para participar en la competencia, aunque no la garantía de que podrá ganar. Llamamos a esto una condición necesaria (para participar en una competencia específica) pero no suficiente (para ganar la competencia). Para ser relevante, una empresa necesita gente relevante. Por eso, las empresas deben asegurarse de que las personas involucradas tengan un alto nivel de adecuación a la empresa, al menos en términos de valores, cultura y calificaciones de aptitud.

Si comparamos la lista de empresas de *Fortune* 500 de 1955 y de 2017, vemos que hoy solo subsisten 60 de ellas, apenas alrededor del 12%. Muchas de las empresas de la lista de 1955 están ahora irreconocibles y olvidadas (por ejemplo, Cone Mills, Armstrong Rubber, Pacific Vegetal Oil, Hines Lumber y Riegel Textile). De las empresas que cotizaban en bolsa en 1955, el 88% o bien quebraron, o se fusionaron con otra empresa (o fueron adquiridas por ella), o todavía están en el negocio, pero han quedado fuera de las 500 más importantes (clasificadas según los ingresos totales).[14]

---

14 https://www.aei.org/carpe-diem/fortune-500-firms-1955-v-2017-only-12-remain-thanks-to-the-creative-destruction-that-fuels-economic-prosperity/

Capacidad de supervivencia

Mantener la cohesión de manera constante a un nivel superior que el de los competidores colocará a la empresa en una posición más sólida en el mercado. El ecosistema organizacional de la empresa debe ser compatible con el ecosistema empresarial en el que participa la organización a fin de garantizar la supervivencia de la empresa. Las organizaciones deben tener capacidades dinámicas, que son la base para desarrollar agilidad, lo que es muy importante a la hora de adaptarse a un ecosistema empresarial que cambia constante y rápidamente.

Muchas empresas pequeñas emergentes entran en la competencia cada mes, pero la tasa de fracaso es muy alta. En 2019, la tasa de fracaso de las *start-ups* superó el 90%. El 25% de las empresas emergentes fracasa en el primer año, alrededor del 30% en el segundo, y ese número aumenta aún más en el tercer año, con un 50% de fracasos, hasta alcanzar finalmente el 70% en el décimo año.[15]

Sostenibilidad

Mientras siga asegurándose que los distintos elementos dicotómicos mantengan la convergencia, la empresa debe, al mismo tiempo, llevar a cabo una transformación en todas las partes del ecosistema empresarial de acuerdo con los cambios en el panorama empresarial provocados por la volatilidad de los principales impulsores del entorno macro. La conversión puede requerir solo una ligera sacudida si todos los elementos están plenamente convergentes, lo que permite una comunicación y coordinación rápidas. Esa capacidad de transformación constante puede garantizar que una empresa siga siendo sostenible frente a los diversos fac-

---

15 https://www.nationalbusinesscapital.com/blog/2019-small-business-failure-rate-startup-statistics-industry/

tores de volatilidad de los entornos macro y micro. Según Deloitte, implementar la transformación digital puede ayudar a las empresas a lograr un progreso un 22% más rápido hacia la rentabilidad financiera, la diversidad de la fuerza laboral y los objetivos ambientales.[16]

Fases hacia la sostenibilidad

Examinadas las diferentes dicotomías (y las convergencias) que existen en una empresa, podemos simplificarlas en un modelo (ver Figura 6.5).

He aquí la explicación de dicho modelo.

Fase 0. Empresa prometedora/perdedora

Toda empresa, recién creada o ya establecida, tiene distintos potenciales. Si se enfrenta a un obstáculo que no puede superar, como ser demasiado rígida o tener demasiada inercia, perderá ante los otros jugadores.

Fase 1. Empresa relevante

Si la rigidez y la inercia de la empresa prometedora no son demasiado fuertes, la empresa puede tener más posibilidades de hacer converger las diferentes dicotomías que existen dentro de ella.

La gerencia tiene además una perspectiva más amplia en cuanto al entorno de competición formado por competidores y clientes relevantes. Por lo tanto, la empresa puede ascender hasta convertirse en una empresa relevante en esa competición, aunque puede que no sobreviva. Pero si la empresa se vuelve inconsistente al

---

16 https://www2.deloitte.com/us/en/insights/topics/digital-transformation/digital-transformation-survey.html

llevar a cabo el proceso de convergencia, puede volver a descender hasta convertirse solo en una empresa prometedora o incluso transformarse de inmediato en una perdedora.

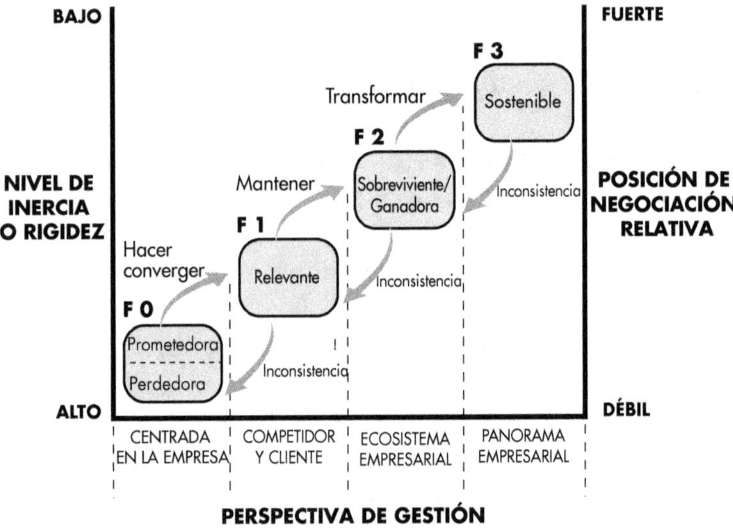

Figura 6.5. Fases de la empresa hacia la sustentabilidad

Fase 2. Empresa sobreviviente/ganadora

Si la empresa prometedora tiene un nivel de rigidez e inercia aún menor, es más probable que mantenga la convergencia de las distintas dicotomías que ha llevado a cabo.

La gerencia tiene además una perspectiva más amplia en cuanto al ecosistema empresarial, formado por diversos socios conectados de forma convencional o digital, mientras también presta atención a los competidores y clientes relevantes.

De esa forma, la empresa puede ascender a un nivel superior y convertirse en una empresa superviviente. En determinadas condiciones, si su desempeño es mucho mejor que el de sus competidores, puede transformarse en una empresa ganadora. Al mismo tiempo, la empresa tiene además una posición negociadora relativamente más fuerte en muchos aspectos del ecosistema empresarial.

Pero si la empresa se vuelve inconsistente en cuanto a mantener la convergencia de las distintas dicotomías, puede ocurrir que retroceda otra vez al rango de una empresa meramente relevante.

Fase 3. Empresa sostenible

Si la empresa superviviente/ganadora tiene poca o ninguna rigidez e inercia, es probable que realice una transformación sostenible manteniendo las diversas convergencias que antes ha llevado a cabo con éxito.

La gerencia tiene además una perspectiva completa en cuanto al panorama empresarial general, incluidos los principales impulsores del macroentorno, el ecosistema empresarial, los competidores relevantes y los clientes. De ese modo, la empresa puede alcanzar el nivel más alto y convertirse en una empresa sostenible, que es el objetivo final de toda compañía. La empresa también contará con una poderosa posición de negociación relativa frente a diversos elementos y factores del panorama empresarial.

Pero supongamos que la empresa resulta ser inconsistente al llevar a cabo una transformación constante y al mismo tiempo mantener diversas convergencias exitosas. En ese caso, puede descender al nivel de una empresa superviviente, lo que todavía le permite ganar la competencia en determinadas condiciones.

Dado que los cambios ocurren con regularidad, la organización siempre debe estar preparada para cambiar. Por ejemplo, en los últimos tres años las organizaciones han efectuado en promedio cinco cambios significativos en toda la empresa, y más del 75% espera aumentar las iniciativas de cambio en los próximos tres años.[17]

Toda empresa debe saber cuál es su posición actual en estas fases. La organización puede estudiar los elementos dinámicos que existen internamente, en especial los relacionados con la rigidez y la inercia organizacional. También puede analizar los factores externos, sobre todo los impulsores principales del entorno macroeconómico. Entonces la empresa podrá determinar formas de sobrevivir y volverse sostenible.

Conclusiones clave

- Crear relaciones sólidas entre los departamentos de marketing y finanzas puede generar importantes ventajas financieras.
- Equilibrar la tecnología y la humanidad, un marco en el que los empleados cuenten con la ayuda de la automatización y puedan concentrarse en tareas de alto nivel, conduce a una fuerza laboral más sólida.
- La rigidez y la inercia organizacionales son los principales obstáculos en el camino de una empresa hacia la unificación.
- Unirse como empresa es esencial para la relevancia, la supervivencia y la sostenibilidad.
- Desmantelar los silos no se produce de la noche a la mañana; las empresas pueden avanzar en fases hacia la sostenibilidad para garantizar su longevidad en el mercado.

---

17 https://www.gartner.com/en/human-resources/insights/organizational-change-management

Capítulo 7

Hacer converger creatividad y productividad

De la generación de ideas a la optimización del capital

En 2008, Diego A. Cárdenas Landeros fundó Bamboocycles en la Ciudad de México. Bamboocycles es una bicicleta ecológica, diseñada y fabricada utilizando como material un 85% de bambú. El bambú es una planta tropical resistente, con aspecto similar al de la caña de azúcar.

Cárdenas es ingeniero egresado de la Universidad Nacional Autónoma de México. A finales de 2007 inició este proyecto de bicicletas de bambú, al principio solo como parte de un proyecto académico.

A Cárdenas se le ocurrió una solución de vanguardia. El bambú absorbe las vibraciones y es resistente a la fatiga que suelen sufrir los materiales metálicos en general. La fibra de carbono es un material ultraligero, pero puede agrietarse si se golpea con suficiente fuerza. El bambú, en cambio, no se rompe tan fácilmente.

Desde el punto de vista de la sostenibilidad, el bambú produce un 30% más de oxígeno que otros árboles.

Al crecer, la planta está lista para ser cosechada en menos de tres años. Otros tipos de madera tardan mucho más en madurar. Cárdenas descubrió que se podía producir bambú en el sureste de México.

El primer modelo de su rodado salió a la calle en 2010 y llamó mucho la atención. Cárdenas pronto organizó un taller de fin de semana para mostrar a otros cómo construir una bicicleta de bambú. Luego ideó un recorrido de tres horas en bicicleta de bambú por la Ciudad de México.

A lo largo de todo su trabajo, Cárdenas tuvo como objetivo crear conciencia sobre el transporte sustentable y romper con los estereotipos relacionados con el uso del automóvil. Según un informe del Instituto Nacional de Estadística y Geografía de México, en 2020 se matricularon más de seis millones de automóviles en la Ciudad de México. Esa cifra fue casi el triple que la de 1980. Tantos automóviles en las calles provocaban que el tráfico fuera insoportable en muchos puntos de la ciudad, especialmente durante la semana laboral. La iniciativa de las bicicletas de bambú mostró otra opción que reducía la congestión de tránsito, aumentaba el ejercicio físico y tenía un precio inferior al de un vehículo a motor.

Este caso nos muestra que el objetivo de la creatividad no es perseguir la cantidad de producción ni está relacionado con el desempeño de una organización empresarial en términos extrafinancieros y financieros. Cárdenas quería hacer un cambio ambiental positivo. Después de comprender el problema, utilizó su creatividad para encontrar una solución y luego ejecutó un plan de manera productiva.

En este capítulo, analizaremos la convergencia de la creatividad (del grupo "iniciativa empresarial") con la productividad (un elemento del grupo "profesionalismo"). La creatividad es necesaria para innovar. Pero tengamos en cuenta que debe evitarse ser únicamente creativo. La creatividad debe presentar diferentes ideas técnicamente factibles que podamos materializar (ver Figura 7.1).

Por lo tanto, la creatividad debe partir de un problema claramente definido. Tenemos que medir la productividad en correlación con el uso del capital proporcionado por la empresa. Pero el cálculo de la productividad no se basa únicamente en el enfoque *input-output*, en especial cuando hay diferentes factores intangibles. La productividad debe analizarse de manera más amplia e incluir los resultados, así como el impacto, como vimos en la historia de Bamboocycles.

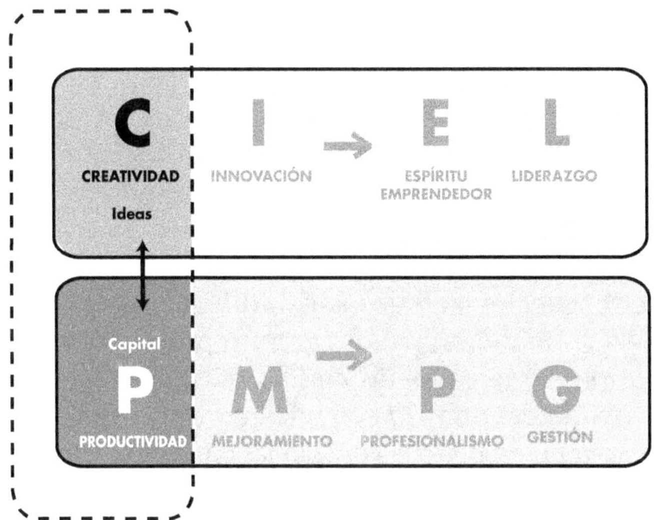

Figura 7.1. Creatividad y productividad en el modelo *omnihouse*

El problema con la creatividad

Muchos entienden fácilmente la definición de creatividad, pero no es fácil insertarla y manejarla en una organización. Diversos factores suelen causar problemas con la creatividad. Veamos cada uno de ellos.

Empresa más grande, creatividad más débil

En las empresas, cuando aún son pequeñas, a menudo nos encontramos con propietarios que poseen una gran creatividad. No todas las ideas pueden ser concretadas, debido a lo limitado de los recursos y a la tendencia a tener una baja productividad. Pero, a medida que las empresas crecen, la gerencia suele preocuparse por numerosas cuestiones operativas y centrarse en cálculos de productividad intrincados y complejos.

Si descuidamos perfeccionar la creatividad, esta se debilitará cada vez más, se volverá muy limitada y finalmente se perderá.[1] Las empresas que ya son grandes suelen quedar atrapadas en una actitud de comoditización que apunta principalmente a una orientación comercial. Las empresas con un enfoque de comoditización no suelen requerir una creatividad intensa. La comoditización es un catalizador que puede llevar a una empresa a convertirse en una tomadora de precios (una empresa sin ningún poder de mercado para influir en el precio y que se enfrenta con muchos competidores que venden productos idénticos o similares, de modo que los clientes son indiferentes) y que se ve obligada a vender su producto a un precio acorde con el equilibrio del mercado, dispuesta a aceptar un precio bajo, y después quedar atrapada en una guerra de precios con un escaso margen de beneficios. Solo las empresas creativas pueden crear diferenciación, convertirse en creadoras de precios y obtener finalmente un margen significativo.

Propósito poco claro de la creatividad

Es común que las empresas sean muy creativas, pero a menudo el propósito de esa creatividad no está claro, lo que

---

1 La creatividad disminuirá y terminará siendo muy limitada si la empresa deja de crear algo. Véase https://bettermarketing.pub/the-problem-with-creativity-3fdf7c061803

resulta en un costoso desperdicio de recursos. No es productivo que una empresa siga un proceso creativo no alineado con su visión y su misión. Aunque la empresa, desde un principio, haya buscado personas calificadas para que formen parte del proceso de creación de valor, antes la gerencia debe asegurarse de que el carácter de esas personas esté en línea con los valores de la empresa y sea el adecuado para llevar a cabo su misión.

La creatividad sin un propósito claro no producirá nada valioso, tanto comercial como socialmente. Ese tipo de creatividad solo será un discurso que desperdicie el capital de la empresa, lo que sin duda será contrario a los objetivos económicos de la compañía. Hemos entrado en una era en la que muchas empresas se gestionan con un enfoque basado en impulsar un propósito, en consonancia con los crecientes desafíos sociales y ambientales a nivel global. Por eso, las empresas necesitan una poderosa capacidad creativa para trabajar con las partes interesadas y superar los problemas. Por lo tanto, es esencial que exista una fuerte alineación entre la creatividad y los objetivos comerciales de la compañía.[2] Desafortunadamente, no todas las empresas pueden lograr esa alineación de manera efectiva.

Creatividad intensa, ejecución cero

No importa cuán sólidas sean las ideas creativas; si no son factibles de ejecutar, es un desperdicio de capital o activos existentes, tanto tangibles como intangibles. Muchas ideas creativas a veces pueden alterar la rutina de larga data de una empresa. Por esa razón, la gerencia a menudo ve las ideas creativas como una nueva carga, incluso como un problema. En otras palabras, la gerencia puede resistirse a conceptos que la obliguen a abandonar hábitos o rutinas

---

2   https://www.anastasiashch.com/business-creativity

arraigados. Los directivos podrían rechazar un nuevo desafío porque ya están ocupados gestionando otros problemas.[3] No sorprende que muchas ideas creativas excelentes suelan quedarse en la mesa de dibujo.

Idealismo y realidad

A veces la gerencia desarrolla ideas creativas usando suposiciones basadas en condiciones ambientales ideales internas y externas. Esto puede ser peligroso cuando las condiciones reales son diferentes. En ocasiones, la dirección de una empresa se aferra a ideas creativas poco realistas.

Tanto los rasgos pragmáticos como los idealistas son esenciales para crear un equipo sólido en una empresa. Por lo tanto, al combinar ambas formas de pensar y trabajar, un equipo estará bien equilibrado y, en última instancia, será capaz de generar los mejores resultados. Una visión idealista puede entusiasmar a la gente e incluso inducirla a involucrarse. Pero también es necesario reconocer la realidad de los desafíos. Deberíamos entender el idealismo como una visión que impulsa y motiva a la empresa y a sus empleados para que sepan que están trabajando en algo noble e importante. Pero, con lo difícil que es lograr eso, aún no es suficiente: los empleados también precisan saber que los líderes de sus empresas están en contacto con la realidad y están dispuestos a intervenir directamente y comprometerse trabajando duro en las ejecuciones. En otras palabras, apegarse a un objetivo es excelente, pero limitará la creatividad a la hora de hacer negocios. Por lo tanto, el pragmatismo ayudará a superar las limitaciones del potencial creativo.[4]

---

3   https://hbr.org/2002/08/creativity-is-not-enough
4   https://www.forbes.com/sites/work-in-progress/2010/04/15/are-you-a-pragmatic-or-idealist-leader/?sh=72b90bbf3e67;https://hbr.org/2012/01/the-power-of-idealistic-realis

Subestimación de la creatividad

A veces se considera que la creatividad es algo dado. Es decir, algunos piensan que podemos obtener creatividad de manera gratuita. Esa forma de pensar hace que la empresa sea reacia a invertir en proyectos relacionados con la creatividad, sobre todo si los resultados suelen ser irreales y difíciles de monetizar.

Las empresas a menudo se ven atrapadas en gastar su dinero en cosas tangibles, como activos físicos (incluidos equipos y suministros de producción), cuya productividad es más fácil de calcular en términos de insumo-producto y tasa de retorno de la inversión. Si alguien pide que se asignen fondos para instalaciones físicas relacionadas con la creatividad, algunos ejecutivos pueden arrugar el ceño.[5]

En la Primera Revolución Industrial, las principales actividades corporativas se centraban en la minería, los textiles, el vidrio y la agricultura, basadas en activos tangibles como la tierra, las fábricas y los recursos naturales. Pero en la Cuarta Revolución Industrial, el desempeño de la empresa depende de la valoración de la marca, la propiedad intelectual y los activos de conocimiento para la resolución de problemas. Estos son activos intangibles, pero aun así influirán en las ganancias de la corporación.[6]

Orientación poco clara de la creatividad

Los problemas de los clientes son un excelente punto de partida para proporcionar una orientación clara a un proceso creativo. A veces, sin embargo, no es fácil definir los problemas de los clientes. En las reuniones a menudo se incluyen debates sobre ideas, sin centrarse en el problema real que los consumidores intentan remediar.

---

5   https://www.linkedin.com/pulse/problem-creativity-its-free-tom-goodwin
6   https://www.irwinmitchell.com/news-and-insights/newsletters/focus-on-manufacturing/edition-6-industry-40-and-property

La creatividad que parte de un problema bien definido, escrito en un enunciado claro del problema, ayudará significativamente a la decisión de la gerencia para defender el esfuerzo con razones sólidas, especialmente si está en línea con las políticas de la empresa reflejadas en la visión, la misión y la estrategia. La creatividad productiva depende del proceso de definición de los problemas (ver Figura 7.2).[7]

También debemos prestar atención a cómo la presión afectará a las capacidades creativas. Hay quienes sostienen que no podemos forzar la creatividad. A menudo nos encontramos con que, cuando la presión es excesiva, no puede surgir la creatividad. Sin embargo, si la motivación de un grupo de pensadores es particularmente poderosa, no importa cuán intensa sea la presión, no cederán ante ella. Incluso pueden proponer diferentes ideas creativas que conduzcan a la innovación.

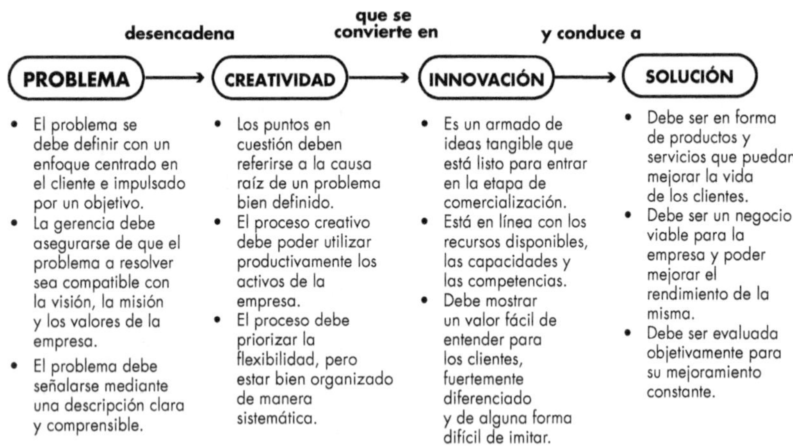

Figura 7.2. Algunas consideraciones fundamentales: del problema a la solución

---

7   https://hbr.org/2012/09/are-you-solving-the-right-problem

El problema con la productividad

Sería una negligencia poner punto final a las cuestiones relacionadas con la creatividad. Ciertamente, también surgen desafíos en cuanto a la productividad. Veamos brevemente algunos de los principales desafíos que suelen plantearse en esa área y que pueden obstaculizar la conexión definitiva entre creatividad y productividad.

El statu quo *en materia de productividad*

La productividad a menudo está asociada a actividades rutinarias, lo que lleva a la gerencia a estancarse en una cadencia de "que todo siga igual". Esa condición de *statu quo* suele quitar oxígeno a la creatividad. Cualquier cosa que parezca "hacer ola", como suele hacer la creatividad, no encaja en ese cuadro. La cultura prefiere la estabilidad, la coherencia y la estandarización rígida.

Allí radica el desafío, porque la mentalidad del *statu quo* como base para calcular la productividad no deja mucho espacio para la creatividad. No debemos olvidar que la creatividad, convertida en innovación, puede influir directa o indirectamente en la productividad.[8] A veces la gerencia prefiere evitar problemas por ideas que no considera convencionales. Lamentablemente, ignorar esas ideas porque "no son de aquí", hará que la empresa será incapaz de innovar y a la larga conducirá a una crisis. Si las empresas no pueden eludir esa crisis, ¿cómo pueden pensar en los problemas de los clientes?

La productividad es todo

La búsqueda de productividad por parte de una empresa puede generar una carga excesiva para los empleados, lo

---

8   https://www.mantu.com/blog/business-insights/is-the-status-quo-standing-in-the-way-of-productivity/

que los hace sentirse despreciados, inadecuadamente recompensados y agotados.[9] Demasiado énfasis en la gestión del tiempo, destinada a hacer que el empleado esté menos estresado, a veces tiene el resultado opuesto.[10] También debe haber espacio para otras actividades, incluido el descanso y el bienestar de los empleados.[11]

Inflexibilidad en la productividad

No es fácil calcular la productividad si no hay coherencia. Las empresas suelen construir esa coherencia mediante procedimientos operativos estándar. Los procesos a veces son tan complicados que le causan dolores de cabeza al personal que debe realizarlos. Pero su intención es lograr una alta eficiencia y un determinado nivel de productividad.

Deloitte, en una de sus publicaciones, dijo que la eficiencia socava la creatividad. La productividad se construye teniendo en mente el ahorro y la reducción de desperdicio, de modo que hay menos espacio para experimentar con cosas nuevas, incluidas ideas creativas y enfoques diferentes.[12]

A menudo escuchamos decir que será difícil gestionar adecuadamente sin mediciones. Lamentablemente, a veces las mediciones se centran más en bienes tangibles tales como maquinaria, equipos, otros activos físicos y capital de trabajo. La gerencia suele pasar por alto los intangibles, porque son difíciles de calcular con el enfoque mecanicista.

---

9   https://krisp.ai/blog/why-do-people-hate-productivity-heres-how-to-embrace-it/

10   https://www.bbc.com/worklife/article/20180904-why-time-management-so-often-fails

11   https://happilyrose.com/2021/01/10/productivity-culture/

12   https://www2.deloitte.com/xe/en/insights/topics/innovation/unshackling-creativity-in-business.html

El enfoque input-output

En algunas empresas el cálculo de la productividad se basa únicamente en factores de producción como los insumos *(input)*, que pasan por procesos y se convierten finalmente en la producción *(output)* de la compañía. Lamentablemente, ese enfoque no suele incluir diversos factores intangibles e indirectos. El abordaje se relaciona con la producción, pero no con el resultado. No es de extrañar que una empresa sea reacia a gastar dinero e invertir en ideas creativas porque las mediciones tienen que ver con elementos que son cuantificables y no abstractos.

Cuantificar las ideas que surgen de pensamientos creativos suele ser todo un desafío. Además, nadie sabe si funcionarán hasta que se pongan en práctica y luego las evaluemos. De hecho, aún tenemos que usar el enfoque *input-output*, pero no significa que eso sea suficiente. Después de todo, no solo nos fijamos en la producción, sino también en el resultado y el impacto (ver Figura 7.3).

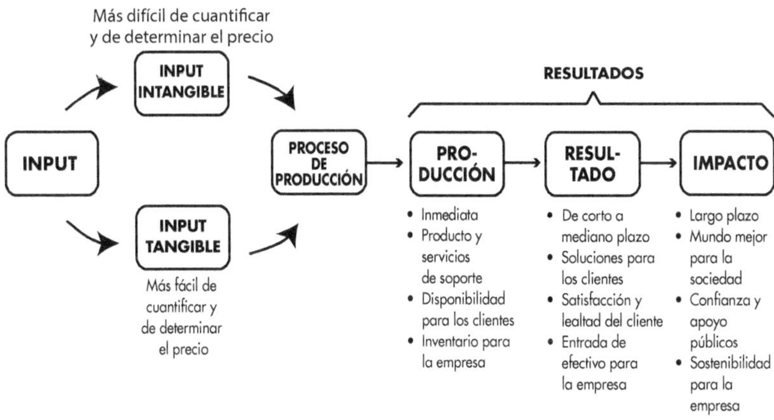

Figura 7.3. Del *input* al impacto[13]

---

13 El concepto de resultados, que abarca el producto, el resultado y el impacto, se relaciona con la explicación de la OCDE.

Output es el resultado inmediato de un proceso de producción, lo que solemos llamar productos (tanto bienes como servicios). Podemos medir el *output* inmediatamente después de finalizado un determinado proceso de producción. En términos sencillos, el resultado [*outcome*] es el efecto positivo de lo producido en un determinado proceso de producción ofrecido y disfrutado por diversas partes interesadas, como ser el personal de la empresa, los clientes, la comunidad y la propia empresa. Podemos ver un resultado en el corto y mediano plazo, mientras que el impacto es un resultado que podemos ver en el largo plazo.[14]

Atraer clientes e inversores

Las empresas pueden generar nuevas ideas y utilizarlas para atraer clientes e inversores a través del proceso creativo. Los clientes muchas veces parecen esperar con impaciencia el lanzamiento de un nuevo producto. Y es posible que estén dispuestos a realizar un pedido por adelantado ante la idea de un producto nuevo e interesante, aunque aún no exista físicamente. Los inversores se mostrarán interesados si la empresa tiene ideas de negocio exclusivas. Veamos cómo equilibrar esos segmentos en términos de elementos de creatividad y productividad.

Clientes impacientes

Los clientes son el alma de las empresas. Sus expectativas pueden afectar a la forma en que se manejan la creatividad y la productividad. He aquí algunos de los principales desafíos al tratar con los clientes en el entorno actual.

---

14 https://www.oecd.org/dac/results-development/what-are-results.htm

- **Más exigentes.** Los clientes, empoderados por las redes sociales y los dispositivos digitales, controlan cada vez más cuándo, dónde y cómo ellos interactúan con las marcas. Ahora exigen más que nunca un servicio más personalizado. Debido a esto, las experiencias del cliente en todos los puntos del omnicanal deben ser fluidas. Los productos y servicios deben ofrecerse a precios asequibles con una entrega rápida y sin complicaciones. Esta situación también obliga a las empresas a colaborar y cocrear con los clientes –tanto en los B2C (empresa a consumidor) como en los B2B (empresa a empresa)– para garantizar un mayor nivel de compromiso.
- **Más difíciles de satisfacer.** La conectividad de una persona con otra en diversas plataformas facilita el intercambio de información y educar a más clientes. Los clientes exigen estándares cada vez más altos y se vuelven más estrictos en sus elecciones al comparar constantemente las opciones disponibles. Estudian las valoraciones brindadas por otros clientes.
- **Más difíciles de fidelizar.** Incluso si podemos satisfacer al cliente, eso no garantiza que el cliente permanecerá con nosotros. Un estudio de más de 34.000 consumidores en todo el mundo realizado por Verint® Systems Inc. muestra que la lealtad y la retención de los clientes están disminuyendo. Más específicamente, dos tercios de los consumidores encuestados indicaron que se inclinan por migrar a un competidor que ofrezca un servicio al cliente superior o una experiencia excepcional.[15]
- **Ansiosos por nuevos productos.** Los cambios en las necesidades funcionales y emocionales, los gustos y las tendencias contemporáneas se producen con ra-

---

15 https://businessrealities.eiu.com/in-brief-shifting-customer-demands

pidez, lo que hace que los consumidores se sientan desfavorecidos e influye para que busquen productos nuevos y mejores que estén disponibles cuanto antes. Los compradores buscan constantemente productos nuevos y de mayor valor. Pueden estar dispuestos a pagar un anticipo aun antes de que un nuevo artículo esté disponible en el mercado para poder obtener el título de convertirse en uno de los primeros propietarios o usuarios.

Inversores sumamente cautos

Los inversores suelen ser una fuente vital de financiación para las empresas. Sin embargo, no es fácil convencerlos para que aporten a una empresa porque esta tenga mucha gente creativa y cuente, por lo tanto, con una capacidad creativa muy alta. A los inversores les interesará el potencial de la empresa para ofrecerles una tasa de rendimiento del dinero invertido. Si es difícil presentarles una estimación convincente, dudarán en comprometerse.

Estas son algunas razones por las que los inversores pueden ser escépticos en cuanto a la creatividad:

- **Una inversión enorme.** Generar creatividad requiere enormes esfuerzos y recursos. Pero habitualmente los resultados deseados no se producen en forma inmediata. Vemos a veces una escasez de creatividad en una empresa por la renuencia de las partes a contribuir con el cuantioso financiamiento necesario para apoyar las iniciativas.[16]
- **Es difícil determinar el valor.** La vacilación de los inversores suele aumentar cuando una oferta de in-

---

16 Robert J. Sternberg yTodd I. Lubart, "An Investment Theory of Creativity and Its Development", *Human Development* 34, no. 1 (January-February 1991): 1-31.

versión es demasiado complicada de entender. La creatividad a menudo es abstracta. No podemos ver los resultados de inmediato. Necesitamos encontrar la manera de que los inversores vean y comprendan que la creatividad tiene un gran valor y merece ser tenida en cuenta a la hora de invertir.[17]

- **Alta tasa de fracaso.** Según Clayton Christensen, profesor de la Escuela de Negocios de Harvard, cada año se introducen en el mercado alrededor de 30.000 nuevos productos. De estos, el 95% fracasa. A su vez, la profesora Inez Blackburn, de la Universidad de Toronto, estima que la tasa de fracaso de nuevos productos en las tiendas de comestibles está entre el 70 y el 80%.[18]

- **Actitud de ir a lo seguro.** La visión que el equipo directivo tiene de la creatividad a menudo muestra una gran desconfianza. En lugar de realizar esfuerzos de inversión "racionales", la gerencia suele reservar un pequeño presupuesto para la creatividad. Si esta no arroja ningún resultado, se considerará o computará como una pérdida insignificante. Los inversores también van a lo seguro, porque no pueden ver los resultados de la creatividad en términos financieros.[19]

- **Problemas ocultos irresueltos.** Además de tener en cuenta el monto de la inversión, los inversionistas tienden a detectar problemas ocultos que aumentan el riesgo. Si la cultura de una empresa no está en consonancia con el espíritu de creatividad, si no involucra a personas con vocación por la creatividad, o

---

17 *Ibid.*
18 https://www.inc.com/marc-emmer/95-percent-of-new-products-fail-here-are-6-steps-to-make-sure-yours-dont.html
19 https://www.vttresearch.com/en/news-and-ideas/business-case-creativi-ty-why-invest-organizational-creativity

si el equipo directivo no está comprometido en apoyar la creatividad (en cuanto a tiempo y recursos), surgirán dudas entre los inversores.[20]

- **Propuesta creativa demasiado prometedora.** Los inversores se mostrarán reacios a invertir cuando escuchen un discurso que parezca demasiado bueno para ser válido o demasiado complejo para ser comprendido. Es posible que estén familiarizados con ideas creativas que lucen bien sobre el papel pero que no se materializan como se esperaba y que incluso terminan fracasando. Es natural que los inversores se interesen más por otras carteras de inversión que, en su opinión, tengan más sentido.

  El fundador del Segway –un vehículo de transporte personal de dos ruedas– predijo que el dispositivo cambiaría la industria del transporte. Los inversores imaginaron además que las ventas se dispararían a 10.000 unidades por semana y que la empresa alcanzaría mil millones de dólares en ventas más rápido que cualquier otra empresa en la historia. Lamentablemente, eso no sucedió. De hecho, Segway solo vendió 24.000 unidades en cuatro años. La raíz de ese problema estaba en que la firma fabricaba los productos para usos generales. El resultado fue que el Segway no pudo competir con otros vehículos de transporte como la motocicleta, la bicicleta y el automóvil. Algunas personas prefieren incluso caminar (¡que es gratis!) en lugar de utilizar un Segway.[21]

Al comprender estos obstáculos y encontrar soluciones para superarlos, podemos aumentar la probabilidad de

---

20 En consonancia con la opinión de Chris Savag (2018). Véase https://wistia. com/learn/culture/ investing-in-creativity-isnt-just-a-money-problem

21 https://www.forbes.com/sites/adamhartung/2015/02/12/the-reason-why-google-glass-amazon-firephone-and-segway-all-failed/?sh=69676682c05c

atraer inversores. Contar con su apoyo muchas veces conduce al desarrollo de la creatividad en una empresa. En suma, sus inversiones importan.

Conclusiones clave

- Existen dificultades para lograr la creatividad en las grandes corporaciones y en entornos sin un propósito claro, sin ejecución, con perspectivas demasiado idealistas, bajos niveles de apreciación y una orientación poco clara.
- El énfasis excesivo en la productividad puede conducir a problemas con el *statu quo,* agotamiento de los empleados, inflexibilidad y un enfoque *input-output.*
- Los clientes de hoy son más exigentes, más difíciles de satisfacer y están ansiosos por tener nuevos productos.
- A los inversores les resulta difícil invertir en creatividad porque podría ser costosa, difícil de valorar, tiene una alta tasa de fracaso, no cuenta con el respaldo adecuado dentro de una organización o es demasiado difícil de entender.
- Fusionar los mejores aspectos de la creatividad y la productividad puede ayudar a las empresas a conservar clientes y atraer inversores.

Capítulo 8

Creatividad y balance

Asegurar la financiación
de las capacidades imaginativas

Si una empresa tiene una gran capacidad creativa y puede producir innovaciones que generen beneficios, o al menos cuenta con el potencial para generarlos en el futuro, atraerá a los inversores. La palabra *inversión* significa que los inversores aportarán su dinero a la empresa y esperan un rendimiento. Esos inversores se convierten automáticamente en accionistas de la empresa. Como puede inferirse, los inversores no son prestamistas.

Si la intención es otorgar préstamos, solo se verá la capacidad de la empresa para pagar los intereses y devolver el capital principal dentro de un plazo determinado. A la parte que presta el dinero no le importan las diversas ideas o procesos creativos de la empresa. Le interesa saber que la empresa puede pagar el capital más la tasa de interés acordada. En caso de incumplimiento, el prestatario presentará una solicitud de quiebra de la empresa. El prestamista tendrá derecho a tomar activos existentes para reemplazar el préstamo otorgado.

Teniendo esto en cuenta, podemos relacionar las capacidades creativas con lo que sucede en el balance de la empresa dependiendo de cómo una de las partes aprecie la creatividad y de si la creatividad es realmente una cuestión primordial.

Perspectiva del prestamista

Los prestamistas o tenedores de deuda solo se preocuparán por los ingresos de la empresa porque, de esa cantidad, la empresa pagará el capital y los intereses del préstamo. En ocasiones, las empresas venden algunas de sus acciones para generar efectivo, que también puede usarse para pagar sus deudas.

Evergrande, la mayor empresa inmobiliaria de China, amplió su negocio de forma agresiva y pidió prestados más de 300.000 millones de dólares a prestamistas internacionales. Cuando llegó la pandemia, su negocio inmobiliario se desaceleró. Esa situación afectó a la capacidad de la empresa para pagar lo que debía. En diciembre de 2021, Fitch –agencia que califica el riesgo financiero de las empresas– declaró a Evergrande en suspensión de pagos. Evergrande se pasó de la fecha de vencimiento para saldar sus deudas de 1.200 millones de dólares con los prestamistas internacionales y tuvo que vender algunos de sus activos para pagarlas.[1]

Perspectiva del inversor

Por un lado, si una parte está dispuesta a invertir su dinero en una empresa, significa que cree plenamente en la propuesta de las ideas creativas presentadas por la empresa, aunque es posible que esta pueda sufrir pérdidas en los primeros años. La parte que invierte el capital es lo que llama-

---

1   https://www.bbc.com/news/business-58579833; https://www.investopedia.com/terms/v/venturecapital.asp; https://www.investopedia.com/terms/p/privateequity.asp

mos el inversor, y posee una porción de las acciones de la empresa. En su balance veremos un aumento del capital. Los inversores controlarán la productividad del capital que invirtieron observando el cálculo del rendimiento del capital y el rendimiento de los activos.

Los inversores también controlarán el movimiento del valor de mercado de la empresa, ya sea por debajo o por encima del valor contable. Supongamos que el valor de mercado aumenta rápidamente. Eso significa que los diversos activos intangibles o no financieros de la empresa (incluida la creatividad, que en realidad es muy valiosa pero que a menudo queda oculta y no se registra como activos en el balance) son genuinamente apreciados por el mercado. Es más, los inversores pueden esperar el momento adecuado para vender sus acciones a un precio más alto (ver Figura 8.1).

La esencia de la creatividad

Después de comprender la importancia de la creatividad para una empresa y de relacionarla con el balance, necesitamos identificar mejor la esencia del proceso creativo El punto de partida tiene que ver con las diferentes condiciones dinámicas desencadenadas por distintos impulsores de cambio. Estos consisten en cuatro elementos del entorno macro: ciencia/tecnología, factores políticos/legales, economía/negocios y factores sociales/culturales. Incluyen también un elemento del entorno micro: industria/mercado. El factor industria/mercado funciona además como un puente entre los otros dos elementos del microentorno: los competidores y los clientes.

Las empresas deben observar constantemente esos cinco impulsores de cambio y los dos elementos en los que influyen. Para generar ideas creativas existen dos requisitos esenciales. Veamos cada uno de ellos.

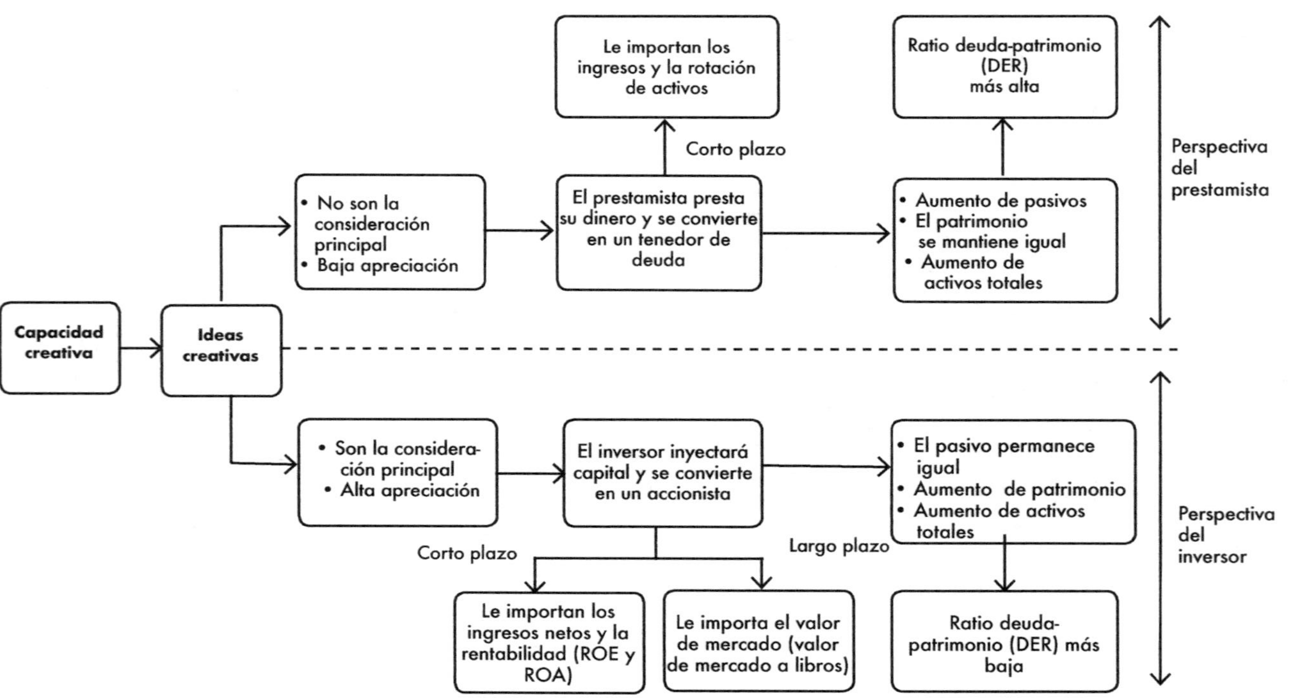

Figura 8.1. Perspectivas del prestamista y del inversor

Crear opciones

Se comienza con una exploración de los cinco impulsores de cambio y luego un análisis. Eso conduce a un descubrimiento. En la etapa siguiente, empleamos nuestra imaginación para visualizar condiciones hipotéticas, conectar los puntos para buscar diferentes posibilidades y hacer una síntesis para producir nuevas ideas a evaluar.

Al crear opciones, la empresa se convierte en un hogar que facilita los esfuerzos del personal que utiliza sus habilidades humanas para explorar e imaginar. Ese proceso de imaginación desencadenará el surgimiento de muchas ideas creativas que pueden funcionar como base para el desarrollo de soluciones. Debemos seguir una estrategia divergente a fin de ofrecer una flexibilidad óptima para la exploración y la imaginación.

Seleccionar opciones

Luego, mediante un proceso de evaluación, establecemos prioridades entre las opciones disponibles. La empresa querrá determinar si cuenta con los recursos y las capacidades necesarias para hacer realidad esas ideas creativas. Realizará también mapeos para conocer el alcance de sus ventajas competitivas en relación con algunos actores significativos u otros competidores cercanos.

Una vez establecida la priorización, la etapa siguiente es la validación mediante pruebas de concepto, seguida de la decisión de la empresa de ejecutar o cancelar las opciones. La empresa deberá determinar qué ideas creativas son técnicamente viables. Las pruebas brindarán información sobre cuáles es posible implementar. Ahora, por lo tanto, debemos seguir el enfoque de convergencia (ver Figura 8.2).

Después de generar ideas creativas técnicamente viables, el ciclo de ese proceso creativo volverá a la etapa inicial. Esas ideas listas para adaptarse por lo general influirán de manera positiva en el balance de la empresa. La financiación de las mismas puede provenir de la propia empresa, de prestamistas o de inversores, como se ha explicado anteriormente.

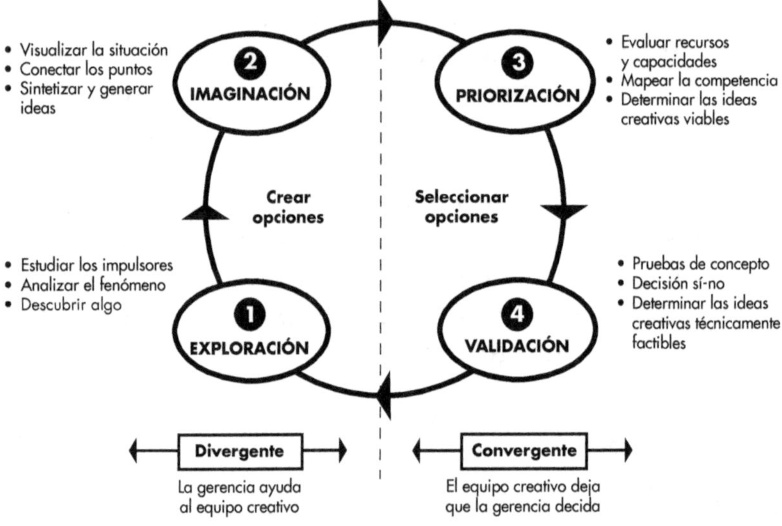

Figura 8.2. Enfoques divergente y convergente en el proceso creativo

Medir la productividad de la creatividad

Aunque no sea nada fácil medir la creatividad en términos de productividad, en principio podemos ponernos de acuerdo en un punto. La productividad combina la efectividad y la eficiencia que tomamos prestadas de un enfoque financiero. Conceptualmente, el equipo creativo, como activo de una empresa, debe producir ideas creativas técnicamente viables en un plazo determinado (T_1). A partir de estas ideas creativas técnicamente factibles, la empresa debe decidir cuáles, parcial o totalmente, se convertirán en productos reales dentro de un límite de tiempo específico (T_2) (ver Figura 8.3).

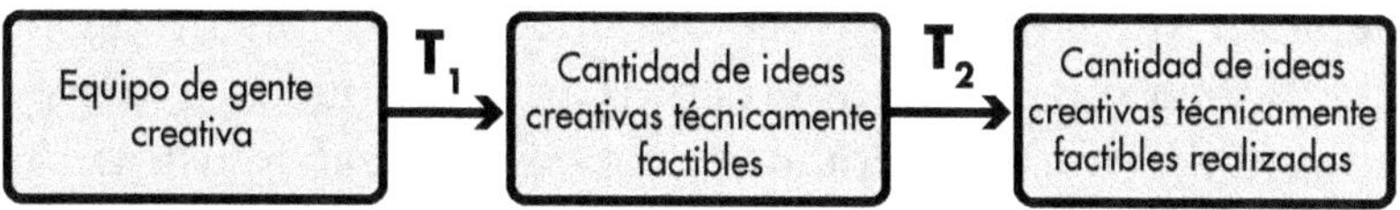

Figura 8.3. Personal, ideas creativas y realización de ideas creativas

Efectividad de la creatividad

Podemos calcular hipotéticamente la efectividad de la creatividad ($C_{Efectividad}$) dividiendo el número total de ideas creativas técnicamente factibles *(I)* por el número de personas que integran el equipo creativo *(P)*. Eso nos da la cantidad total de ideas técnicamente viables por empleado. Podemos escribir la fórmula así:

$$C_{Efectividad} = \frac{I}{P}$$

Reemplazando el número de personas por el monto del presupuesto *(B)** destinado a financiar el proceso creativo, podemos determinar el número total de ideas técnicamente viables por unidad de dinero gastado. Esa fórmula es:

$$C_{Efectividad} = \frac{I}{B}$$

Cuando una empresa encuentra un problema de clientes potenciales que necesita ser resuelto, puede fijar una fecha límite para que se presenten diferentes ideas creativas técnicamente factibles. Si el equipo creativo no cumple con el plazo, la empresa puede perder el ritmo de comercialización,

---

* La *B* corresponde al inglés *budget.* [N. del T.]

y la novedad de esas ideas creativas comienza a degradarse. Una vez transcurrido el plazo, la empresa puede conceder algo de tiempo extra con determinadas condiciones. Ahora depende únicamente de si el equipo creativo puede proponer alguna o varias ideas creativas antes de que se agote ese tiempo adicional. Podemos entonces agregar a la fórmula de la efectividad de la creatividad un coeficiente (t_1) cuya magnitud está entre 0 y 1 con las condiciones mostradas en la Tabla 8.1.

Tabla 8.1. El valor del coeficiente t_1

Coeficiente	Condiciones
$t_1 = 1$	El equipo creativo puede entregar un número específico de ideas creativas técnicamente factibles antes o dentro de la fecha límite estipulada.
$0 < t_1 < 1$	El equipo creativo puede entregar un número específico de ideas creativas técnicamente factibles dentro del plazo adicional estipulado. Cuanto más cerca de la fecha límite la entregue, menor será el valor de t_1.
$t_1 = 0$	El equipo creativo no puede entregar un número específico de ideas creativas técnicamente factibles dentro del plazo adicional estipulado. O puede entregar esas ideas (todas o en parte, o incluso ninguna) después de la prórroga estipulada.

La Figura 8.4 puede ilustrar del siguiente modo esas condiciones:

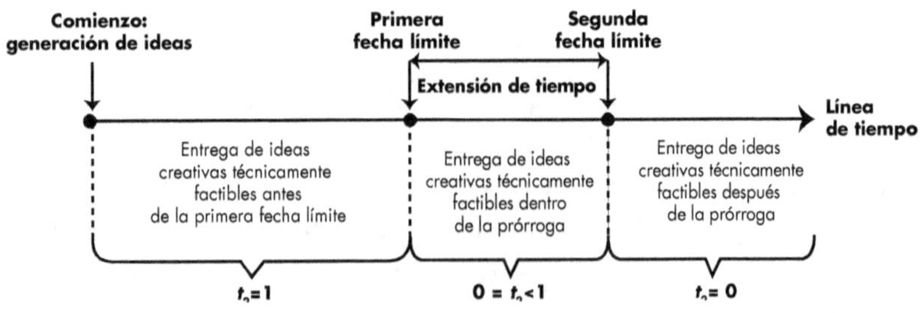

Figura 8.4. El valor del coeficiente t_1 en una línea de tiempo

Las dos fórmulas para calcular la efectividad de la creatividad pueden entonces modificarse de la siguiente manera:

$$C_{Efectividad} = \frac{I}{P} \, t_1$$

o

$$C_{Efectividad} = \frac{I}{B} \, t_1$$

Eficiencia de la creatividad

Podemos calcular hipotéticamente la eficiencia de la creatividad ($C_{Eficiencia}$) dividiendo el número total de ideas creativas realizadas en forma de productos concretos que pueden resultar en soluciones para los clientes y están listos para la comercialización *(R)* por el número total de ideas creativas técnicamente factibles *(I)*. La fórmula es:

$$C_{Efectividad} = \frac{R}{I}$$

De forma similar al cálculo de la eficacia, al calcular esta eficiencia la empresa fija un plazo para la realización de las distintas ideas creativas técnicamente factibles. Si el equipo creativo excede la fecha límite establecida y el plazo adicional, los esfuerzos de realización y comercialización llegarán demasiado tarde y será inútil continuar. Podemos entonces agregar a la fórmula un coeficiente (t_2) cuya magnitud está entre 0 y 1 con las condiciones mostradas en la Tabla 8.2.

Tabla 8.2. El valor del coeficiente t_2

Coeficiente	Condiciones
$t_2 = 1$	La empresa puede realizar el número específico de ideas creativas técnicamente factibles y está lista para su comercialización antes o dentro del plazo estipulado.
$0 < t_2 < 1$	La empresa puede realizar el número específico de ideas creativas técnicamente factibles y está lista para su comercialización dentro del plazo adicional estipulado. Cuanto más cerca de la fecha límite esté disponible para la comercialización, menor será el valor de t_9.
$t_2 = 0$	La empresa no puede realizar un número específico de ideas creativas técnicamente factibles y no está lista para su comercialización dentro del plazo adicional estipulado. O puede realizar esas ideas (todas o en parte, o incluso ninguna) y no está lista para su comercialización después de la prórroga estipulada.

La Figura 8.5 puede ilustrar del siguiente modo esas condiciones:

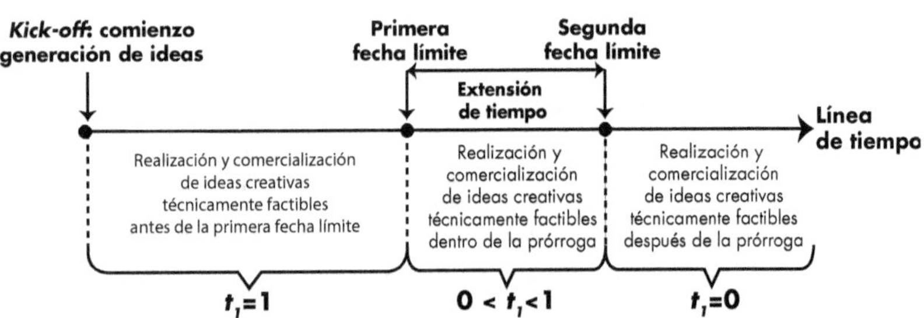

Figura 8.5. El valor del coeficiente t_2 en una línea de tiempo

Las dos fórmulas para calcular la eficiencia de la creatividad pueden entonces modificarse de la siguiente manera:

$$C_{Efectividad} = \frac{R}{I}\, t_2$$

Productividad de la creatividad

Combinando las dos fórmulas, vale decir, la efectividad y la eficiencia de la creatividad, podemos medir hipotéticamente la productividad de la creatividad $(C_{Productividad})$. Esto puede hacerse no financieramente, basándose en el personal como activo (es decir, la productividad de la creatividad por empleado) o financieramente, basándose en el monto del presupuesto asignado al personal (es decir, la productividad de la creatividad por unidad de dinero gastado). La fórmula entonces es:

$$C_{Eficiencia} = \frac{I}{P}\, t_1 \times \frac{R}{I}\, t_2$$

$$C_{Productividad} = \frac{R}{P}\, t_1\, t_2$$

Si $T = t_1 t_2$ entonces $C_{Productividad} \dfrac{R}{P}\, T$

o

$$C_{Productividad} = \frac{I}{B}\, t_1 \times \frac{R}{I}\, t_2$$

$$C_{Productividad} = \frac{R}{B}\, t_1\, t_2$$

Si $T = t_1 t_2$ entonces $C_{Productividad} \dfrac{R}{B}\, T$

Por supuesto, la fórmula para medir la productividad de la creatividad es una simplificación. Ignora muchos otros factores (por ejemplo, la originalidad de las ideas creativas, el nivel de dificultad de imitación, la presión sobre los equipos creativos) y diversos cambios (como los cambios repentinos en el entorno empresarial) que pueden producirse durante el proceso creativo. Todo ello puede afectar a la formulación. No obstante, podemos usar esas fórmulas con fines orientativos.

Creatividad para el capital productivo

En este contexto, el *capital* se refiere al valor de los activos utilizados por las empresas para apoyar la creatividad, que produce *commodities* disponibles para la venta y genera ganancias. Por lo tanto, las empresas necesitan comprender cuánto capital deben asignar para apoyar la creatividad a fin de obtener resultados óptimos. Para simplificar, relacionaremos el capital asignado para apoyar la creatividad con el número de ideas creativas viables generadas. Cada aumento en la asignación para apoyar la creatividad aumentará a diferente ritmo la cantidad de esas ideas. En algún momento, habrá una disminución de ideas creativas viables. Existen cuatro situaciones que nos sirven para ver la relación entre el capital empleado o invertido para apoyar la creatividad y las ideas creativas técnicamente factibles. Veamos cada una de ellas.

Rango de subinversión

Si hay una inversión adicional, habrá un aumento en el número de ideas creativas técnicamente viables con un ritmo de tasa creciente. Esa situación muestra que la capacidad del equipo creativo aún no se utiliza plenamente y la inversión para apoyarlos todavía es de muy baja a moderada. Por lo tanto, las empresas necesitan asignar capital adicional para apoyar la creatividad, y aumentará el número de ideas creativas técnicamente viables. La motivación del equipo creativo suele ser muy alta en este rango, pero la presión sigue siendo baja.

La red social de videos cortos Snapchat fue inventada por Evan Spiegel, Reggie Brown y Bobby Murphy, estudiantes de la Universidad de Stanford, en 2011. Todo comenzó cuando Spiegel presentó en una clase de diseño de producto una aplicación para compartir momentos divertidos con amigos durante las 24 horas. Los momentos luego se borrarían. Durante el desarrollo de Snapchat, el equipo seguía muy motivado para cumplir con su objetivo de comunicar con toda la gama de emociones humanas, no solo con lo que parece ser estético o perfecto.[2] En aquel momento, los tres eran estudiantes universitarios y no pensaban demasiado en términos comerciales, de modo que no hubo ninguna inversión en el desarrollo de Snapchat, a pesar de que su potencial era muy prometedor.

Rango de inversión casi óptimo

Se trata de circunstancias en las que cada inversión adicional, hasta una determinada cantidad, provoca un aumento del número de ideas creativas técnicamente viables, pero a un ritmo decreciente. Esto indica que el equipo creativo ha comenzado a alcanzar su capacidad máxima. La empresa tiene dos opciones: la primera, sumar más gente al equipo creativo y aumentar su inversión para incrementar la creatividad; la segunda, invertir más pero mantener la misma cantidad de personas hasta que alcancen el límite de su

---

2   https://www.topuniversities.com/student-info/careers-advice/7-most-successful-student-businesses-started-university

capacidad para presentar nuevas ideas técnicamente factibles. La motivación del equipo creativo sigue siendo alta en este rango, y la presión está entre moderada y alta.

Capital A Berhad es el nuevo holding del Grupo AirAsia que se anunció el 28 de enero de 2022 en Kuala Lumpur. Este holding refleja la nueva estrategia comercial clave de las aerolíneas, orientada hacia el negocio sinérgico de viajes y estilo de vida. Durante la pandemia de COVID-19, los ingresos de AirAsia cayeron significativamente, y fue un gran desafío recuperar los ingresos que tenían antes de la pandemia. Por lo tanto, Capital A agregó más personas para diversificar el negocio con un producto financiero, BigPay, tecnología educativa y el negocio de comestibles. Esa transformación obtuvo una reacción positiva del conglomerado surcoreano SK Group, que financió con 100 millones de dólares para el desarrollo de BigPay en Asia. El CEO de Capital A, Tony Fernandes, dijo que no se trataba solo de un nuevo logotipo, sino de un hito importante que marcaba una nueva era a partir de que el grupo decidiera ir más allá de ser una aerolínea.[3] Aquí vemos que aumentar el alcance del negocio (debido al giro) requiere inversiones adicionales y más personal para que la capacidad instalada esté de acuerdo con las elevadas demandas del negocio.

Punto óptimo de inversión

Si la empresa decide no aumentar el número de personas de su equipo creativo en condiciones casi óptimas, este pronto llegará al pico de su capacidad. En ese punto, la presión de trabajo del equipo creativo se ha vuelto muy alta. La situación laboral se vuelve incómoda y menos propicia para la creatividad. La empresa alcanza entonces el punto óptimo en cuanto a la inversión destinada a apoyar la creatividad.

---

3   https://newsroom.airasia.com/news/airasia-group-is-now-capital-a

La empresa puede crear una segunda curva de creatividad para el capital productivo, una de las cuales consiste en incrementar la capacidad del equipo creativo aumentando la cantidad de personas. En este punto, el equipo creativo experimenta una presión muy alta y sus motivaciones se vuelven muy vulnerables.

Trabajar en Silicon Valley al principio puede parecer el trabajo soñado para algunos trabajadores del sector tecnológico. Las empresas en ese espacio a menudo ofrecen almuerzos gratis y salarios competitivos para atraer a los mejores talentos. Sin embargo, los trabajadores de alto rendimiento suelen estar sometidos a mucha presión para crear productos innovadores y aumentar los ingresos de la empresa.

Estar en una "empresa soñada" no garantiza una alta motivación laboral y lealtad a la compañía. Por eso muchos estadounidenses renunciaron a sus trabajos durante la Gran Dimisión, que en parte coincidió con la pandemia. Algunos buscaban nuevas ventajas, como trabajar de forma remota, horarios de trabajo flexibles y más tiempo para tareas más significativas.[4] Podemos ver que no todo el mundo es apto para trabajar en puestos muy exigentes, incluso si el salario es alto.

Rango de sobreinversión

En este rango veremos una disminución en las ideas creativas técnicamente viables con cada cantidad adicional de capital. La empresa debe dejar de invertir inmediatamente y pensar en los pasos necesarios para asegurar un aumento en la curva (ver Figura 8.6). Si la empresa decide no incrementar la cantidad de personas de su equipo creativo en

---

4 https://www.wired.com/story/great-resignation-tech-workers-great-reconsideration/

el punto óptimo, pero continúa expandiendo su inversión y exige que el equipo siga produciendo más ideas técnicamente factibles, los resultados serán contraproducentes. La excesiva carga de trabajo hace que la presión sobre el equipo creativo sea excepcionalmente alta y poco a poco lo desmotivará. En consecuencia, veremos una disminución en las ideas creativas técnicamente viables.

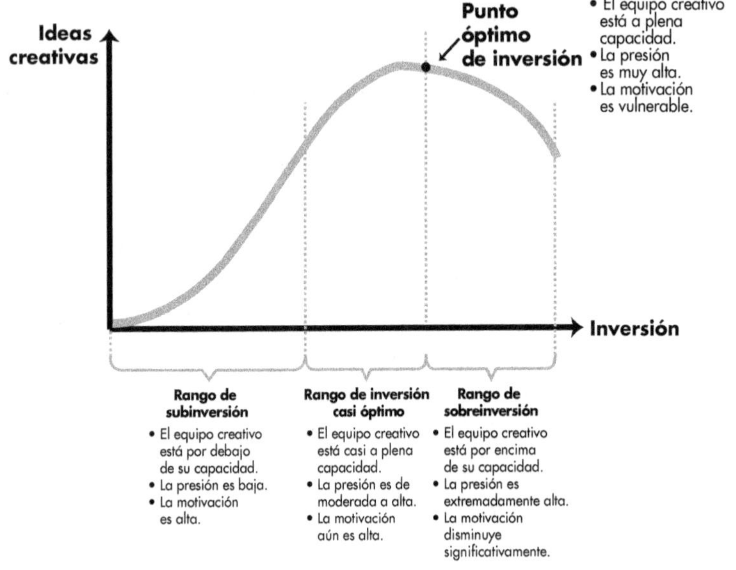

Figura 8.6. Rangos de inversión en creatividad

Quincy Apparel es una empresa que diseña, fabrica y vende ropa de trabajo para mujeres profesionales jóvenes que ofrece el ajuste y el tacto de una marca de alta gama a un precio más bajo. Para aumentar la penetración en el mercado se dirigieron a algunos inversores. Sin embargo, resultó salir al revés, porque los inversores solo empeoraron la situación de Quincy. Sus fundadores se decepcionaron con la orientación de esos capitalistas de riesgo, que los presionaron para que crecieran a toda velocidad, como las nuevas empresas tecnológicas con las que estaban más familiarizados. Hacer eso obligó a Quincy a acumular existencias y gastar dinero antes de resolver sus problemas de producción. Esto hizo que la presión sobre el fundador fuera extremadamente alta.[5]

Podemos ver que es necesaria una capacidad de gestión de primer orden para asignar capital, especialmente el destinado a actividades relacionadas con la creatividad. La dirección también debe saber cuándo aumentar, ralentizar y detener su inversión. El equipo directivo necesitará asimismo convencer a los inversores de que la capacidad creativa de la empresa es realmente valiosa. Deberá demostrar que eso puede generar una fuerte diferenciación y que, de hecho, es posible realizarla comercialmente en una etapa posterior.

El incremento de la inversión es siempre directamente proporcional al aumento de la carga de trabajo del equipo creativo, lo que aumentará su presión laboral. Por lo tanto, la gerencia necesitará mantener la motivación de los miembros del equipo creativo para garantizar que puedan continuar desempeñándose al máximo. Las estrategias para evitar la fatiga cerebral y la desmotivación, que conducen a una menor productividad, son clave.

No todas las empresas son adecuadas para implementar la cultura crítica, y no todos los equipos creativos pueden ser productivos en la cultura laboral que suele existir en algunas industrias altamente competitivas. Una presión laboral demasiado alta para cumplir con plazos ajustados puede desmotivar a una persona e incapacitarla para ser creativa de manera óptima. Por lo tanto, la gestión del talento se vuelve un factor muy decisivo. Personas con la misma creatividad pueden mostrar diferentes desempeños en un mismo ambiente laboral, porque cada individuo o talento tiene características o perfiles psicográficos únicos. De ahí que la compatibilidad entre el talento y el

____

5   https://hbr.org/2021/05/why-start-ups-fail

lugar de trabajo se vuelva cada vez más esencial para la competitividad.

En el modelo *omnihouse* hay flechas recíprocas entre la creatividad y la productividad, lo que significa que siempre debemos equilibrar estos dos aspectos. Las pequeñas y medianas empresas, muy fuertes en términos de creatividad, deben empezar a considerar la importancia de calcular la productividad de los diferentes capitales utilizados, en especial de los relacionados con el apoyo a la creatividad. En contraste, las empresas ya establecidas que a veces se sienten atrapadas en cálculos complejos relacionados con la productividad deben volver a presentar y fortalecer sus capacidades creativas debilitadas.

Comprender la esencia de la convergencia de la creatividad y la productividad nos permitirá maximizar los resultados (no solo la producción) y también nos proporcionará un mejor criterio al revisar la productividad del capital que empleamos para impulsar la capacidad creativa de nuestra empresa.

Conclusiones clave

- Los prestamistas suelen considerar, ante todo, si un préstamo puede reembolsarse, y le otorgan un valor menor a la creatividad.

- Los inversores aportan su dinero para diversas ideas creativas que pueden proporcionar rentabilidad y aumentar el valor de mercado. Llega el momento de vender sus acciones para obtener una ganancia.

- La creatividad puede medirse por sus niveles de efectividad, eficiencia y productividad.

- Las empresas necesitan invertir la cantidad adecuada de capital para obtener resultados óptimos de creatividad.

Capítulo 9

Hacer converger innovación y mejora

Enfoque centrado en soluciones
para obtener un mayor margen de beneficios

Cuando innovamos, ¿siempre supone una mejora?

No necesariamente. De hecho, es fácil que las cosas no salgan como se espera. Al innovar hay tantos factores en juego que nada está garantizado. Se necesita mucho esfuerzo coordinado para mover la aguja de la mejora.

Tomemos el caso de Bytedance. Fundada en 2012, la empresa ha creado tantas aplicaciones que se ha ganado el sobrenombre de "fábrica de aplicaciones". Entre las más conocidas se encuentran TikTok y Toutiao. Sus recientes innovaciones han impulsado un enorme crecimiento, incluido un aumento de los ingresos del 60% en 2021.[1] Ese mismo año, la firma fue valuada en más de 425.000 millones de dólares.[2] Veamos más a fondo cómo las innovaciones de TikTok y Toutiao llevaron a ese crecimiento significativo.

---

1 https://www.scmp.com/tech/big-tech/article/3156192/tiktok-owner-bytedance-post-60-cent-revenue-growth-2021-media-report
2 https://asia.nikkei.com/Business/36Kr-KrASIA/TikTok-creator-ByteDance-hits-425bn-valuation-on-gray-market

Creada en 2017, TikTok es una plataforma para compartir videos cortos. Ha llegado a los mil millones de usuarios más rápido que cualquier otra empresa de redes sociales. La ventaja competitiva más importante de TikTok proviene de su velocidad, su capacidad y su tecnología de inteligencia artificial, que en conjunto ofrecen a los consumidores una combinación de productos y servicios. Por ejemplo, la aplicación incluye hashtags, edición de audio y video y filtros de imagen, todo en un solo lugar. Antes, esos elementos no estaban disponibles en una sola aplicación. Los usuarios pueden tomar fácilmente lo que necesitan y producir contenido sin problemas.[3]

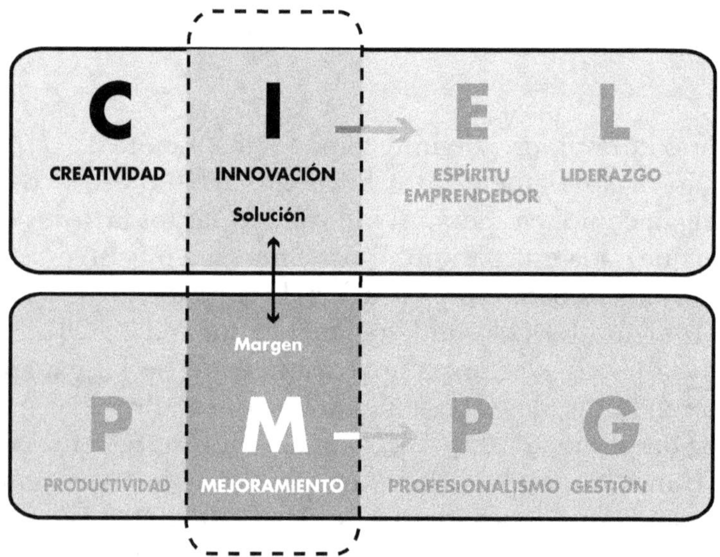

**Figura 9.1. Elementos de innovación y mejoras
en el modelo *omnihouse***

---

3 https://hbr.org/2020/07/how-spotify-and-tiktok-beat-their-copycats

Toutiao ("Titulares") es una aplicación de noticias que utiliza el mismo modelo de negocio. Proporciona noticias y contenido de más fuentes, además de las agencias de noticias oficiales; también participan bloggers e influencers. Esa aplicación integrada combina mucha información, lo cual es muy apreciado por sus usuarios, que pasan una media de 74 minutos diarios en la aplicación.

Además de esos colaboradores, Toutiao incorporó un bot que escribe coberturas periodísticas originales en tiempo real para eventos, como lo hizo en los Juegos Olímpicos de 2016, por ejemplo.[4] Tiene también una función localizadora para ayudar a encontrar a cualquier persona que se haya extraviado, conocida como "Alerta de persona desaparecida", que envía una notificación automática a todos los usuarios dentro de un determinado radio.

De Bytedance podemos aprender que la innovación debe centrarse en las soluciones para el cliente con el fin de proporcionar mejoras a la empresa (ver Figura 9.1). Sus procesos se basan en el atractivo o deseabilidad, la factibilidad* y la viabilidad.[5] Los consumidores querrán algo solo si les resuelve un problema. Para que sea factible, deben optimizarse los recursos, las capacidades y las competencias básicas adecuadas.

Las innovaciones viables conducen al crecimiento empresarial, tanto a corto como a largo plazo. En el corto plazo, eso podría incluir la aceptación del cliente, mayores niveles

---

4   https://www.ycombinator.com/library/3x-hidden-forces-behind-toutiao-china-s-content-king; https://digital.hbs.edu/ platform-digit/submission/toutiao-an-ai-powered-news-platform/

5   El proceso de innovación basado en los criterios de deseabilidad, factibilidad y viabilidad se originó en IDEO y se utilizó en el diseño centrado en el ser humano. Véase IDEO, The Field Guide to Human- Centered Design (IDEO, 2015), 14; Kristann Orton, "Desirability, Feasibility, Viability: The Sweet Spot for Innovation", *Innovation Sweet Spot* (March 28, 2017). https://medium.com/innovation-   sweet-spot/desirability-feasibility-viability-the-sweet-spot-for-innovation-d7946de2183c

*   Entiéndase factibilidad como la posibilidad y la capacidad de hacer algo. La viabilidad es la capacidad de algo para ser sostenible. [N. del T.]

de satisfacción entre los usuarios y el surgimiento de un mecanismo de retención o fidelización. El crecimiento a largo plazo se refleja en mejores márgenes de beneficio, que aumentan la rentabilidad. Influir en la comunidad en general puede conducir a una sostenibilidad continua.

Sin duda, Bytedance parece haber tendido el puente entre la innovación (es decir, proporcionar soluciones a los clientes) y la mejora (es decir, aumentar los márgenes de beneficio de la empresa). Para obtener mejores resultados, no podemos obtener una cosa sin la otra. En este capítulo, expondremos los pasos necesarios para unir ambas y, al hacerlo, crear una ventaja competitiva. El primero es un análisis 4C.

El análisis 4C

En el Capítulo 3, analizamos los cinco impulsores del cambio (tecnología, político/legal, social/cultural, economía y mercado). Todos ellos desencadenan ideas creativas que, junto con las fuentes internas de la empresa, conducen a innovaciones orientadas a soluciones. La mentalidad de marketing empresarial permite ver distintos fenómenos en el cambio. Esto se convierte en la base para analizar las oportunidades (desde el punto de vista del cliente), así como los desafíos existentes (desde el punto de vista de la competencia).

El enfoque de la mentalidad empresarial hace hincapié en cuáles son las soluciones innovadoras que podemos ofrecer a los clientes y al mismo tiempo aumentar los márgenes de beneficio de la empresa. En esta etapa, podemos evaluar la inteligencia de implementar una mentalidad de marketing empresarial como lo indica nuestra comprensión de los otros tres elementos del modelo 4C (cliente, competidor y la propia compañía). Ese ejercicio garantiza que las innovaciones producidas estén orientadas a obtener soluciones.[6] He aquí lo que necesitaremos realizar.

Análisis del cliente

Debemos comprender al cliente a partir de datos. Estos pueden ser cualitativos, cuantitativos, primarios o secundarios, dependiendo de las soluciones que deseemos ofrecer. Buscamos información sobre preferencias, opiniones, sugerencias y los problemas que enfrentan los clientes.

Eso es exactamente lo que hizo Ariston, una empresa de tecnología con sede en Italia. Basándose en la preferencia del consumidor por tener una ducha perfecta, Ariston construyó un termotanque o calentador de agua inteligente con conectividad Wi-Fi. Ese invento le permite al cliente controlar la temperatura de forma remota desde su teléfono.[7] Los consumidores pueden ahorrar energía bajando la temperatura. El calentador utiliza además algoritmos para captar los hábitos de los consumidores y ajustarlos de acuerdo con ellos.

Análisis del competidor

También tenemos que comprender a nuestros competidores (directos e indirectos) para asegurarnos de que las soluciones que ofrecemos tengan una ventaja y, por lo tanto, puedan competir fuertemente. El objetivo aquí es crear el mayor valor percibido. Eso está en relación con otras soluciones existentes.

---

6   Los elementos cliente, competidor y compañía aluden al concepto de Kenichi Ohmae, *The Mind of the Strategist: The Art of Japanese Business* (McGraw-Hill, 1982).

7   https://www.ariston.com/en-sg/the-comfort-way/news/ariston-launches-singapores-first-ever-wifi-enabled-smart-water-heater-with-app-controls-the-andris2-range/

Mercedes-Benz detectó un enfoque orientado a brindar soluciones que no había sido implementado por sus competidores. Utilizó eso para crear una ventaja competitiva. Su visión dio lugar al Actros, un modelo de camión pesado diseñado y montado de acuerdo con los requerimientos de los clientes. Mercedes-Benz emplea tecnología de realidad virtual en el proceso de desarrollo. Diariamente, la planta principal en Worth, Alemania, entrega hasta 470 unidades de cada modelo. El Actros también puede adaptarse a los requisitos de las empresas B2B.[8]

Análisis de la compañía

Necesitamos conocer nuestra empresa para determinar qué pueden concretar nuestros recursos, capacidades y competencias, y para comercializar esas soluciones. Una de las cosas más importantes en dicho análisis es identificar las competencias centrales de la empresa (ver Figura 9.2). Deberemos asegurarnos de que las innovaciones que se nos ocurran no se desvíen demasiado de esas competencias básicas.

Uniqlo, una marca de moda japonesa, impulsó al mundo a vestirse de manera informal. Además, ha comenzado a ofrecer a los clientes selecciones de moda innovadoras. La empresa ofrece productos HeatTech para mantener el cuerpo caliente, productos AIRism como ropa de secado rápido, y productos UV Cut como protector solar para el cuerpo. Esas soluciones emplean los recursos de la empresa para que el cliente continúe buscando ropa adecuada y cómoda con un beneficio funcional innovador.[9]

Para realizar estos análisis, existen dos enfoques posibles. Uno mira hacia adentro y otro hacia afuera.

---

8   https://www.autocarpro.in/news-international/f1-legend-niki-lauda-dies-aged-70-43064

9   https://martinroll.com/resources/articles/strategy/uniqlo-the-strategy-behind-the-global-japanese-fast-fashion-retail-brand/;   https://www.fastretailing.com/eng/group/strategy/ uniqlobusiness.html

- **Enfoque hacia adentro**
  Las soluciones innovadoras se desarrollan analizando primero qué recursos posee la empresa. Este enfoque se corresponde con el concepto de visión basada en los recursos, que evalúa los recursos existentes, tanto tangibles como intangibles, y luego encuentra el mercado adecuado para las soluciones innovadoras resultantes.

CLIENTE	COMPETIDOR	COMPAÑÍA
Entender los problemas de los clientes y brindarles soluciones innovadoras	Entender los segmentos del mercado e innovar para crear un producto ganador	Determinar cuántas ventas se lograrán y a qué costo, e innovar el proceso comercial

Figura 9.2. Análisis del cliente, el competidor y la compañía

- **Enfoque hacia afuera**
  También podemos desarrollar soluciones innovadoras mediante la exploración de oportunidades en el mercado y la observación. Este enfoque se corresponde con el concepto de visión basada en el mercado (o visión de posicionamiento en el mercado). Parte de la idea de proporcionar, ya sea de forma orgánica o colaborativa, los recursos y capacidades necesarios para ofrecer soluciones innovadoras que se ajusten a la demanda del mercado.

Conservador versus radical

Cualquiera sea el enfoque que adoptemos, no es una cuestión de correcto o incorrecto. Es una elección y depende de las condiciones que enfrentemos. En cualquier caso, durante esos procesos las empresas pueden optar por ser conservadoras o radicales.

En un enfoque conservador, la empresa tiende a ir a lo seguro, centrándose en lo que hacen los competidores y cómo evolucionan los clientes. La empresa considerará entonces cuál es la solución adecuada. En este enfoque, la compañía es más reactiva y sigue la ola. Los cambios que realiza son de naturaleza gradual y, muchas veces, están impulsados por el mercado (ver Figura 9.3).[10]

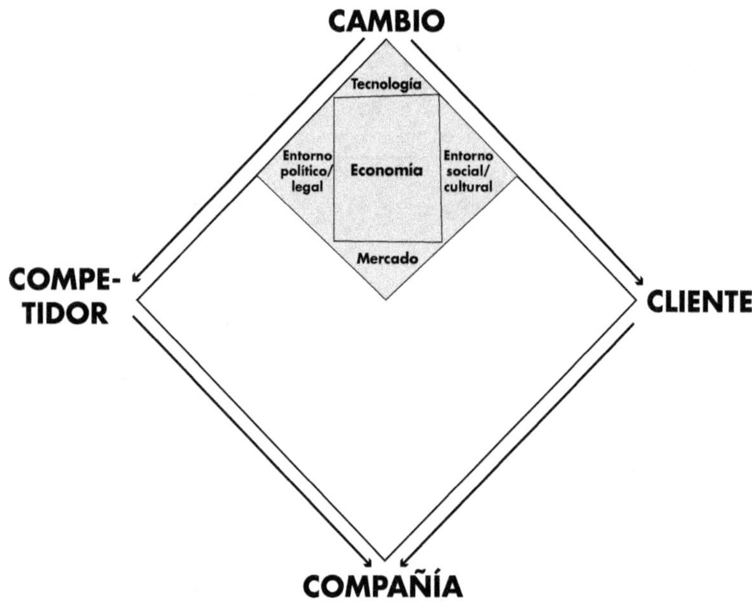

Figura 9.3. El modelo 4C para una empresa impulsada por el mercado

---

10 Para comprender mejor las diferencias entre empresas impulsadas por el mercado y empresas impulsoras del mercado, véase Nirmalya Kumar, Lisa Scheer y Philip Kotler, "From Market Driven to Market Driving", *European Management Journal* 18, no. 2 (2000): 129-142. https:// ink.library.smu.edu.sg/lkcsb:research/5196; Andrew Stein, "9 Differences Between Market-Driving And Market-Driven Companies". http://steinvox.com/blog/9-differences-between- market-driving-and-market-driven-companies/

Si la empresa adopta un enfoque radical, utiliza el análisis de los cinco impulsores de cambio para identificar los impactos significativos que podrían producirse. La empresa considera entonces qué solución le generará más disrupción y crea nuevas reglas de juego que afectarán a otros actores y a los clientes. Cuando una organización lleva a cabo esto, solemos referirnos a ella como una empresa "impulsora del mercado" (ver Figura 9.4).

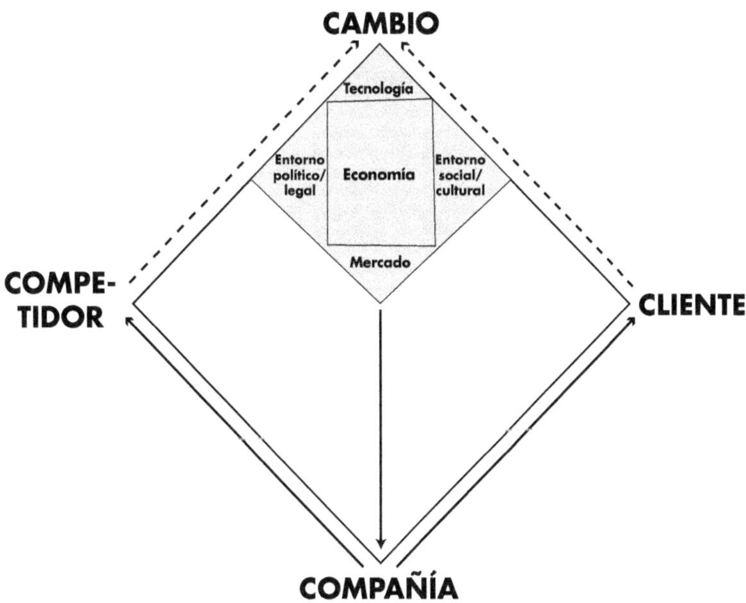

Figura 9.4. El modelo 4C para una empresa impulsora
del mercado

Soluciones innovadoras para obtener mejores márgenes

Como personas con mentalidad emprendedora, no podemos conformarnos únicamente con resultados no financieros. Si los resultados no financieros que logramos son bastante buenos, pero los resultados financieros no son satisfactorios, algo anda mal. Debemos examinar los aspectos de ejecución u operativos de la empresa.

Las soluciones innovadoras deben aumentar los márgenes de rentabilidad de la empresa. Eso incluye el margen bruto, el margen operativo, el margen de beneficio neto y el margen EBITDA (ganancias antes de restar intereses, impuestos, depreciación y amortización). Por lo tanto, debemos consultar nuestro informe de pérdidas y ganancias o la cuenta de resultados de la empresa para conocer los efectos. Veamos cómo innovamos y el impacto financiero que eso puede tener.

Maneras de innovar

Las empresas pueden innovar en su modelo de negocio, en sus productos o en la experiencia del cliente.[11] Al cambiar su modelo de negocio, una organización puede asegurarse una posición más sólida en un ecosistema empresarial. Por ejemplo, Rolls Royce, que fabrica motores a reacción, creó un servicio de suscripción de pago por hora para las aerolíneas. Mediante el pago de una tarifa plana por hora a Rolls Royce, las aerolíneas reciben instalación, chequeos, mantenimiento y desmantelamiento.[12]

En términos de experiencia del cliente, la innovación puede ofrecerse a través del omnicanal, el servicio, la marca, etc. 23andme ofrece un método sencillo para que la gente pueda hacerse tests de ADN y genoma. Su servicio principal, *Ancestry + Traits Personal Genetic Service*, ayuda a la

---

11 https://www.ideatovalue.com/inno/nickskillicorn/2019/07/ten-types-of-innovation-30-new-case-studies-for-2019/

12 https://www.linkedin.com/pulse/subscription-economy-did-start-power-by-the-hour-gene-likins

gente a conocer su verdadero yo en cuanto a sus orígenes. 23andme le remite un kit para que la persona tome una muestra de su saliva y luego le envía el resultado del test por correo electrónico. Los clientes comparten la información obtenida a través de conversaciones en línea. A la gente le encanta conocerse mejor, y las pruebas de ADN, como ellos mismos sostienen, son sin duda una experiencia personal.[13]

No todas las innovaciones pueden ser implementadas por una empresa debido a la limitación de recursos, capacidades e incluso competencias. Por lo tanto, muchas innovaciones se hacen posibles a través de la colaboración con otras partes. Por ejemplo, tomemos el N26 Bank, el *crowdsourcing* de LEGO, y la organización AXS Lab. El N26 Bank colabora con Transferwise para ofrecer un mejor servicio de transferencia de dinero a través del banco y en todo el mundo.[14] El *crowdsourcing* de LEGO es un método excelente para que una marca genere los productos más populares interactuando directamente con sus clientes.[15] AXS Lab, en sociedad con PwC, colabora para producir un mapa especial para personas discapacitadas.[16]

Las tres idoneidades estratégicas

Al aplicar el enfoque de mentalidad de marketing empresarial para garantizar el logro de soluciones innovadoras necesitamos considerar tres requisitos de conformidad.

---

13 https://www.23andme.com/en-int/; https://www.mobihealthnews.com/news/23andme-heads-public-markets-through-spac-merger-vg-acquisition-corp; https://www.virgin.com/about-virgin/virgin-group/news/23and-me-and-virgin-groups-vg-acquisition-corp-successfully- close-business

14 https://www.retailbankerinternational.com/news/n26-transferwise-expand-alliance-to-support-fund-transfers-in-over-30-currencies

15 https://open-organization.com/en/2010/04/01/open-innovation-crowd-sourcing-and-the-rebirth-of-lego

16 https://www.pwc.com/us/en/library/case-studies/axs.html

- **Conexión problema-solución**
  Este enfoque, con el cliente como eje, es una base esencial para aplicar principios centrados en soluciones. Debemos entender los problemas reales de los clientes desde la perspectiva de ellos. Necesitamos comprender cabalmente esos problemas y brindar luego las soluciones adecuadas a esos clientes. Con la compatibilidad entre el problema y la solución, nuestros productos pueden convertirse en la respuesta que buscan los clientes.

- **Conexión producto-mercado**
  Las empresas ofrecen una amplia variedad de productos en un mercado muy abarrotado. Por lo tanto, los productos que ofrecemos deben ser los más adecuados para un segmento de mercado específico. Podemos crear el mayor valor percibido a través de la diferenciación, la mejor calidad, una experiencia de cliente inolvidable o incluso precios muy competitivos.

- **Conexión obtener-dar**
  Cuanto mejor sea el producto que obtenga el cliente en términos de beneficios funcionales y emocionales, y cuanto menos dinero gaste para comprarlo y poseerlo, mayor será la preferencia por el producto. Sin embargo, las preferencias de los clientes también deben crear valor. Por eso, la empresa debe comprender qué nivel de ventas puede alcanzar y a qué costo para garantizar una creación de valor significativa (ver Figura 9.5).

Cambio gradual versus cambio drástico en el margen de beneficio

Dado que una innovación llevada a cabo por una empresa ya está orientada a brindar soluciones relevantes para un

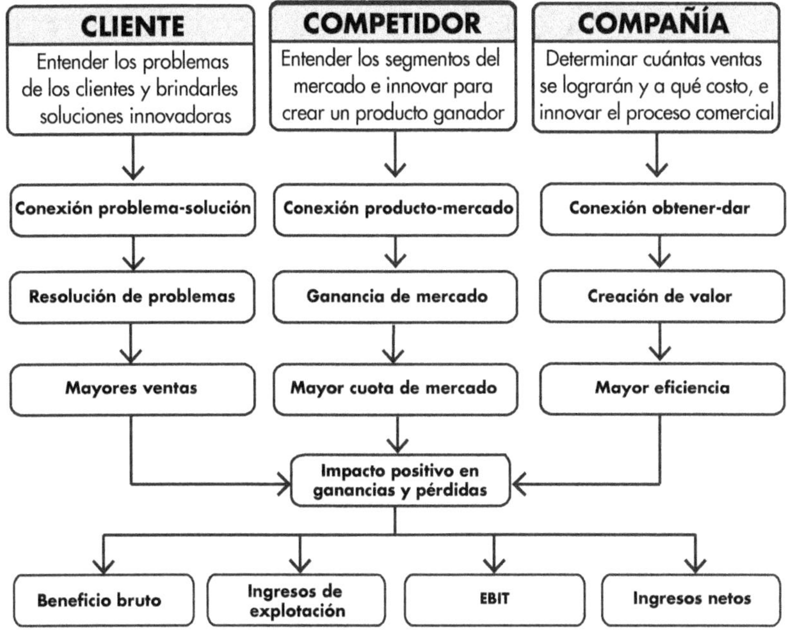

Figura 9.5. Impacto de la idoneidad estratégica en las pérdidas y las ganancias

segmento de clientes, debemos evaluar qué tan fuerte es la diferenciación que genera la innovación y qué tan difícil es de imitar por los competidores. Si la diferenciación es fuerte, la empresa puede convertirse en creadora de precios. Por el contrario, si la diferenciación es débil, la empresa debe convertirse en tomadora de precios.

Al respecto, podemos identificar cuatro situaciones con relación al margen de beneficios que puede alcanzar una empresa.

- **Margen bajo a corto plazo**

  Esta situación se da cuando la diferenciación resultante no es demasiado significativa en comparación con otras soluciones ya disponibles. El precio ofrecido por la diferenciación no es demasiado alto y, por lo tanto, produce solo un ligero margen de beneficio. Además, si la diferenciación es fácil de imitar por los competidores, no disfrutaremos de dicho margen a largo plazo porque en poco tiempo la imitación conducirá a la comoditización. Finalmente, tenemos que vender a precios de mercado con márgenes de beneficio cada vez más deprimidos. El margen de beneficio puede aumentar gradualmente, pero solo en un corto plazo.

- **Margen alto a corto plazo**
  El margen de beneficio puede aumentar drásticamente, pero solo a corto plazo. Esta situación se da cuando la diferenciación resultante es significativamente fuerte en comparación con las diversas soluciones preexistentes. El precio ofrecido por esa diferenciación puede ser bastante elevado y, por lo tanto, generará un gran margen de beneficio. Sin embargo, si la diferenciación es fácil de imitar por los competidores, no disfrutaremos de ese margen alto durante mucho tiempo. La imitación rápida conducirá a la comoditización, lo que finalmente hará retroceder los precios de mercado con márgenes más bajos.

- **Margen bajo a largo plazo**
  Esta situación se da cuando la diferenciación resultante no es demasiada en comparación con las diversas soluciones preexistentes. El precio ofrecido por la diferenciación es relativamente bajo y, en consecuencia, genera un margen de beneficio pequeño. Sin embargo, si los competidores no pueden imitar fácilmente la diferenciación, podremos disfrutar de ese margen pequeño por más tiempo. Esa dificultad hará que el proceso de comoditización no se produzca rápidamente. El margen de beneficio aumenta solo en forma gradual, pero puede durar bastante tiempo.

- **Margen alto a largo plazo**
  Esta situación ocurre cuando la diferenciación resultante es significativamente fuerte en comparación con las diversas soluciones preexistentes. El precio ofrecido por la diferenciación puede ser bastante alto y genera un importante margen de beneficios. Si los competidores no imitan fácilmente la diferenciación, podremos disfrutar de un margen considerable a largo plazo. El proceso de comoditización no tiene lugar rápidamente, y los márgenes de beneficios aumentarán de forma drástica y se mantendrán a largo plazo (ver Figura 9.6).

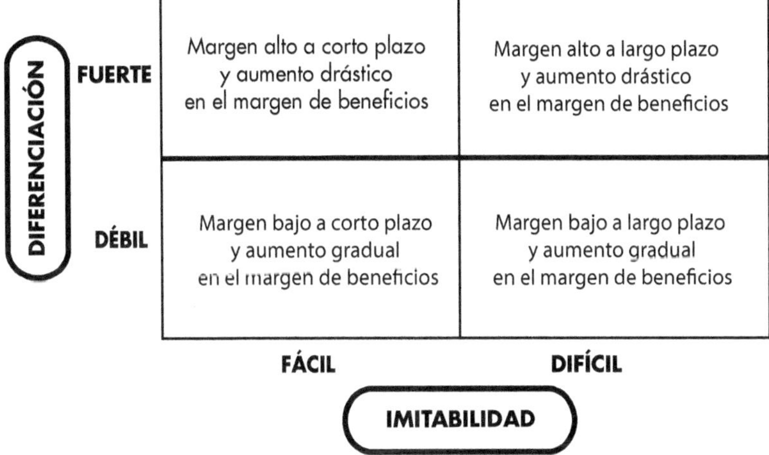

Figura 9.6. Cambio gradual versus cambio drástico en el margen de beneficios

Desde el punto de vista empresarial, debemos seguir buscando oportunidades en las que podamos obtener altos márgenes basándonos en estas descripciones. Desde una perspectiva de marketing, es necesario crear una fuerte diferenciación que proporcione soluciones relevantes para los clientes. Queremos que las soluciones sean difíciles de imitar por los competidores a largo plazo.

Relación recíproca entre innovación y rentabilidad

En el modelo *omnihouse*, hay una flecha que va y viene entre los elementos de innovación y mejora para representar una relación recíproca entre los dos factores. La innovación produce soluciones relevantes para los clientes. Al mismo tiempo, se espera que mejore los márgenes de rentabilidad de la empresa.

Eso explica la flecha que va de la innovación a la mejora de los márgenes. Pero, ¿qué pasa con lo opuesto? No permitir que se produzca un aumento de la rentabilidad, sino dejar de lado la inversión en capacidades de innovación que estén de acuerdo con la competencia principal de la empresa. Al contrario, la empresa debería destinar más presupuesto a mantener o reforzar su capacidad de innovación con un mejor margen.

Utilizando un estudio de PwC (The Global Innovation 1000), podemos ver los ingresos de la empresa, los gastos en I+D y la intensidad de I+D (representada en la Figura 9.7 en forma de burbuja), que es el porcentaje de los gastos en I+D sobre los ingresos totales. Usamos esos datos para indicar el nivel de compromiso de una empresa para mantener sus capacidades de innovación. Solo seleccionamos 25 empresas de la lista de PwC, que también fueron incluidas en la lista de Mejor Marca Global publicada por Interbrand.[17]

De los datos reprocesados se desprenden varios puntos interesantes que destacar. Podemos dividir las 25 empresas en tres grupos. El primero está formado por empresas basadas en tecnología; el segundo, por empresas automotrices,

---

17 Las fuentes de los datos son PwC e Interbrand. Este análisis utiliza los datos de Interbrand de 2018 para ser congruentes con el año del estudio publicado por PwC.

y el tercero es una mezcla de empresas de diferentes sectores, la mayoría de ellas dedicada a productos de consumo.

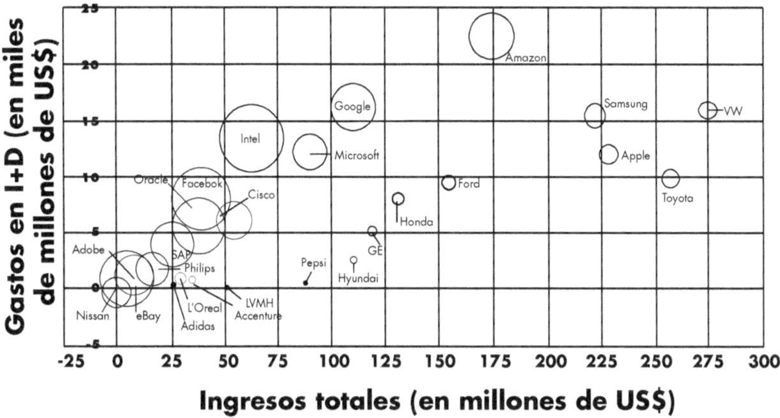

Figura 9.7. Ingresos, gastos en I+D e intensidad de I+D[18]

En el grupo de empresas basadas en tecnología con ingresos inferiores a 200.000 millones de dólares, la intensidad de I+D se sitúa en torno al 10 y 20%, con independencia de los ingresos totales de las empresas (véase la Tabla 9.1).

Entre las empresas tecnológicas, solo Apple tiene una intensidad de I+D relativamente baja (5,10%) en comparación con otras empresas de ese grupo (véase la Tabla 9.2). Con un valor de I+D de casi 12.000 millones de dólares, ocupa el puesto número 7 entre las 25 empresas seleccionadas porque los ingresos de Apple superaron los 200.000 millones de dólares. Samsung, cuyos ingresos también superan los 200.000 millones de dólares (con una gama de productos más amplia que incluye móviles, televisores y electrodomésticos), tiene una intensidad de I+D ligeramente superior a la de Apple, que es del 6,8%, pero en valor de I+D ocupa el cuarto lugar con gastos de más de 15.000 millones de dólares.

---

18 *Ibid.*

Tabla 9.1. Primer grupo (empresas basadas en tecnología) con ingresos inferiores a US$ 200.000 millones[19]

Empresa	Gastos en I+D (en miles de millones de US$)	Ingresos totales (en miles de millones de US$)	Intensidad de I+D (%)
Intel	13,10	62,76	20,9
Facebook	7,75	40,65	19,1
Adobe	1,22	7,30	16,8
Oracle	6,09	37,73	16,1
Google	16,23	110,86	14,6
SAP	4,02	28,17	14,3
Microsoft	12,29	89,95	13,7
eBay	1,22	9,57	12,8
Amazon	22,62	177,87	12,7
Cisco	6,06	48,01	12,6

En el grupo de las automotrices, la intensidad de I+D oscila entre el 2 y casi el 10% (ver Tabla 9.3). Sin embargo, debemos señalar que Nissan mostró una intensidad en I+D muy elevada, pero en términos de ingresos ocupaba el último lugar entre las 25 empresas seleccionadas. Aun la empresa más cercana a Nissan en cuanto a ingresos, concretamente Adobe, supera en más de cuatro veces los ingresos de Nissan. Excluyendo a Nissan, la intensidad de I+D en el grupo de las automotrices se sitúa en torno al 4,5%. Cuanto mayores son los ingresos, mayores son los gastos en I+D.

En el último grupo, que está formado por empresas de diferentes sectores, la intensidad de I+D generalmente es inferior al 5% (véase la Tabla 9.4). Solo Philips se acerca al 10%, pero cabe señalar que los ingresos de la empresa son los menores de ese grupo.

---

19 *Ibid.*

**Tabla 9.2. Primer grupo (empresas basadas en tecnología)
con ingresos superiores a US$ 200.000 mil millones[20]**

Empresa	Gastos en I+D (en miles de millones de US$)	Ingresos totales (en miles de millones de US$)	Intensidad de I+D (%)
Samsung	15,31	224,27	6,8
Apple	11,58	229,23	5,1

Tabla 9.3. Segundo grupo (automotrices)[21]

Empresa	Gastos en I+D (en miles de millones de US$)	Ingresos totales (en miles de millones de US$)	Intensidad de I+D (%)
Nissan	0,16	1,70	9,6
VW	15,77	277,00	5,7
Honda	7,08	131,81	5,4
Ford	8,00	156,78	5,1
Toyota	10,02	259,85	3,9
Hyundai	2,12	90,22	2,3

Tabla 9.4. Tercer grupo (diferentes sectores)[22]

Empresa	Gastos en I+D (en miles de millones de US$)	Ingresos totales (en miles de millones de US$)	Intensidad de I+D (%)
Philips	2,12	21,35	9,9
GE	4,80	121,25	4,0
L'Oreal	1,05	31,25	3,4
Accenture	0,70	34,85	2,0
Pepsi	0,74	63,53	1,2
Adidas	0,22	25,48	0,9
LVMH	0,16	51,20	0,3

---

20 *Ibid.*
21 *Ibid.*
22 *Ibid.*

Esos tres grupos nos permiten sacar algunas conclusiones interesantes. En general, aparte de la intensidad de I+D, podemos ver que cuanto mayores son los ingresos de una empresa, más son sus gastos en I+D. Esto nos indica que existe una relación positiva entre los ingresos y la asignación presupuestaria para innovación. Las empresas muestran su compromiso en contar con una sólida capacidad de innovación para mantener la competitividad.

Para innovar correctamente, una empresa asignará los recursos necesarios y dirigirá sus esfuerzos hacia la solución de los problemas de los clientes. Al cambiar la forma de hacer negocios, crear nuevos productos que se ajusten a un nicho o resolver problemas específicos que son importantes para los clientes, pueden aumentar los ingresos y los márgenes de ganancia. Una relación positiva entre innovación y rentabilidad promoverá el crecimiento de una empresa y generará su ventaja competitiva.

Conclusiones clave

- Para garantizar que las innovaciones producidas estén orientadas a soluciones, pueden realizarse análisis sobre los clientes, los competidores y la propia empresa. Para esas evaluaciones son útiles tanto un enfoque orientado hacia adentro como hacia afuera, junto con las tomas de posición conservadoras o radicales.
- Para innovar, una empresa puede cambiar su modelo de negocio, su producto o la experiencia del cliente.
- En marketing empresarial, las soluciones innovadoras se evaluarán según tres requisitos de conformidad: ajuste problema-solución, ajuste producto-mercado y ajuste obtener-dar.

- Las innovaciones pueden generar cuatro tipos de margen de beneficios: margen bajo a corto plazo, margen alto a corto plazo, margen bajo a largo plazo y margen alto a largo plazo.
- La relación entre innovación y rentabilidad es recíproca.

Capítulo 10

Hacer converger innovación y gestión

Mantener los valores
y aumentar el valor de mercado

Reed Hastings, el fundador de Netflix, estableció para la empresa una visión que implica buscar resultados financieros y, al mismo tiempo, preocupación por cuestiones medioambientales. Para abordar las emisiones de su cadena de suministro, Netflix está financiando programas que preservan y restauran la capacidad de la naturaleza para almacenar dióxido de carbono. La corporación invierte en proyectos como la protección de bosques a nivel mundial.[1]

Netflix comenzó como un servicio de alquiler de DVD por correo que no imponía cargos por demora si los clientes mantenían en su poder una película durante mucho tiempo. Solo tenían que pagar una cuota de suscripción para alquilar el DVD. Las películas que querían ver les eran enviadas por correo, junto con un sobre de devolución prepago.[2]

---

1 https://about.netfiix.com/en/sustainability
2 https://press.farm/founder-ceo-netfiix-reed-hastings-definitive-startup-guide-successful-entrepreneurs/#:~:text=Born%20in%20Boston%2C%20Massachusetts%2C%20Reed,a%20Master's%20in%20artificial%20intelligence

Con el tiempo, Netflix añadió servicios de streaming a pedido, que resultaron ser un éxito. Tras la quiebra de Blockbuster en 2010, Netflix siguió creciendo con rapidez. Durante la pandemia, Reed aprovechó la oportunidad al emplear los métodos de marketing adecuados, aumentando drásticamente el número de clientes.[3] Netflix atrajo 37 millones de nuevas membresías en 2020 y 18,2 millones de suscriptores más en 2021.

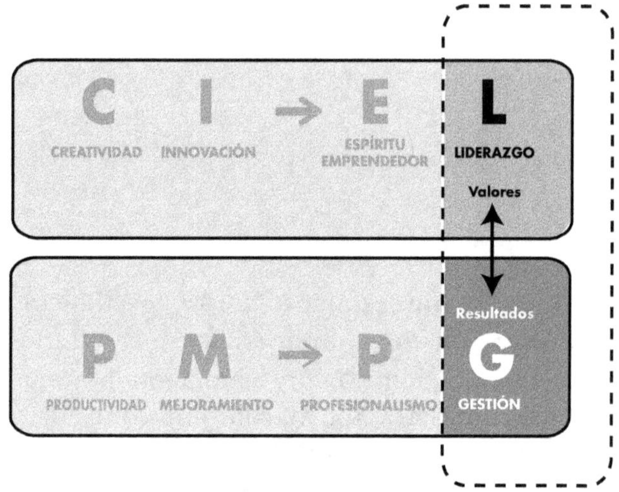

Figura 10.1. Liderazgo y gestión en el modelo *omnihouse*

Al estudiar el caso de Netflix, vemos que el liderazgo es crucial en el marketing empresarial. El ejemplo de Reed muestra cómo supervisó los esfuerzos de innovación iniciales y continuos de la empresa, la que siguió creciendo y expandiéndose durante la pandemia. Sus inversiones en sostenibilidad ayudan a solidificar su compromiso tanto con los consumidores como con el bienestar del planeta.

---

3   https://www.bbc.com/news/business-60077485

Pasando de este ejemplo al modelo *omnihouse*, podemos ver que el liderazgo es el elemento más a la derecha de los elementos CI-EL. En capítulos anteriores hablamos de creatividad e innovación. También analizamos el paso del profesionalismo al espíritu emprendedor. Ahora llegamos a los dos últimos elementos, esto es, el liderazgo, que debe converger con la gestión (ver Figura 10.1).

En las secciones que siguen, analizaremos la conexión entre liderazgo y marketing empresarial. Observaremos la relación entre liderazgo y gestión. Terminaremos vinculando los componentes de valor para los accionistas y viendo cómo pueden medirse.

Liderazgo y marketing empresarial

Se ha investigado y publicado mucho sobre el tópico del liderazgo. La bibliografía muestra muchos análisis en profundidad sobre los tipos de líderes, estilos de liderazgo y características de los grandes líderes. Se han desarrollado varias teorías y modelos a partir del estudio amplio y continuo del liderazgo, así como de la interacción entre los líderes y sus subordinados.[4] Existen diferentes ideas del liderazgo populares entre los profesionales y académicos, como el liderazgo transformacional, el liderazgo situacional y el liderazgo auténtico.

Un factor frecuentemente asociado con el liderazgo es la visión, o el sueño, de lo que la organización logrará en el futuro. A menudo se asocia el liderazgo con la transformación de una organización.[5] Ese cambio puede abarcar objetivos

---

4   Alan Gutterman, *Leadership: A Global Survey of Theory and Research* (August 2017). 10.13140/ RG.2.2.35297.40808

5   Para mayor información sobre liderazgo transformacional, véase James M. Kouzes y Barry Z. Posner, *The Leadership Challenge: How to Make Extraordinary Things Happen in Organizations*, 6th ed. (Wiley, 2017); Abdullah M. Abu-Tineh, Samer A. Khasawneh y Aieman A. Al-Omari, "Kouzes and Posner's

monetarios y de otro tipo. Daniel Goleman alguna vez expresó su opinión de que la tarea principal de un líder es lograr resultados que vayan más allá de los aspectos financieros.[6]

Según los 50 años de investigación de Gallup, hay cinco roles principales de los grandes líderes:

- Motivar a los equipos para que realicen un trabajo excelente.
- Fijar objetivos y proporcionar recursos para que los equipos se destaquen.
- Influir en los demás para que actúen, superando la adversidad y la resistencia.
- Construir equipos comprometidos y colaborativos con vínculos profundos.
- Adoptar un enfoque analítico en la estrategia y la toma de decisiones.[7]

Los análisis se dividen habitualmente entre liderazgo y espíritu empresarial, y entre liderazgo y marketing. Puede resultar difícil hallar fuentes que traten sobre la relación entre liderazgo y marketing empresarial. Cuando se buscan juntas las palabras clave liderazgo y marketing empresarial en las bases de datos de revistas científicas, es frecuente que los resultados no las vinculen.

Liderazgo y espíritu emprendedor

Ruth Gunther McGrath e Ian MacMillan propusieron por primera vez el concepto de liderazgo empresarial en el

---

Transformational Leadership Model in Practice: The Case of Jordanian Schools", *Leadership & Organization Development Journal* 29, no. 8 (2009). https://www.researchgate. net/publication/234094447

6 Daniel Goleman, "Leadership That Gets Results", *Harvard Business Review* (March-April 2000).

7 Jim Clifton y Jim Harter, *It's the Manager: Moving From Boss to Coach* (Washington, DC: Gallup Press, 2019).

año 2000. "El mundo se está volviendo demasiado volátil e impredecible para adoptar tácticas de liderazgo convencionales", escribió MacMillan en el libro *The Entrepreneurial Mindset*.[8] Aun hoy se continúa debatiendo ampliamente ejemplos de cómo funciona esto en los negocios.

Las personas que utilizan un enfoque empresarial en su carrera profesional requieren habilidades de liderazgo calificadas. Lamentablemente, esa capacidad de liderazgo (desde desarrollar una visión, comunicarla, dar ejemplo a los demás y crear nuevos líderes) a veces se da por sentada.[9] Según la investigación científica las influencias combinadas de la naturaleza y la formación juegan un papel importante en el desarrollo del liderazgo. Los datos han revelado que los impactos ambientales tienen un efecto más sustancial en la trayectoria de liderazgo de las personas.[10]

El liderazgo empresarial puede tener una influencia positiva en el desempeño de la empresa. Podemos definir el liderazgo fuerte como la capacidad de dirigir el equipo de gestión conforme con los objetivos de la empresa, para luego fortalecer la moral y la confianza del equipo, lo que a su vez aumenta el compromiso y la entrega de los empleados.[11] En ese sentido, un fuerte liderazgo empresarial es uno de los factores esenciales para establecer la ventaja competitiva de una empresa.

El liderazgo empresarial también juega un papel esencial en el desarrollo de las personas que trabajan en una organización. Los datos sobre la industria manufacturera

---

8 Rita Gunther McGrath y Ian C. MacMillan, *The Entrepreneurial Mindset: Strategies for Continuously Creating Opportunity in an Age of Uncertainty* (Boston, MA: Harvard Business School Press, 2000).

9 https://www.bdc.ca/en/articles-tools/entrepreneurial-skills/be-effective-leader/7-key-leadership-skills-entrepreneurs

10 https://www.ccl.org/articles/leading-effectively-articles/are-leaders-born-or-made-perspectives-from-the-executive-suite/

11 https://www.antoinetteoglethorpe.com/entrepreneurial-leadership-why-is-it-important/

recopilados en un país en desarrollo mostraron que el liderazgo empresarial está relacionado positivamente con la creatividad de los empleados.[12] Otro estudio, realizado en China, reveló que el liderazgo empresarial puede reducir la rotación de personal.[13] En esencia, el liderazgo debe poder generar una ventaja competitiva a través del desarrollo del personal, incluido el coaching, la tutoría, el aprendizaje práctico y otros cursos formales.

Liderazgo y marketing

Sin un liderazgo fuerte, el marketing solo funcionará normativamente o mediante procedimientos y no podrá hacer frente a los rápidos cambios provocados por el papel cada vez mayor de la tecnología digital. No podemos implementar el marketing basándonos simplemente en un enfoque "profesional". Más del 55% del impacto empresarial logrado por los ejecutivos de marketing se debe a factores de liderazgo, y alrededor del 15% es resultado de la contribución de las habilidades técnicas de marketing. Aquí podemos ver que el liderazgo en marketing resulta crucial a la hora de proporcionar valor en forma de soluciones para los clientes. Además de utilizar los recursos de la empresa de manera productiva para garantizar resultados óptimos.[14]

La implementación de estrategias de marketing también requiere un liderazgo fuerte. El marketing no funcionará sin liderazgo. El puesto de líder de marketing está aumentando

---

12 Muhammad Shahid Mehmood, Zhang Jian, Umair Akram y Adeel Tariq, "Entrepreneurial Leadership: The Key to Develop Creativity in Organizations", *Leadership & Organization Development Journal* (February 2021). DOI:10.1108/LODJ-01-2020-0008

13 Juan Yang, Zhenzhong Guan y Bo Pu, "Mediating Infiuences of Entrepreneurial Leadership on Employee Turnover Intention in Startups", *Social Behavior and Personality: An International Journal* 47, no. 6 (2019): 8117.

14 https://thomasbarta.com/what-is-marketing-leadership/

su importancia. Esto se ha vuelto cada vez más evidente en tiempos de incertidumbre, como ocurrió durante la pandemia de COVID-19. Se necesita un liderazgo fuerte para dirigir a todos los equipos potenciales dentro de una empresa y hacer que implementen un enfoque sólido centrado en el cliente, lo que determinará la participación en el mercado de la empresa.[15] Al mantenerse enfocado en esos clientes dinámicos, el líder dirigirá a su equipo para que siempre sea adaptable.[16]

A medida que las responsabilidades de los líderes de marketing se expanden a una gama más amplia de actividades, los directores ejecutivos y los financieros los invitan cada vez más a la mesa ejecutiva. Casi un tercio (31,5%) de los *marketers senior* dicen que participan en las convocatorias sobre ganancias todo o casi todo el tiempo. Más de la mitad (53,5%) afirma que asiste a las reuniones del consejo de administración todo o casi todo el tiempo.[17]

Establecer un liderazgo de excelencia es vital para el éxito del marketing, en especial para unir, dirigir y motivar al equipo de marketing a fin de que avance de acuerdo con las estrategias y tácticas predeterminadas. El liderazgo también tiene un papel importante que desempeñar en la planificación y ejecución de una estrategia de marketing, que mostrará los resultados financieros y también los no financieros, como la lealtad del cliente, el liderazgo del producto y un sólido valor de marca.[18] Aquí, podemos ver la importancia de que un líder comprenda el papel del marketing en el logro de objetivos y lo utilice para garantizar el crecimiento.[19]

---

15 https://engageforsuccess.org/strategic-leadership/marketing-strategy/

16 https://www.forbes.com/sites/steveolenski/2015/01/07/4-traits-of-successful-marketing-leaders/?sh=48796a83fde8

17 https://deloitte.wsj.com/articles/the-cmo-survey-marketers-rise-to-meet-challenges-01634922527

18 https://cmox.co/marketing-leadership-top-5-traits-of-the-best-marketing-leaders/

19 https://www.launchteaminc.com/blog/bid/149575/what-s-the-leader-s-role-in-marketing-success

Cuando los líderes de marketing adoptan los datos y la inteligencia en la era digital, se convierten en líderes de crecimiento. Según una encuesta de Deloitte, el 56% de los *marketers* cree que los datos y la inteligencia pueden ayudarlos a avanzar en sus planes de crecimiento. En contraste, solo el 18% piensa que un conocimiento profundo de la gama de productos puede ayudarlos a avanzar a la siguiente etapa de crecimiento.[20]

Liderazgo y gestión

Las capacidades de liderazgo en la gestión son cruciales, debido a la creciente competencia y al entorno empresarial cada vez más dinámico. Las empresas no pueden basar su éxito únicamente en un enfoque normativo de gestión. La gestión requiere un líder calificado, lo que significa tener un liderazgo fuerte. Por lo tanto, las empresas deben dedicar su atención a garantizar que las capacidades de liderazgo en la empresa sigan siendo relevantes ahora y en el futuro.[21]

En palabras de Warren Bennis, el liderazgo es la capacidad de traducir una visión en realidad. Por lo tanto, debemos convertir esa visión en diferentes objetivos concretos. Para lograr esos objetivos, hace falta una estrategia. Y aplicamos entonces esa estrategia en cascada en varios planes operativos o tácticos que son más aplicables. De acuerdo con David Garvin, profesor de la Escuela de Negocios de Harvard, implementar y ejecutar adecuadamente una estrategia significa "entregar lo planeado o prometido a tiempo, dentro del presupuesto, con calidad y con una variabilidad mínima, aun frente a eventos y contingencias imprevistas".[22]

---

20 https://www2.deloitte.com/us/en/pages/chief-marketing-officer/articles/cmo-council-report.html
21 https://courses.lumenlearning.com/principlesmanagement/chapter/1-3-leadership-entrepreneurship-and-strategy/
22 https://online.hbs.edu/blog/post/strategy-implementation-for-managers

En este nuevo modelo de marketing empresarial, la estrategia y las tácticas de marketing se relacionan con nueve elementos unidos por el posicionamiento, la diferenciación y la marca (o el triángulo PDB) como sus anclas. Los nueve elementos –segmentación, focalización, posicionamiento, diferenciación, mezcla de marketing, ventas, marca, servicio y proceso– se pueden agrupar en tres capacidades de gestión principales: gestión de clientes, gestión del producto y gestión de la marca (ver Figura 10.2). La capacidad de mantener de ese modo los valores de la empresa y de poder manifestarlos en los nueve elementos centrales del marketing refleja la implementación del liderazgo.

Se espera que la gestión de clientes, productos y marcas relacionadas con los valores genere flujo de caja en el corto plazo. Debe aumentar el valor de mercado de la marca o la empresa en el futuro. Esos son los resultados que una empresa debe lograr mediante la gestión de clientes, productos y marcas.

La gestión de clientes, que forma parte de la estrategia de marketing, está relacionada con identificar el mercado objetivo, seleccionarlo y brindar una buena experiencia al cliente conforme con el posicionamiento establecido. Eso, a su vez, puede conducir al compromiso del cliente, a generar un mecanismo de retención y una fuerte fidelidad. En una ocasión, KPMG encuestó a 18.520 clientes de más de veinte países sobre temas relacionados con la lealtad del cliente. La encuesta investigó cómo las marcas y los minoristas podían atraer y fidelizar a sus clientes mediante mejoras de los programas de fidelización. Según ese estudio, el 56% de los consumidores cree que la forma en que las empresas gestionan su relación con los clientes a través del servicio de atención al cliente determina su lealtad.[23]

---

23 https://home.kpmg/xx/en/home/insights/2019/11/customer-loyalty-survey.html

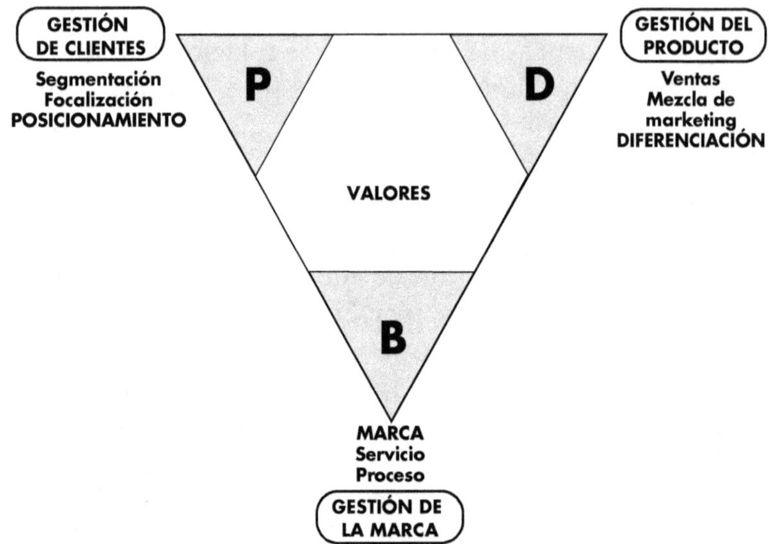

Figura 10.2. Valores y triángulo PDB

La gestión del producto se centra en gestionar la cartera de productos, desde el desarrollo hasta la comercialización, con el fin de brindar soluciones al segmento de mercado al que se apunta. Esto incluye cómo un nivel de diferenciación se traducirá en componentes de tácticas de mezcla de marketing seguidas de esfuerzos de ventas. En cuanto a la importancia de un producto, en una encuesta sobre hábitos de compras navideñas realizada por Deloitte en 2018, la mayoría de los encuestados afirmaron que buscan artículos de alta calidad (71%) y variedad de productos (68%).[24]

La gestión de la marca asegura el fortalecimiento del valor de la marca, respaldado por servicios y procesos im-

---

24 https://www2.deloitte.com/content/dam/insights/us/articles/4737_2018-holiday-survey/2018DeloitteHolidayReportResults.pdf

plementados para aumentar el valor para el cliente. A la hora de realizar una gestión de marca eficaz podemos aprender de Apple. A través de una excelente estrategia de marca *(branding)* experta en dar prioridad al aspecto emocional, Apple ha generado fanatismo entre sus clientes. Los servicios premium brindados a través de la red Apple Store añaden fidelidad de marca a sus productos. En 2021, Apple fue considerada la marca más valiosa del mundo.[25]

Liderazgo y valor de mercado

Como capacidad, a menudo podemos ver que el liderazgo inherente a los altos directivos de una empresa es una habilidad cualitativa no técnica. Sin embargo, los resultados de su trabajo con frecuencia se evalúan cuantitativamente. En general, el aumento en las ganancias de la empresa, la cotización de las acciones, la productividad de los empleados y otras mediciones se han convertido en indicadores clave del desempeño de un líder.

Una evaluación de 360 grados determinó que el liderazgo marca cuantitativamente una diferencia importante en los resultados financieros de la empresa. En el estudio, los líderes fueron divididos en tres grupos de acuerdo con su desempeño: el 10% superior era el de los mejores, el 10% inferior era el de los peores, y el 80% del medio era el del resto. Los líderes de peor desempeño hacían perder dinero. Los líderes del medio hacían ganar dinero. El 10% de arriba duplicaba con creces las ganancias de la empresa en comparación con el 90% restante.[26]

---

25 https://www.statista.com/statistics/264875/brand-value-of-the-25-most-valuable-brands/

26 https://www.forbes.com/sites/jackzenger/2015/01/15/great-leaders-can-double-profits-research-shows/?sh=3b6094776ca6

La aplicación del liderazgo en una empresa debe supervisar adecuadamente el proceso de creación de valor para satisfacer las demandas de las partes interesadas. Eso incluye empleados, clientes, sociedad y accionistas o inversores. El Business Reality Check, encargado por American Express y desarrollado por The Economist Intelligence Unit, coteja las perspectivas de los líderes empresariales con datos de mercado recopilados de fuentes de datos nacionales, internacionales y especializadas. Según el estudio, el 34% de los ejecutivos cree que la presión de los accionistas para generar resultados a corto plazo es una barrera importante para la ejecución de la estrategia. Además, el 29% cree que la presión para rendir cuentas ante un grupo más amplio de partes interesadas es un obstáculo significativo.[27]

Ulrich y Freed explicaron que ya no podemos determinar el valor de una empresa basándonos exclusivamente en el enfoque tradicional, esto es, atendiendo únicamente al aspecto financiero, que, según sus predicciones, cubre solo el 50% del valor de mercado de la empresa. Los inversores también consideran el valor intangible que podría obtenerse debido al factor vital que el liderazgo representa en la empresa. Por lo tanto, los inversores deben tomar muy en cuenta ese factor de liderazgo en su proceso de toma de decisiones.[28]

El liderazgo influye en el rendimiento de la empresa al dirigir, movilizar y motivar al equipo de gestión sobre la base de una sólida cultura corporativa. La investigación de Ouslis muestra que el liderazgo puede incidir hasta en un 14% en el rendimiento de la empresa, y los CEOs pueden contribuir en casi un 30% en distintos esfuerzos que pueden marcar diferencias en el rendimiento de la empresa.

---

27 https://businessrealities.eiu.com/insights-field-balancing-stakeholder-expectations-requires-communication

28 https://hbr.org/2015/04/calculating-the-market-value-of-leadership

Debido a los factores de liderazgo, el aumento del valor intangible ha llevado además a una brecha más significativa entre el valor contable y el valor de mercado. En las últimas décadas, la brecha se ha vuelto más notoria, y el valor de mercado puede incluso llegar a ser seis veces superior al valor contable.[29]

Según un trabajo de investigación publicado por Deloitte, el liderazgo es un factor que a menudo se sigue descuidando. Aunque desarrollar la capacidad de liderazgo puede aumentar el valor para los accionistas y garantizar además la sostenibilidad a largo plazo, sigue siendo bajo el porcentaje de ejecutivos que están de acuerdo en que el desarrollo del liderazgo es algo muy productivo. La importancia del liderazgo está en línea con las conclusiones de Deloitte, según las cuales los analistas consideran necesario el factor de efectividad del equipo *senior* de liderazgo para juzgar el éxito de la empresa, y es más importante que simplemente mirar la previsión de ganancias y el análisis de índices o ratios. Un liderazgo eficaz aumentará la valoración de una empresa, pero hay que tener en cuenta que el efecto varía de una industria a otra.[30]

Hecha esta descripción, podemos resumir diciendo que el liderazgo es esencial en la ejecución de estrategias y tácticas de marketing mediante un proceso de gestión que incluya la gestión de clientes, productos y marcas. Esos son tres de los elementos del lado superior derecho del modelo *omnihouse*. Un liderazgo fuerte puede asegurar que los tres elementos adopten plenamente los valores que todos comparten en la empresa (como la honestidad, el sentido de responsabilidad, el compromiso con la calidad, el cuidado del medio ambiente y más).

---

29 https://blog.orgnostic.com/how-can-investors-measure-the-market-value-of-leadership/

30 https://www2.deloitte.com/content/dam/Deloitte/global/Documents/HumanCapital/dttl-hc-leadershippremium-8092013.pdf

También se requiere un liderazgo fuerte para dirigir e inducir al equipo directivo a centrarse en los nueve elementos de marketing incluidos en la gestión de clientes, la gestión del producto y la gestión de la marca. Un liderazgo fuerte y el respaldo a esos tres elementos mediante buenos procesos de gestión en el futuro aumentarán el valor de mercado de la empresa, lo que está en línea con el creciente valor intangible aportado por el liderazgo (ver Figura 10.3).

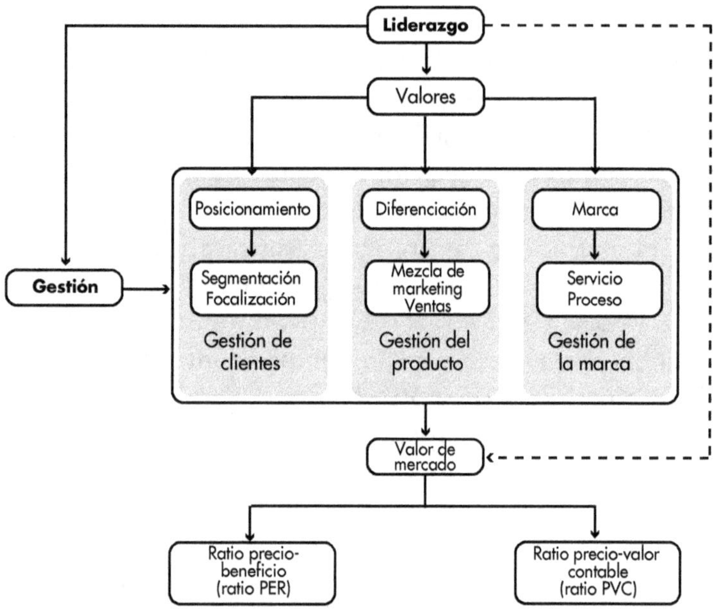

Figura 10.3. Liderazgo y gestión. De los valores al valor de mercado

Una buena gestión de los clientes aumentará el valor intangible de la empresa en términos de una mayor fidelidad de ellos. La gestión del producto también puede ampliar el valor intangible de la empresa a través de soluciones innovadoras integradas en los productos brindados a los clientes. La gestión de la marca puede fortalecer el valor intangible de la empresa a través de un mayor valor de marca.

La gestión, a fin de cuentas, debe mostrar resultados tangibles reales, tanto financieros como no financieros, manteniendo al mismo tiempo los valores y la cultura de la empresa, así como su impacto social. Su aplicación incluye obtener ganancias honestas, aumentar éticamente el número de clientes, expandir el mercado prestando atención a los aspectos ambientales, etc.

El liderazgo significa que una persona pueda manifestar los valores de la empresa en el posicionamiento, la diferenciación y la marca, y luego pueda asegurar la alineación de esos elementos con la segmentación y la focalización, la mezcla de marketing y las ventas, y el servicio y el proceso. El liderazgo también implica guiar, dirigir y motivar al equipo directivo como ejecutor. Por lo tanto, la atención al aspecto humano es uno de los fundamentos más críticos a la hora de aplicar el liderazgo.

Un líder debe asegurarse de que cada miembro de un equipo esté fuertemente motivado y movilice toda su energía y competencia para lograr un objetivo predeterminado. Un liderazgo fuerte creará un sentimiento positivo que aumentará el valor de mercado de la empresa a los ojos de los inversores. Podemos medir ese valor de mercado empleando la ratio o relación precio-beneficio (PER) y la ratio precio-valor contable (PVC) (ver Tabla 10.1).

**Tabla 10.1. Ratio precio-beneficio (ratio PER)
y ratio precio-valor contable (ratio PVC)**

	Relación precio-beneficio (PER)[31]	**Relación precio-valor contable (PVC)**[32]
Definición	Relación entre el valor o el precio de las acciones de una empresa y su beneficio por acción. Calcula (en términos de una ratio) la relación entre el precio de las acciones y sus beneficios por acción. El valor o el precio de las acciones se basa en el valor de mercado	Relación entre la capitalización de mercado (o valor de mercado) de la empresa y el valor de sus activos. Calcula (en términos de una ratio) cómo valora el mercado a la empresa en relación con su valor contable. El precio de las acciones se basa en el valor de mercado
Fórmula	$\dfrac{\textit{Precio de las acciones}}{\textit{Ganancias por acción}}$	$\dfrac{\textit{Precio de las acciones}}{\textit{Valor contable por acción}}$

---

31 De distintas fuentes: Gabriel Hawawini y Claude Viallet, Finance for Executives (Mason, OH: Cengage Learning, 2019); https://en.wikipedia.org/wiki/Price%E2%80%93earnings_ratio;https://www.investopedia.com/terms/p/price-earningsratio.asp; https://www.investopedia. com/investing/use-pe-ratio-and-peg-to-tell-stocks-future/;https://www.moneysense.ca/save/investing/what-is-price-to-earnings-ratio/;https://corporatefinanceinstitute.com/resources/knowledge/valuation/price-earnings-ratio/; https://ycharts.com/glossary/terms/pe_ratio; https://www.forbes.com/advisor/investing/what-is-pe-price-earnings-ratio/; https://cleartax. in/s/price-earnings-ratio

32 De distintas fuentes: Gabriel Hawawini y Claude Viallet, *Finance for Executives* (Mason, OH: Cengage Learning, 2019); https://www.investopedia.com/terms/p/price-to-bookratio.asp;https://www.investopedia.com/investing/using-price-to-book-ratio-evaluate-companies/; https://corporatefinanceinstitute.com/resources/knowledge/valuation/market-to-book-ratio-price-book/; https://en.wikipedia.org/wiki/P/B_ratio; https://www.fool.com/investing/how-to-invest/stocks/price-to-book-ratio/; https://groww.in/p/price-to-book-ratio/; https://gocardless. com/en-au/guides/posts/what-is-price-book-ratio/

Tabla 10.1. *(Continuación)*

	Relación precio-beneficio (PER)	**Relación precio-valor contable (PVC)**
Usos	• Proporcionar una idea correcta sobre si las acciones de una empresa están sobrevaluadas o subvaluadas (en relación con sus ganancias) • Proporcionar una base de comparación o punto de referencia en una industria similar o un mercado más extenso (como el índice S&P) • Comprender el mercado actual o la disposición de los inversores a pagar por acciones o valores en relación con ganancias pasadas o futuras	• Proporcionar a los inversores una base para evaluar el potencial de una inversión • Determinar si una empresa está subvaluada o sobrevaluada y utilizarlo para decidir si una inversión en ella puede cumplir o no el objetivo del inversor • Mostrar la percepción del mercado sobre el valor de una determinada acción o cotización o un precio de mercado justo para una empresa

Al gestionar los tres factores principales –clientes, producto y marca, que constan de nueve elementos básicos de marketing–, la gerencia puede asegurar la solidez de los fundamentos de la empresa. Esto, a su vez, puede aumentar el valor de mercado de la empresa, lo que es muy importante a efectos de adquisición, inversión e incluso salida a bolsa.[33] El valor de mercado también es una referencia esencial para los inversores de capital (capital privado, gestores de fondos de inversión o de cobertura, administradores de cartera y capitalistas de riesgo) que

---

33 https://www.forbes.com/sites/martinzwilling/2015/11/03/10-leadership-elements-that-maximize-business-value/?sh=418f3b4568a1

tienden a considerar el valor de la empresa de manera más integral.[34]

A partir del valor de mercado actual de la empresa o el precio de las acciones, los inversores podrán calcular diversos índices como base para tomar decisiones de inversión, como la ratio precio-beneficio (PER), por ejemplo. Ese índice es uno de los más utilizados por inversores y analistas para determinar el valor relativo de la acción. Podemos usar la ratio PER como herramienta para determinar si una acción está sobrevaluada o subvaluada.[35]

Debemos señalar que el líder en una empresa puede consistir en más de una persona. En cada nivel de la organización existen líderes que se centran en un ámbito específico de responsabilidad. Deben ser capaces de movilizar a las personas que dirigen para lograr un objetivo que está a su cargo.

Uno de los desafíos que enfrentaremos al implementar un enfoque más integral del marketing empresarial es cómo hacer converger el liderazgo y la gestión. No queremos una empresa demasiado liderada pero poco gestionada. Esta situación se da a menudo en muchas pequeñas y medianas empresas. También queremos evitar un exceso de gestión pero un liderazgo insuficiente, lo que puede ocurrir en las grandes corporaciones.

Durante casi dos décadas, los directores de la Iniciativa Nacional de Liderazgo en Preparación de Harvard, Eric J. McNulty y Leonard Marcus han estudiado y observado a los directores ejecutivos de los sectores público y privado en escenarios de alto riesgo y alta presión. Han descubierto que con frecuencia las crisis se gestionan en exceso y no se lideran lo suficiente. Los ejecutivos deben liderar y gestionar eficazmente en los tiempos de crisis, que se caracterizan

---

34 https://www.leaderonomics.com/articles/leadership/market-value-of-leadership

35 https://www.investopedia.com/terms/p/price-earningsratio.asp

tanto por la complejidad como por el cambio. El trabajo de los gerentes es responder a las necesidades inmediatas del momento; deben tomar decisiones rápidas y distribuir recursos. Liderar, en cambio, implica guiar al personal hacia la mejor conclusión posible a lo largo de ese horizonte temporal.[36]

La relación entre liderazgo y gestión está en consonancia con la flexibilidad y la rigidez, de lo que ya hemos hablado. El líder a menudo se ocupa de cambios o transformaciones que pueden ser desde graduales hasta radicales. La gerencia mantiene la estabilidad y supervisa las actividades sistemáticas.[37]

Esa idea es sostenida también por Rita Gunther McGrath, profesora de la Columbia Business School. Ella escogió 10 corporaciones de un grupo de más de 2.300 empresas estadounidenses importantes que mejoraron sus ingresos netos en al menos un 5% anual en los 10 años anteriores a 2009. Esas corporaciones de alto rendimiento eran extraordinariamente estables, con rasgos organizacionales específicos que se mantenían constantes durante largos períodos. También eran ágiles innovadores, capaces de transformar y reajustar rápidamente sus recursos.[38]

Del análisis que hemos hecho, podemos ver que el liderazgo no puede funcionar aislado. Debe combinarse con una gestión calificada para crear un equilibrio que impulse a la organización durante sus actividades diarias y hacia el futuro. Además, es necesario fortalecer el marketing empresarial con liderazgo empresarial, ya que esto fortalecerá el desempeño de la empresa. Una combinación correcta de liderazgo y gestión afectará positivamente el valor de mercado de la

---

36 https://hbr.org/2020/03/are-you-leading-through-the-crisis-or-managing-the-response

37 https://leadershipfreak.blog/2016/04/27/over-led-and-under-managed/

38 Rita Gunther McGrath, "How the Growth Outliers Do It", *Harvard Business Review* (January-February 2012).

empresa en términos de valores intangibles crecientes, generando además una opinión positiva a ojos de los inversores. Ese valor de mercado puede averiguarse de diferentes formas, quizás la más notable sea el cálculo de la relación precio-beneficios y precio-valor contable, que son indicadores importantes para los inversores.

Conclusiones clave

- El liderazgo a menudo se asocia con inspirar e influir en los demás, tener una visión y guiar una transformación.
- El liderazgo empresarial puede mejorar el desempeño de una empresa e impulsar el desarrollo de su gente.
- Se necesita un liderazgo fuerte para gestionar clientes, productos y marcas.
- La gerencia logra resultados tangibles en forma de aumento de valor de mercado de la empresa mediante la gestión de clientes, productos y marcas.
- Los inversores tendrán en cuenta aspectos relacionados con el liderazgo a la hora de evaluar una empresa; un equipo fuerte puede ayudar a impulsar el valor de mercado.

Capítulo 11

Encontrar y aprovechar oportunidades

De la perspectiva empresarial
a la arquitectura de marketing

Piyush Gupta, CEO del DBS Bank, con sede en Singapur, vio importantes oportunidades de crecimiento en Asia aprovechando la tecnología digital. Advirtió que la generación más joven es más entendida en términos digitales. Los consumidores asiáticos, además, lideran el sector en cuanto a tasas de adopción de teléfonos inteligentes.

El DBS Bank, que ofrece una gama completa de servicios financieros en banca institucional, banca de consumo o minorista y gestión de patrimonios, diseñó una nueva hoja de ruta. Invirtió mucho en tecnología y emprendió cambios radicales para "reconectar" toda la organización con la innovación digital. Realizó un estudio exhaustivo de las tendencias tecnológicas emergentes, el comportamiento de los clientes y la infraestructura tecnológica. Un equipo de DBS Bank también visitó algunas de las empresas de tecnología más importantes del mundo para adquirir conocimientos valiosos a fin de implementar las mejores prácticas en el sector bancario.

Basándose en los datos del estudio, el equipo de infraestructura tecnológica de DBS Bank pasó de un 85% de subcontratación a un 85% de internalización para transformarse de manera más efectiva. Desarrolló un modelo de negocio digital con cinco capacidades centrales: adquirir, realizar transacciones, interactuar, ecosistemas y datos. A través de esas competencias impulsó objetivos empresariales en diferentes segmentos. En Singapur y Hong Kong se digitalizó rápidamente para anticiparse a los desafíos. En India e Indonesia fue el nuevo competidor con Digi Bank, que ofrece una innovadora solución *fintech*.

El DBS Bank elaboró comunicaciones de marketing como parte de su estrategia de transformación, con la misión renovada de "Hacer que la banca sea alegre" y "Vivir más, operar menos". Integró una idea de simplicidad y experiencia bancaria sin esfuerzo con tácticas de marketing. Esa campaña sintetizó muchos factores. El DBS Bank tiene como objetivo permitir a sus clientes vivir sin complicaciones con una banca invisible, integrando la banca en la rutina del cliente y creando un banco que siempre esté presente para sus clientes.[1]

El DBS Bank fortaleció su canal digital invirtiendo en DBS Car Marketplace, el mercado de automóviles de venta directa vendedor-a-comprador más grande de Singapur. También creó DBS Property Marketplace, que conecta a propietarios y compradores de viviendas. Invirtió asimismo en Carousell, una plataforma para comprar y vender productos nuevos o de segunda mano, y colaboró con Carousell para ofrecer productos financieros y servicios de pago en sus plataformas.[2]

Como resultado, los analistas de inversiones de Seedly Singapore observaron que las acciones de DBS Bank subie-

---

1   https://www.finextra.com/pressarticle/73937/dbs-to-roll-out-live-more-bank-less-rebrand-as-digital-transformation-takes-hold

2   https://www.dbs.com/newsroom/DBS_invests_in_mobile_and_online_classifieds_marketplace_Carousell

ron alrededor de un 23%, en contraste con el índice Straits Times (STI), que cayó alrededor de un 2% en 2020. (El STI es un índice que mide las 30 empresas más grandes y líquidas que cotizan en Singapur).[3] El DBS Bank recibió premios como el Más Innovador en Banca Digital (2021) y Mejor Banco del Mundo (2020).[4]

Del caso del DBS Bank aprendimos que comprender de forma coherente un buen entorno empresarial, determinar opciones estratégicas y elaborar estrategias y tácticas de marketing aplicables hasta su ejecución pueden influir en la competitividad de la empresa. Podemos medir objetiva y subjetivamente la competitividad basándonos en diferentes indicadores financieros y no financieros.

En capítulos anteriores vimos las interrelaciones verticales y diagonales del modelo *omnihouse*. Ahora las veremos horizontalmente. Abordaremos la estrategia de marketing empresarial, formada por tres componentes: la elaboración de la estrategia en sí, las omni-capacidades necesarias para llevarla a cabo y la gestión financiera de la empresa para aumentar con el tiempo su valor de mercado.

Para ello, centraremos la atención en los dos techos del modelo *omnihouse*. En esencia, estos explican que la dinámica en un entorno empresarial es una base esencial para el desarrollo de una arquitectura de marketing. Podemos construir competitividad desarrollando una arquitectura de marketing que comprenda los nueve elementos centrales de marketing (9E) con el triángulo PDB (posicionamiento-diferenciación-marca) como ancla para dichos elementos (ver Figura 11.1).

---

3   https://blog.seedly.sg/dbs-ocbc-uob-valuations/
4   https://www.dbs.com/about-us/who-we-are/awards-accolades/2020.page

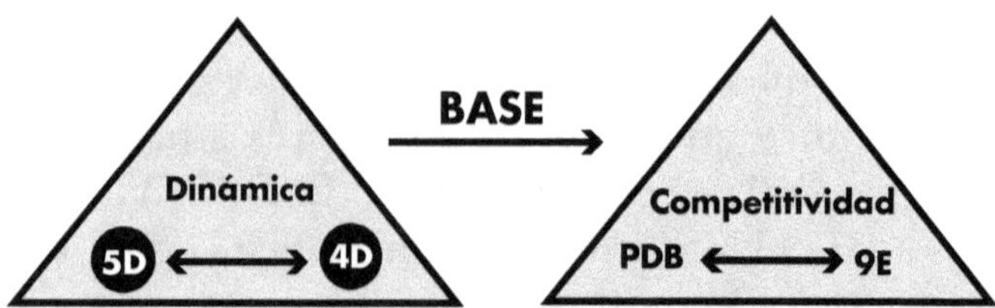

**Figura 11.1. Los elementos "dinámica" y "competitividad"
en el modelo *omnihouse***

De la expectativa a las opciones

Como se explicó en el Capítulo 3, el componente "dinámica" consta de cinco impulsores (5I) que se influyen entre sí: tecnología, factores políticos/legales, economía, factores sociales/culturales y mercados. A esos cinco factores tomados colectivamente los llamamos *cambio*. Junto con otros tres componentes (competidor, cliente y empresa), forman parte del modelo 4C (ver Figura 11.2).

Al analizar los elementos 5I tenemos que ver cuáles tienen más probabilidades de ocurrir y poseen un alto grado de importancia (o relevancia). Eso incluye también observar la inmediatez del impacto de los cinco factores. Necesitamos saber si son inmediatos o graduales y cuán directamente pueden afectar a nuestra empresa.

El cambio, el competidor y el cliente son elementos externos necesarios para ver mejor las amenazas y oportunidades. Pero debemos ver las fortalezas y debilidades de la empresa a nivel interno.

Tecnología

Debemos ver diferentes factores de cambio originados por el rápido crecimiento de la tecnología, los avances digitales y la presencia en línea. Como se mencionó, los avances tecnológicos son uno de los impulsores más potentes y afectan

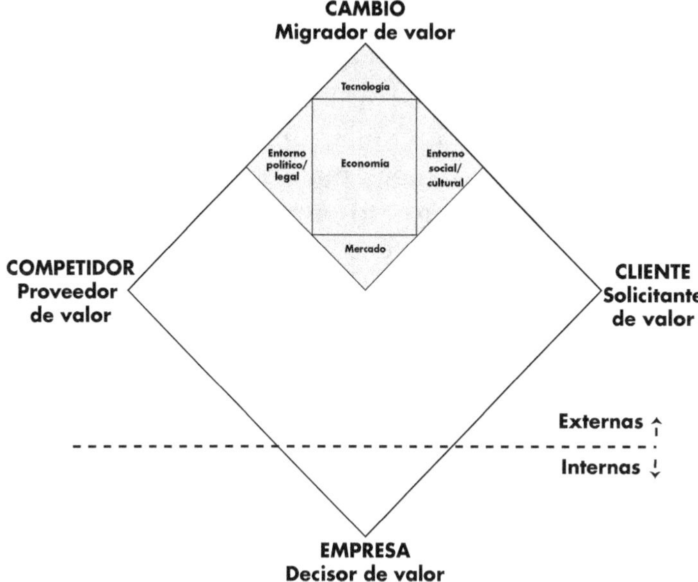

Figura 11.2. Secciones externas e internas del modelo 4C

rápidamente a los cambios recientes en el entorno empresarial. He aquí 10 tecnologías emergentes que están en camino de convertirse en algo común para 2030:

- Robótica avanzada
- Sensores e Internet de las Cosas (IoT)
- Impresión 3D
- Productos lácteos de origen vegetal y cultivados en laboratorio
- Automóviles autónomos
- Web 3.0 (web mundial basada en la tecnología *blockchain*)
- Realidad extendida (realidad virtual, realidad aumentada, realidad mixta y metaverso)
- Supercomputadora
- Tecnología avanzada de drones
- Tecnología verde/ambiental

Factor político/legal

En 2015, con la participación de los Estados Miembros y representantes de la sociedad civil, la ONU estableció los Objetivos de Desarrollo Sostenible (ODS), un plan de diseño para lograr un futuro mejor y más sostenible para todas las generaciones. En el futuro, los aspectos políticos o legales apoyarán los ODS mediante la creación y el cumplimiento de las directrices sostenibles. Por ejemplo, los bancos han comenzado a otorgar préstamos basados en calificaciones de gobernanza ambiental y social (ESG). Los gobiernos dan incentivos a las empresas que utilizan energías renovables o verdes.[5]

Economía

El crecimiento de la economía colaborativa (por ejemplo, los creadores de contenido, los conductores que comparten trayectos o los vendedores de tienda en línea), de las oportunidades de trabajo remoto y del mercado de los independientes ha llevado a algunos profesionales a dejar atrás la rutina tradicional "9 a 5". En su lugar, optan por la flexibilidad que ofrece la llamada economía *gig*. El gobierno del Reino Unido define la economía *gig* como "un intercambio de actividad y dinero entre individuos o empresas a través de un canal digital que facilita activamente el acuerdo entre proveedores y clientes, a corto plazo y con pago por tarea".[6]

La economía *gig* o colaborativa transforma la economía tradicional de trabajadores de tiempo completo, que a menudo se centran en el desarrollo de su carrera laboral, en la de trabajadores por contrato. Se estima que, en 2017,

---

5   https://sdgs.un.org/2030agenda
6   World Economic Forum, "What Is the Gig Economy and What's the Deal for Gig Workers?" (May 26, 2022). https://www.weforum.org/agenda/2021/05/what-gig-economy-workers/

55 millones de estadounidenses, esto es, el 36% de la fuerza laboral, formaban parte de la economía *gig*.[7] Se prevé que, para 2030, los trabajadores estadounidenses volcados a la economía colaborativa representarán el 50% de toda la fuerza laboral.[8]

Recientemente hemos advertido el surgimiento de una economía circular que aplica tres principios: eliminar los desechos y la contaminación, la circulación de productos y materiales (al mejor precio posible) y regenerar la naturaleza. Sin duda, este enfoque influirá positivamente en las empresas, las personas y el medio ambiente. También podría resolver desafíos globales relacionados con la biodiversidad, los desechos, el cambio climático y la contaminación.[9]

La economía circular alentará a las empresas a transformar sus modelos de negocio como parte de su responsabilidad social para crear un futuro mejor.[10] Según Accenture, se espera que dicha economía genere 4,5 billones de dólares adicionales en producción económica para 2030. La Organización Internacional del Trabajo proyecta además que ese año se crearán 18 millones de nuevos empleos.[11]

Factor social/cultural

La actividad en plataformas de redes sociales como Instagram y TikTok continúa ganando terreno entre los usua-

---

7   https://www.entrepreneur.com/article/381850
8   https://www.northbaybusinessjournal.com/article/opinion/outlook-for-the-gig-economy-freelancers-could-grow-to-50-by-2030/
9   https://ellenmacarthurfoundation.org/topics/circular-economy-introduction/overview
10 https://www.dnv.com/power-renewables/publications/podcasts/pc-the-rise-of-the-circular-economy.html
11 https://wasteadvantagemag.com/the-rise-of-the-circular-economy-and-what-it-means-for-your-home/#:~:text=The%20Rise%20Of%20The%20Circular%20Economy%20and%20What%20It%20Means%20For%20Your%20Home,-July%2024%2C%202019&text=According%20to%20research%20by%20Accenture,new%20jobs%20by%20then%20too

rios. La realidad virtual con el metaverso es el paso siguiente en la evolución de las redes sociales y cambiará la forma en que interactúan los individuos. Esas tendencias abren posibilidades para una nueva cultura que aún no ha sido explorada.[12]

Otro cambio social y cultural reside en la alimentación de origen vegetal. La Universidad de Oxford y la Escuela de Higiene y Medicina Tropical de Londres informaron que se analizaron encuestas con más de 15.000 personas utilizando datos de consumo de la Encuesta Nacional de Dieta y Nutrición 2008-2019. La investigación reveló que la proporción de personas que informaron comer y beber alternativas de origen vegetal, como leches vegetales (por ejemplo, de avena, soja o coco), salchichas veganas y hamburguesas vegetales, casi se duplicó al pasar del 6,7% en 2008-2011 al 13,1% en 2017-2019.[13]

Mercado

En medio de la cuarta revolución industrial, los mecanismos del mercado están influidos por la tecnología, la conectividad global y por objetivos globales ambiciosos, como los Objetivos de Desarrollo Sostenible para 2030. Algunas industrias ya han comenzado a diseñar hojas de ruta de transformación digital adoptando la tecnología y apoyando los ODS para que sean adaptables.[14] Por ejemplo:

- La industria automotriz ha desarrollado vehículos eléctricos autónomos para alcanzar el ODS número siete: energía asequible y limpia.

---

12 https://www.forbes.com/sites/forbesagencycouncil/2021/12/21/what-is-the-metaverse-and-how-will-it-change-the-online-experience/?sh=21a761f52f32

13 https://www.newfoodmagazine.com/news/158831/plant-based-consumption-uk/

14 https://www.weforum.org/agenda/2019/09/technology-global-goals-sustainable-development-sdgs/

- La industria hospitalaria desarrolla la telemedicina para alcanzar el ODS número tres: buena salud, bienestar y llegar a más personas.
- La industria minorista y de la moda comenzó a desarrollar materiales renovables o sostenibles utilizando componentes reciclados para alcanzar el ODS número 12: consumo y producción responsables.[15]

Los cambios en los cinco impulsores, que colectivamente llamamos *cambio*, pueden hacer que la propuesta de valor que ofrecemos de repente se vuelva obsoleta. Por lo tanto, a menudo nos referimos al cambio como un migrador de valor de nuestros productos. Puede incluso devaluar la empresa.

Competidor

En promedio, las empresas gastan entre el 7 y 12% de sus ingresos en marketing. Algunos actores gastan más, entre ellos los de la industria electrónica, como Samsung, Sony y Apple. Otros presupuestan menos, como la Xiaomi Corporation, una empresa electrónica china fundada en abril de 2010. Xiaomi redujo costos vendiendo al principio a través de su canal online.[16] Su modelo de liderazgo en costos puede crear productos asequibles con especificaciones de alta calidad que hacen que los clientes amen sus productos. En 2022, Xiaomi estaba entre los tres primeros líderes mundiales en teléfonos inteligentes, superando a Sony, LG y Nokia.[17]

Además, debemos entender las ventajas que tienen los

---

15 https://www.fastcompany.com/1672435/nike-accelerates-10-materials-of-the-future

16 https://www.themarcomavenue.com/blog/how-xiaomi-is-dominating-the-global-smartphone-market/

17 https://gs.statcounter.com/vendor-market-share/mobile

competidores, esto es, sus recursos y las capacidades, para aprovecharlos. Necesitamos ver en qué medida cuentan con capacidades dinámicas, que son la base para construir una fuerte agilidad corporativa. Cuanto más exclusivos sean los recursos y las capacidades, mayores probabilidades habrá de que nuestros competidores desarrollen competencias distintivas.

Xiaomi utiliza un marketing inusual en la industria electrónica. Crea unos recursos únicos llamados Mi Fans, una enorme base de seguidores que involucra a millones de personas en todo el mundo en las redes sociales. La empresa invita a algunos seguidores a ver el lanzamiento de cada producto nuevo. Esa estrategia le proporciona a Xiaomi la capacidad dinámica de aumentar las ventas apoyándose en los seguidores de Mi Fans, y de mantener bajos los costos de I+D gracias a los comentarios de los clientes sobre errores y nuevas ideas.[18]

El número de actores de una industria también determinará el nivel de competencia. Ese nivel también estará determinado por la capacidad que tengan nuestros competidores para formular y ejecutar efectivamente estrategias creativas. Los competidores proporcionan diferentes valores en respuesta a los cambios para satisfacer lo que quieren los clientes. Por lo tanto, podemos llamar a nuestros competidores como proveedores de valor. Si la propuesta que ofrecen es más valorada por el mercado que la ofrecida por nosotros, es probable que nuestros clientes nos cambien por uno de nuestros competidores.

Ante el éxito que tuvo Xiaomi en el mercado de teléfonos inteligentes, algunos actores como Oppo, Vivo y Realme se sumaron a la competencia con una propuesta de valor similar y productos asequibles con especificaciones

---

18 https://www.themarcomavenue.com/blog/how-xiaomi-is-dominating-the-global-smartphone-market/

de alta calidad. Oppo y Vivo usan publicidad y una estrategia de embajador de marca[19] con campañas agresivas sobre la "Mejor fotografía móvil" para captar la participación de mercado de Xiaomi. Finalmente, Xiaomi no compitió con esa campaña, sino que se centró en construir el ecosistema MiOT para diferenciarse de la competencia.

Cliente

Debemos prestar atención constantemente a lo que ocurre con nuestros clientes, tanto si son nuevos como si llevan años fieles a nuestra empresa.

Necesitamos monitorear si cambian o si eligen otros competidores. También debemos medir el nivel de satisfacción y fidelidad de nuestros clientes actuales.

Se conoce como Generación Z (iGen o *centennials*) a la generación nacida entre 1997 y 2012. Son jóvenes que se criaron con Internet, redes sociales y teléfonos inteligentes. Tienden a ser más pragmáticos y reacios al riesgo en lo financiero. Como ocurre con la Generación Y (los *millennials*), se preocupan por las causas sociales, la responsabilidad empresarial y el respeto al medio ambiente. Además, la Generación Z posee valores diferentes de los de otras generaciones. Tienen los denominados YOLO, FOMO y JOMO.[20]*

- **YOLO (solo se vive una vez).** El presente es el único momento para vivir la vida al máximo. Los jóvenes de la Generación Z invertirán y buscarán hacer lo que aman, como aprender un nuevo idioma o viajar con mochila por Europa o África.

---

* Acrónimos correspondientes al inglés: YOLO *(you only live once)*, FOMO *(fear of missing out)*, y JOMO *(joy of missing out)*. [N. del T.]

19 https://www.quora.com/Why-are-Oppo-and-Vivo-spending-so-much-on-advertising

20 https://www.liv/emint.com/news/business-of-life/yolo-fomo-jomo-why-gens-y-and-z-quit-1567429692504.html

- **FOMO (miedo a perderse algo).** El miedo o arrepentimiento de no formar parte de una actividad o de algo que otros están experimentando. Los jóvenes de la Generación Z comprarán lo que tienen sus amigos o su círculo, se tomarán una fotografía en algún lugar famoso para ser parte de la sociedad o dejarán su trabajo actual para perseguir su sueño.
- **JOMO (placer de perderse cosas).** Ya han experimentado el FOMO y el YOLO. Ahora se han dado cuenta de que la respuesta es el JOMO. No se involucran en ciertas actividades, especialmente en las relacionadas con las redes sociales o el entretenimiento. Tampoco les gusta comparar ni competir y creen que la fuente de la felicidad proviene de su vida y de su trabajo.

Debemos entender cómo nos ve esa generación. ¿Aprecian nuestras propuestas de valor? ¿Se sienten involucrados y entusiasmados con nuestros intentos de comunicación? ¿Qué preguntas hacen con frecuencia? ¿Indican alguna duda?

Tenemos que comprender los nuevos recorridos de los clientes en esta era digital. Al principio, los clientes tal vez vean publicidad en la televisión o anuncios en las redes sociales (etapa de "conocimiento"). La buena publicidad atraerá la atención del cliente para que haga clic o busque más información en un sitio web (etapa de "atracción"). Además, los clientes pueden preguntar a sus amigos sobre sus experiencias o ponerse en contacto con representantes de ventas (etapa de "preguntas"). Si perciben un valor alto del producto, pueden ir a la tienda y comprar o comprar en línea (etapa de "acción"). Finalmente, los clientes pueden evaluar la calidad de sus productos y compartir su experiencia a través de las redes sociales o de su círculo (etapa de "recomendación").[21]

Las empresas deben tratar con clientes que buscan un

---

21 Philip Kotler, Hermawan Kartajaya y Iwan Setiawan, *Marketing 4.0: Moving from Traditional to Digital* (Hoboken, NJ: Wiley, 2017).

mejor servicio, personalización, rapidez y un proceso de compra ágil donde y cuando quieran. Entre los consumidores, el 71% realiza compras en línea y busca para encontrar en sus dispositivos los mejores precios, y el 77% de los consumidores digitales espera en sus compras una experiencia personalizada. Por lo tanto, una empresa ya no puede confiar en un enfoque centrado en el producto, y debería, en cambio, convertirse en una organización centrada en el cliente.[22]

Empresa

Toda empresa tiene desafíos y ventajas internos. Estos suelen analizarse junto con los factores externos para tomar una decisión estratégica. El análisis externo e interno es lo que habitualmente conocemos como análisis TOWS.[23][*] (Aunque comúnmente se lo llama análisis FODA –fortalezas, oportunidades, debilidades y amenazas–, aquí nos referimos a él como TOWS, para enfatizar que el espíritu se orienta más hacia afuera o el exterior que hacia adentro o el interior).

Con relación a esto, debemos investigar más a fondo tres factores en nuestra empresa:

- **Competencias existentes.** ¿Qué competencias tenemos ahora y qué recursos y capacidades pueden moldearlas? Tenemos que ver si esas competencias seguirán siendo relevantes en el largo plazo. También tenemos que determinar si esas competencias

---

* Acrónimo del inglés por *Threats, Opportunities, Weaknesses* y *Streghts.* [N. del T.]

22 https://egade.tec.mx/en/egade-ideas/research/experience-demanding-customer

23 Usamos la abreviación TOWS en lugar de SWOT simplemente para mostrar que el espíritu mira más hacia afuera (orientado al exterior) que hacia adentro (orientado al interior).

son realmente distintivas. Una competencia distintiva es un conjunto de características únicas que tienen las organizaciones y que les permiten ingresar a los mercados deseados y obtener una ventaja sobre los competidores. Una empresa puede desarrollar su competencia distintiva de diferentes maneras:[24]

- Crear un producto de alta calidad con una pericia específica.
- Contratar especialistas calificados.
- Descubrir nichos de mercado no explotados.
- Ser innovadora o lograr una ventaja competitiva mediante el puro poder de gestión.
- Sobresalir en tecnología, investigación y desarrollo, o tener un ciclo de vida del producto más rápido.
- Tener una producción de bajo costo o un buen servicio al cliente.

- **Ampliar las posibilidades.** ¿Hasta qué punto podemos utilizar la competencia más allá de lo que hemos conseguido hasta ahora? Debemos explorar diferentes opciones para aprovechar las competencias que ya tenemos con el fin de multiplicar los esfuerzos de creación de valor que no se limiten a lograr economías de escala, sino que puedan también aumentar las economías de alcance.

- **Actitud de riesgo.** ¿Cuál es nuestra postura en el proceso de toma de decisiones? Podemos sobrestimar los diferentes riesgos que existen y convertirnos finalmente en personas que evitan los riesgos. O podemos asumir riesgos siempre y cuando los hayamos calculado. Adoptar este último enfoque es lo que llamamos ser un tomador de riesgos, lo que es diferen-

---

24 https://www.referenceforbusiness.com/encyclopedia/Dev-Eco/Distinctive-Competence.html

te de ser un buscador de riesgos, que asume riesgos, aunque sean menores, sin ningún cálculo.

Después de hacer el análisis 4C, debemos identificar cuáles son y serán las cuestiones clave. Las determinamos basándonos en una visión panorámica del análisis TOWS que hemos realizado (ver Figura 11.3). No estamos obligados a resolver cada uno de los problemas vistos en el análisis TOWS. Una vez que hayamos identificado las cuestiones clave, debemos analizar el alcance de las consecuencias para nuestra empresa. En función de las diferentes implicaciones que descubrimos, decidiremos nuestra opción para seguir adelante o no.

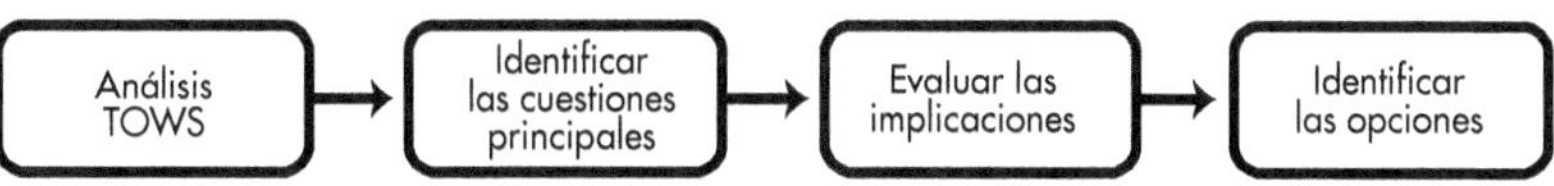

Figura 11.3. Del análisis TOWS a las opciones

Tenemos varias opciones o intenciones estratégicas posibles: invertir diferentes recursos y esfuerzos para ser más competitivos, no avanzar o frenarnos, aplicar una estrategia de cosecha, o liquidar y retirarse de la competencia.[25] La elección depende de los recursos disponibles y de nuestra capacidad para convertir esos recursos en capacidad para generar una ventaja competitiva. Podemos analizar más a fondo nuestros recursos y capacidades utilizando el análisis VRIO (VRIO significa valor, rareza, inimitabilidad y apoyo de toda la organización).[26] Cuantos menos recursos cumplan los criterios VRIO, más débil será la ventaja competitiva que podremos crear. Si conseguimos cumplir algunos de los criterios VRIO, podremos crear una ventaja competitiva

---

25 La expresión "intención estratégica" fue acuñada por primera vez por Gary Hamel y C. K. Prahalad a finales de la década de 1980.

26 El marco VRIO fue desarrollado por Jay Barney en 1991.

temporal. Probablemente construyamos una ventaja competitiva sostenible si logramos satisfacer los criterios VRIO en su totalidad.[27]

Por ejemplo, IKEA ofrece muebles modulares a precios asequibles que permiten un montaje más rápido, un mantenimiento más sencillo y una mayor longevidad del producto en comparación con la competencia. Gracias a ese concepto, los clientes pueden reemplazar o agregar piezas en lugar de comprar un mueble totalmente nuevo. Si analizamos IKEA utilizando el marco VRIO (ver Figura 11.4), vemos que ese diseño modular ayuda a IKEA a construir su competitividad.[28]

Valor	IKEA ofrece material de mobiliario asequible mejorado con tecnología de diseño modular.
Rareza	Mientras que los competidores crean el mueble completo, IKEA crea un diseño modular para que los clientes reemplacen y agreguen partes del mueble.
Inimitabilidad	Los competidores también pueden crear diseños modulares, pero las piezas no coincidirán con los productos IKEA. Los competidores no pueden imitar porque IKEA tiene una ley de diseño/patente legal. Por lo tanto, el cliente debe comprar repuestos o piezas adicionales únicamente de IKEA, lo que funciona como un mecanismo de retención del cliente.
Organización	Muchos experimentados diseñadores de productos trabajan para IKEA.

Figura 11.4. Análisis VRIO básico de IKEA

Basados en este análisis, veremos que IKEA tiene una gran posibilidad de mantener su ventaja competitiva. Cumple acabadamente con los cuatro criterios VRIO. IKEA puede confiar en su visión y misión de cara al futuro.

---

27 Véase Jay B. Barney; https://thinkinsights.net/strategy/vrio-framework/

28 https://www.designnews.com/design-hardware-software/what-can-design-engineers-learn-ikea

Pero si decidimos invertir y hay una brecha entre lo que queremos lograr y la opción elegida, debemos intentar cubrir esa brecha. Podríamos hacer eso colaborando con otras partes de un ecosistema empresarial. Si es necesario, podemos incluso coopetir con nuestros competidores directos.

Traducir la opción en arquitectura de marketing

Una vez tomada la decisión de invertir es necesario establecer la arquitectura de marketing, la que describiremos a continuación. Luego analizaremos cada uno de sus componentes: estrategias, tácticas y valores (ver Figura 11.5).

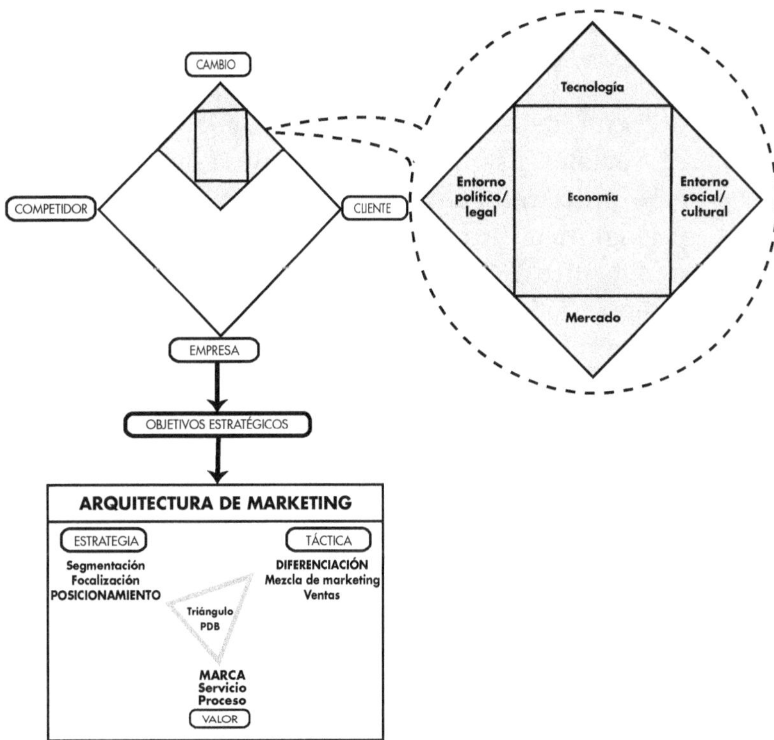

Figura 11.5. De la expectativa a la arquitectura de marketing

Estrategia de marketing

En el enfoque de marketing convencional, la estrategia de marketing consiste en la segmentación, la focalización y el posicionamiento (STP). La llamamos estrategia porque –particularmente en el proceso de segmentación y focalización– después de dividir correctamente un mercado en diferentes segmentos, el paso siguiente es decidir a qué segmentos atenderemos y a cuáles no.

Al evolucionar ese concepto de marketing, se produjeron varios cambios. Uno de los enfoques es el llamado marketing *New Wave*. Está relacionado con la segmentación, la focalización y el posicionamiento como se muestra aquí.[29]

- **De la segmentación a la comunitarización**
  Ya no podemos segmentar con un enfoque estático, es decir, viendo a los clientes como individuos, cuando es un hecho innegable que los clientes son criaturas sociales. Estamos familiarizados con la segmentación utilizando variables geográficas, demográficas, psicográficas y de comportamiento, pero ahora tenemos que fortalecerla incluyendo el propósito, los valores y la identidad (PVI) del cliente en el proceso de segmentación.
  No podemos ver la relación entre la empresa y el cliente solo verticalmente, donde ponemos al cliente como el segmento objetivo pasivo. También debemos considerar un enfoque más horizontal, donde el cliente es un miembro activo de la comunidad. Además, es necesario fortalecer aún más el mapeo de clientes basado en similitudes mediante la eva-

---

29 En Philip Kotler, Hermawan Kartajaya y Den Huan Hooi, *Marketing for Competitiveness: Asia to the World!* (Singapore: World Scientific, 2017) se analizan los diversos cambios en el concepto de marketing (el llamado marketing *New Wave*).

luación del potencial de cohesión e influencia de la comunidad.

- **De la focalización a la confirmación**

  En principio, la focalización tiene en cuenta cómo la empresa destina sus recursos a diferentes segmentos. Considera el tamaño del segmento, su tasa de crecimiento, la ventaja y la situación competitivas. Además, necesitamos una mayor confirmación analizando tres criterios adicionales: relevancia, nivel de actividad y el número total de redes comunitarias (NCN).

  La relevancia tendrá que ver con el grado de similitud del PVI entre una comunidad y nuestra marca. Además, debemos prestar atención a cuán activamente se relacionan entre sí los miembros de la comunidad. Más que hacer una lista de nombres, tenemos que mirar el nivel de participación de los miembros de la comunidad en diferentes actividades. También debemos prestar atención a las NCN, esto es, al alcance de su red comunitaria. Esto no se limita a esa red, sino que incluye a partes ajenas a la comunidad a través de otras redes.

- **Del posicionamiento al esclarecimiento**

  Con el aumento del poder de negociación de los clientes, está disminuyendo la eficacia del enfoque de posicionamiento unilateral determinado por la empresa. Por lo general, desarrollamos una estrategia de posicionamiento que abarca una serie de elementos principales: el mercado al que se apunta, la marca, el marco de referencia, el punto de diferenciación y las razones para creer. La estrategia de posicionamiento generalmente es la base para crear el eslogan o *tagline*. Pero esa visión del posicionamiento ya no alcanza. Necesitamos un nuevo enfoque esclarecedor, para que los clientes eviten el fenómeno de la promesa excesiva, pero, en los hechos, de prestaciones insuficientes.

Estamos pasando del contenido orientado a la empresa al contenido orientado al cliente. El posicionamiento, que solía ser un intento de transmitir un mensaje único, ahora implica mensajes multidimensionales. Además, debemos comunicarnos con un enfoque más que unidireccional; debemos utilizar comunicaciones multidireccionales.

Esta estrategia de marketing es la base para implementar la gestión de clientes, en la que debemos prestar atención a cuatro puntos relacionados con ellos:[30]

- **Conseguir.** Buscar activamente clientes potenciales y convertirlos en nuestros clientes.
- **Mantener.** Generar la lealtad del cliente con programas de fidelización o creando un mecanismo de retención sólido.
- **Crecer.** Agregar valor a través de ventas cruzadas y ventas ascendentes para que no solo busquemos economías de escala sino también economías de alcance.
- **Reconquistar.** Recuperar a los clientes que contribuyen de forma relevante y significativa y que se pasaron a nuestros competidores.

Táctica de marketing

En el concepto clásico de marketing, las tácticas constan de tres elementos: diferenciación, mezcla de marketing y ventas. Esos tres elementos traducen los elementos del STP en una forma concreta. Necesitamos definir la diferenciación en línea con el posicionamiento y traducir luego esa

---

30 Sobre los puntos de conseguir, mantener y crecer (excluyendo reconquistar), véase Steve Blank y Bob Dorf, *The Start-Up Manual: The Step-by-Step Guide for Building a Great Company* (Hoboken, NJ: Wiley, 2020), Figura 3.10 y Tabla 3.3.

diferenciación en una mezcla de marketing compuesta por el producto, el precio, el lugar y la promoción. Después debemos convertir lo que ofrecemos al mercado en ventas, que son parte de los esfuerzos de venta de nuestra empresa.

Al igual que los elementos STP, esos tres elementos tácticos también han sufrido modificaciones en la era de clientes cada vez más difíciles y complejos.

- **De la diferenciación a la codificación**

  La diferenciación que se ha creado hasta ahora a través de las diferencias de contenido (qué ofrecer), del contexto (cómo ofrecer) y otros facilitadores (como aspectos referidos a la tecnología, las instalaciones y las personas) ya no es suficiente. Se limita únicamente al punto de vista de la gente de marketing. Ese enfoque es exclusivamente una cuestión de trabajo de ese departamento. Y muchas veces no suele referirse a la cultura de la organización, que puede ser el ADN de una marca.

  Por lo tanto, el equipo de marketing debe poder codificar el ADN de la empresa para usarlo como ADN de la marca. Ese ADN de la marca (que tiene relación con los símbolos y estilos, el sistema y el liderazgo, y los valores y sustancia compartidos) debe ser comprendido, internalizado y aplicado en su totalidad por todos los empleados.

- **De la mezcla de marketing a la mezcla de marketing** *New Wave*

  Los elementos tradicionales de la mezcla de marketing también experimentaron un cambio: del producto a la cocreación, del precio al medio de pago, del lugar a la activación comunitaria y de la promoción a la conversación.

  Durante la etapa de desarrollo de un nuevo producto, a menudo las empresas quedan atrapadas en un enfoque centrado en la empresa. Desde la idea inicial hasta la materialización del producto, el papel de la empresa es lo que domina. Los clientes tienden a ser pasivos y solo pueden dar su opinión sobre un producto. Ahora las empresas deben brindar oportunidades e involucrar a los clientes en el desarrollo de los productos. Los clientes pueden convertirse en cocreadores.

El componente lugar (parte de un canal de marketing o de distribución) suele ser una plataforma física donde las personas pueden obtener productos y servicios de soporte. Con la alternativa de la distribución *online*, la plataforma física deja de ser atractiva si su única función es la adquisición de bienes o servicios. Por lo tanto, debemos transformar ese elemento en una plataforma del mundo real para que las comunidades se reúnan y compartan ideas o experiencias. El espacio físico es esencial para fortalecer las relaciones de una comunidad. El éxito de esa activación comunitaria depende de la forma en que la empresa pueda combinar eficazmente los enfoques *online* y *offline*.

- **De la venta a la comercialización**
  El enfoque de ventas tradicional sigue siendo necesario, pero ahora la comercialización debe respaldarlo optimizando las redes sociales para conseguir clientes nuevos y retener a los existentes. La combinación de los enfoques *online* y *offline* proporciona muchas ventajas para que la gente de ventas construya una red sólida. La cantidad cada vez mayor de clientes que utilizan las redes sociales los vuelve más dispuestos a escuchar las opiniones de los demás como parte de su proceso de toma de decisiones. La comercialización es la forma en que podemos utilizar esas redes sociales de manera efectiva para respaldar el proceso de ventas.

Valor de marketing

El último grupo de valores de marketing incluye la marca, el servicio y el proceso. La marca es el indicador de valor que requiere el servicio como potenciador de valor y del proceso como habilitador de valor.

En la sección de valor de marketing también hay algunos cambios que debemos identificar.

- **De la marca a la persona**
  Como identidad, necesitamos que la marca establezca una relación con sus clientes. Debe proporcionar un beneficio funcional y emocional. Sin embargo, existe una dificultad cada vez mayor para generar confianza en las marcas por parte de los clientes, porque las empresas requieren que adoptemos un enfoque que enfatice en la identidad de la marca como "persona" *[brand-as-person]*.[31]
- **Del servicio al cuidado**
  A pesar del rápido desarrollo de la tecnología, podemos ver una paradoja. Los clientes son cada vez más humanos. Por eso, las interacciones *humano con humano* son más cruciales aún que las de *máquina con humano*, basadas en la tecnología y que tienden a ser mecanicistas. En línea con eso, no podemos servir a los clientes basándonos en un enfoque mecanicista reactivo, sino que debemos ser proactivos y humanistas para demostrar que nos importan. La era del servicio al cliente terminó hace tiempo y fue reemplazada por la del cuidado del cliente.
- **Del proceso a la colaboración**
  El proceso es una parte esencial de la creación de valor en una empresa, desde la adquisición de materias primas hasta la entrega de un producto a los

---

31 David A. Aaker, *Building Strong Brands* (New York, NY: Free Press, 1995).

clientes. Las empresas deben gestionar varios procesos en la cadena de valor para garantizar que todo funcione de forma efectiva y eficiente. Para hacerlo, a menudo se usan tres indicadores como puntos de referencia: la calidad, el costo y la entrega.

Esta sección de valor de marketing hace hincapié en la creciente importancia del enfoque de la marca como persona. Por lo tanto, las empresas deben contar con capacidades de gestión de marca altamente funcionales.

El triángulo posicionamiento-diferenciación-marca

Tres elementos principales integran los nueve elementos centrales del marketing: el posicionamiento, la diferenciación y la marca. Esto se conoce como el triángulo PDB (ver Figura 11.6). El posicionamiento es una promesa relacionada con el valor que una marca entregará a sus clientes, y es el núcleo de la estrategia de marketing. La diferenciación es el esfuerzo de la empresa por comprender aspectos de los productos y servicios relevantes para mantener a los clientes satisfechos y leales. La diferenciación es el núcleo de las tácticas de marketing. La marca es el núcleo del valor de marketing.

Como identidad, la marca debe tener un posicionamiento claro. El posicionamiento, una promesa a los clientes, debe alcanzarse mediante una fuerte diferenciación para construir la integridad de la marca. Si podemos mantener constantemente esta diferenciación, crearemos una imagen de marca sólida.

Volviendo al caso del DBS Bank descrito al comienzo de este capítulo, podemos ver que Gupta, su CEO, analiza la macroeconomía para detectar oportunidades utilizando la tecnología digital y el potencial de centrarse en la generación más joven.

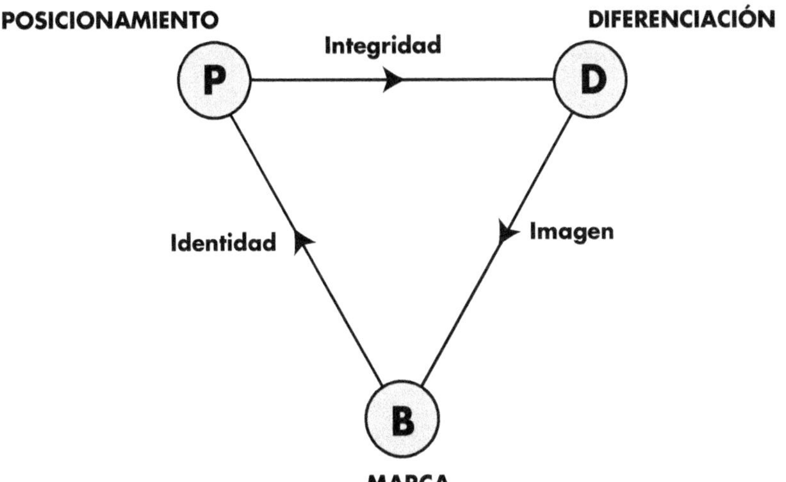

Figura 11.6. El triángulo PDB

Gupta define tres segmentos, cada uno con un objetivo de marketing diferente. Países en desarrollo, como Indonesia e India, atraen a usuarios potenciales con DigiBank. El resto del segmento reduce costos implantando la tecnología en su funcionamiento. El objetivo de mercado de Singapur y Hong Kong es auto disrumpirse y ponerse a la defensiva ante los movimientos de sus competidores.

El DBS Bank construye su claro posicionamiento basándose en la sencillez y en una experiencia bancaria que no exige esfuerzo. La tecnología, como núcleo de diferenciación, respalda el posicionamiento y proporciona la integridad de la promesa de la marca. El DBS Bank construye una imagen de marca positiva a través de la comunicación de marketing y asegurándose de cumplir con la promesa de la marca. Los tres elementos del triángulo del PDB del DBS Bank deben ser coherentes y respaldarse entre sí.

Basándonos en lo analizado, podemos ver que la preparación de la estrategia debe ser coherente y cubrir todos los aspectos para aprovechar las oportunidades existentes y crear una ventaja competitiva. Una vez que comprendemos el panorama, podemos elegir si queremos avanzar hacia una arquitectura de marketing que consista en estrategia, táctica y valor. Por último, el triángulo del PDB es un ancla para los nueve elementos centrales del marketing. Debemos asegurarnos de que los tres elementos del triángulo PDB puedan respaldarse y ser coherentes entre sí, de modo que la marca tenga una identidad, integridad e imagen sólidas.

Conclusiones clave

- Analizar los componentes 5I (tecnología, político/legal, económico, social/cultural y mercados) nos permite ver cuáles tienen más probabilidades de ocurrir y son relevantes.
- Observar el cambio, los competidores, los clientes y la propia empresa nos permite ver fortalezas y debilidades, junto con amenazas y oportunidades.
- La estrategia de marketing está pasando de la segmentación a la comunitarización, de la focalización a la confirmación y del posicionamiento al esclarecimiento.
- Los cambios en las tácticas de marketing van de la diferenciación a la codificación, de la mezcla de marketing a la mezcla de marketing *New Wave* y de la venta a la comercialización.
- En el valor de marketing hay varios cambios que reconocer: de la marca a la persona, del servicio al cuidado y del proceso a la colaboración.

Capítulo 12

Desarrollar omnicapacidades

De la preparación a la ejecución

Shopee, un mercado creado por una empresa con sede en Singapur, comenzó como un equipo de 10 jóvenes en 2015. Aumentó a 700 personas en 2019 y amplió sus actividades comerciales a lugares como Vietnam e Indonesia. Esa expansión masiva llevó a Shopee a atraer talentos para ocupar puestos directivos, operativos y creativos.

Shopee enfrentó algunos desafíos al reclutar talentos. Tenía que explicar la cultura corporativa; convencer a jóvenes y novicios para que crearan una empresa con un panorama empresarial volátil, y atrajeran a talentos *senior* para establecerse como una organización dirigida profesionalmente.

Para abordar esos desafíos, Shopee creó varios caminos. Primero, comunicó su visión, misión y objetivos a través de su presencia en línea. Segundo, organizó reuniones periódicas con los recién llegados a fin de ayudarlos a adaptarse al entorno de trabajo muy dinámico. Tercero, creó su página "La vida en Shopee" en LinkedIn para mostrar sus actividades diarias y compartir sus puntos de vista sobre sus movimientos comerciales (como "Por qué 9.9 Shopping es importante para Shopee").

Entonces, una vez que entendía a Shopee como empresa, la gente del mercado de talentos podía buscar un puesto disponible. Shopee ponía los detalles técnicos en sus vacantes, como oficial de talentos, departamento legal, finanzas, diseño creativo, gerente de producto y socio de marca empleadora [*employer branding*]. Hasta la fecha, Shopee tiene 37.774 miembros de equipo a nivel mundial, y su aplicación de comercio electrónico está actualmente disponible en 13 países, incluidos México y Chile.[1]

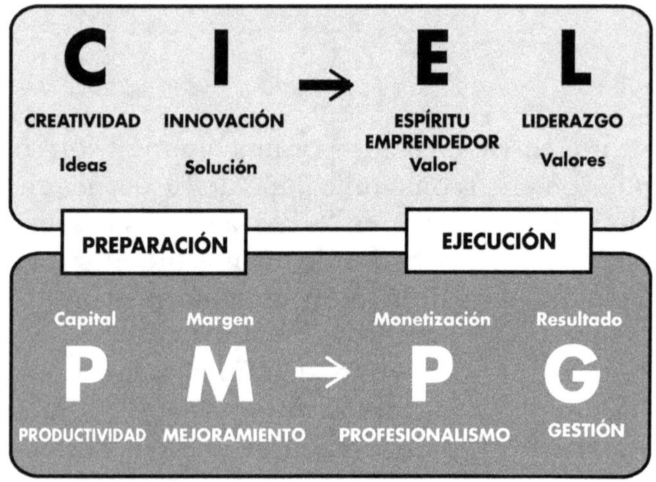

Figura 12.1. Relación horizontal de elementos CI-EL y PM-PG

---

1 https://hrmasia.com/talent-search-shopee/; https://www.linkedin.com/company/shopee/ about/; https://careers.shopee.co.id/; https://careers.shopee.co.id/job-detail/6078; https://medium.com/shopee/the-role-of-brand-design-in-cultivating-a-powerful-employer-brand-6bc574143bca; https://www.reuters.com/article/us-sea-mexico-idUSKBN2AM2BS

El caso de Shopee muestra que las empresas ya no pueden depender únicamente de una o dos capacidades. Deben desarrollar diferentes capacidades y aprovecharlas simultáneamente para lograr una rápida expansión. Hacer converger, equilibrar y aprovechar esas capacidades está en consonancia con la idea de desarrollar capacidades omnidireccionales. Esto, además de relacionarse con el nombre del modelo principal que utilizamos, significa que una organización tiene todas las capacidades necesarias y puede utilizarlas en procesos de creación de valor para dar forma a una competitividad poderosa. Por lo tanto, necesitamos incluir personas que tengan esas capacidades, formarlas y mantenerlas en nuestra organización.

En el siguiente análisis del modelo *omnihouse*, veremos horizontalmente los elementos CI-EL y PM-PG (ver Figura 12.1). Exploraremos las omnicapacidades necesarias para llevar a cabo la estrategia.

Preparación y ejecución

En la parte izquierda del modelo *omnihouse* tenemos la sección "preparación" (que incluye los elementos CI y PI); la parte derecha corresponde a la sección "ejecución" (que incluye los elementos EL y PM) (ver Figura 12.2).

La Figura 12.3 muestra el resumen de lo que tenemos que hacer en la sección preparación.

La Figura 12.4 muestra lo que tenemos que hacer en la sección ejecución.

Una empresa que quiera tener éxito debe identificar qué capacidades se requieren para sus puestos operativos, gerenciales o estratégicos. Luego, la firma debería invitar a talentos con diferentes capacidades y competencias a unirse y llevar a cabo un proceso integrado de creación de valor con los máximos resultados.

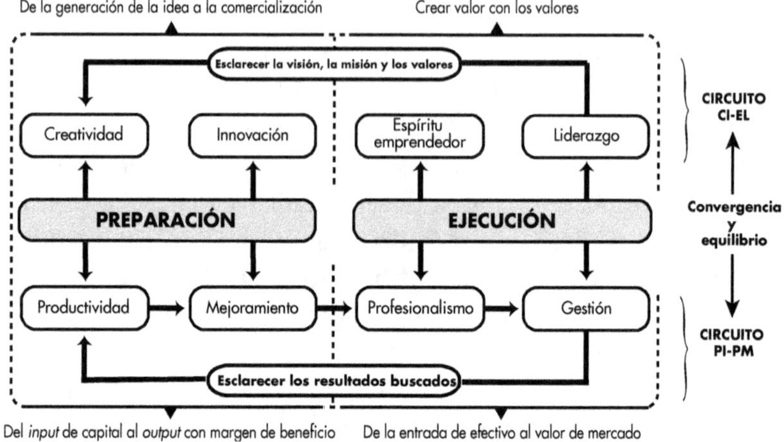

Figura 12.2. Marco de la preparación y la ejecución

Creatividad	Seguir todos los desarrollos y entender los elementos impulsores que sirven como referencia o disparadores de la creatividad. Luego, preparar ideas técnicamente factibles en función de diferentes problemas de los clientes que la empresa debería resolver, contemplando además al mismo tiempo la intención estratégica de la empresa.	**De la generación de la idea a la comercialización**
Innovación	Entender los cuatro elementos –cambio, competidor, cliente y empresa– y preparar formas concretas de diferentes productos ganadores de mercado con distintos servicios de soporte que solucionen problemas a los ojos de los clientes y generen valor para la empresa.	

Figura 12.3. Síntesis de la sección de preparación

Productividad	Preparar capital suficiente y relevante que se pueda rastrear en los registros de activos de la empresa en el balance para respaldar óptimamente el proceso creativo. Además, la empresa debe valerse de diferentes métodos para calcular la productividad relacionada con ese capital.	**Del *input* de capital al *output* con margen de beneficios**
Mejoramiento	Preparar diferentes procesos para detectar, identificar y mejorar distintas operaciones que reduzcan los márgenes de beneficio para futuras innovaciones. Debemos rastrear la mejora del margen de beneficios en la cuenta de resultados de la empresa.	

Figura 12.3. *(Continuación)*

Espíritu emprendedor	Las empresas deben adoptar un enfoque empresarial para los diferentes procesos de negocios a fin de crear un valor óptimo integrando los tres personajes del espíritu emprendedor (buscador de oportunidades, tomador de riesgos y colaborador de red) con el posicionamiento, la diferenciación y la marca.	**Crear valor con los valores**
Liderazgo	Cultivar y alentar a cada individuo en todos los niveles de la organización para que usen un liderazgo a fin de mantener los valores de la empresa y manifestarlos en los nueve elementos centrales del marketing.	

Figura 12.4. Síntesis de la sección de ejecución

Profesionalismo	Las empresas deben asegurar que todos los involucrados en los procesos de creación de valor cumplan con su deber en el proceso de monetización con el mayor profesionalismo, lo que puede significar una importante entrada de efectivo ahora y en el futuro.	De la entrada de efectivo al valor de mercado
Gestión	Desarrollar e implementar una gestión coordenada e integrada –lo que incluye la gestión del cliente, el producto y la marca– para lograr un mayor valor de mercado de la empresa. El sistema de gestión debe estar libre de los silos que pueden provocar inercia o resistencia indeseadas.	

Figura 12.4. *(Continuación)*

Desarrollar el omni talento

El uso de tecnología asequible y la difusión de información liberan y capacitan a las personas para trabajar y pensar de manera independiente. Sin embargo, recordemos que los beneficios que brindan la tecnología y la información, a las que las personas de una empresa pueden acceder muy cómodamente, no son suficientes para asegurar la competitividad a largo plazo. Las personas son fuentes potenciales de creación de disrupciones ahora y en el futuro (ya sea individualmente o como parte de una organización), lo que llevará la competencia a un nivel mucho más alto.

En la actualidad nos enfrentamos a la revolución industrial en el lugar de trabajo basada en combinaciones de distintas tecnologías, lo que obliga a las empresas a reconstruir su forma de hacer negocios.[2] Todas las empresas proporcionarán diferentes tecnologías e información a su gente. La tecnología y la información acabarán convirtiéndose en elementos estándar o factores genéricos en los procesos de creación de valor en diversas organizaciones empresariales. En esencia, la tecnología y la información son necesarias pero insuficientes para crear competitividad a largo plazo.

El factor crítico que distingue a las empresas competitivas de las que no lo son es la forma en que la empresa recluta, desarrolla y retiene a personas talentosas. En la actual era de la cuarta revolución industrial, muchos altos ejecutivos y líderes empresariales de organizaciones deben comprender los desafíos a los que se enfrenta el equipo de operaciones empresariales en el entorno cambiante producido por el avance tecnológico.[3] Las empresas necesitan fundamentalmente personas que sepan cómo aprovechar las distintas tecnologías y tengan la capacidad de analizar información e interpretarla bien para usarla como una base sólida en el proceso de toma de decisiones. Esto obligará a las empresas a abandonar los enfoques convencionales de dotación de personal y adoptar métodos más sofisticados que se centren en incorporar y desarrollar a gente talentosa.

Construir la capacidad creativa

¿Cómo es la personalidad de la gente que llamamos creativa y a la que deberíamos involucrar en nuestros procesos empresariales? He aquí algunos rasgos del individuo creativo:[4]

---

2   https://www.weforum.org/agenda/2016/01/the-fourth-industrial-revolution-what-it-means-and-how-to-respond/

3   *Ibid.*

4   De diversas fuentes, entre otras: https://www.indeed.com/career-advice/finding-a-job/traits-of-creative-people;http://resourcemagonline.com/

- **Fuerte curiosidad.** Quiere saberlo todo en detalle, cuestiona todo, trata de comprender los problemas en profundidad y no se conforma con lo que ya sabe. La curiosidad es una zona gris del conocimiento humano. Tiene que ver con aprender más sobre algo que está fuera de nuestra pericia.[5]
- **Mente abierta.** Puede entender razones rápidamente y está dispuesto a discutir, se anima a analizar opiniones diferentes, prueba todas las posibilidades, comparte ajustes y está preparado para fracasar, pero inmediatamente busca ideas sustitutivas. Esto implica ser flexible, objetivo y colaborativo.
- **Es placentero trabajar con él.** Es comunicativo, emplea un lenguaje fácil de entender, puede expresar claramente las ideas, trata a los demás como compañeros e iguales. Su actitud tiende a ser jovial, enérgica y apasionada.
- **Pensamiento imaginativo.** Aplica una gran inteligencia y una fuerte intuición para interpretar patrones complejos, tiene una gran imaginación, se mantiene centrado en el objetivo principal y no olvida la realidad. No se cansa de generar ideas porque puede pensar de manera divergente y convergente para obtener la idea definitiva.[6]
- **Se anima a aceptar desafíos.** Las personas muy motivadas por los desafíos están dispuestas a aprender cosas nuevas, responden rápidamente ante tareas di-

2020/01/what-are-the-characteristics-of-creative-people-and-are-you-one-of-them/181380/; https://www.verywellmind.com/characteristics-of-creative-people-2795488;https://www.tutorialspoint.com/creative_problem_solving/creative_problem_solving_qualities.htm; https://thesecondprinciple.com/understanding-creativity/creativetraits/

5   https://www.fastcompany.com/90683974/how-and-why-to-train-your-brain-to-be-more-curious-at-work

6   https://www.inc.com/martin-zwilling/how-to-grow-your-business-by-thinking-outside-the-box.html

fíciles, se motivan a sí mismas para no rendirse rápidamente y motivan a los demás.[7]

Hay varios trabajos que las empresas deben realizar para dar cabida a las personas creativas:[8]

- **Desterrar los silos.** Los silos pueden impedir que el talento se conecte con otros, y dan por resultado una colaboración improductiva.[9] Las empresas deben ser capaces de integrar la diversidad. La organización debe ser completamente fluida para permitir una comunicación abierta a través de múltiples canales. La comunicación también es horizontal, sin obstáculos por el nivel de posición en la estructura organizacional.
- **Dar autonomía.** Las empresas pueden establecer directrices claras, pero no restringir la libertad necesaria para que crezcan las semillas de la creatividad. Dar autonomía al talento en una organización genera un flujo de confianza sostenible.[10]
- **Ofrecer tolerancia al fracaso.** Las empresas pueden crear un entorno seguro para el fracaso, fomentando así la voluntad de intentar.[11] Deben permitir un

---

7   https://hbr.org/2016/10/help-employees-innovate-by-giving-them-the-right-challenge

8   De diversas fuentes, entre otras: https://kantaraustralia.com/what-stands-in-the-way-of-creative-capability/; https://www.googlesir.com/characteristics-of-a-creative-organization/; https://slideplayer.com/slide/14881811/; https://www.slideshare.net/gdpawan/creative-organisation; https://www.iedp.com/articles/managing-creativity-in-organizations/; https://hbr.org/2017/05/how-to-nourish-your-teams-creativity

9   https://www.forbes.com/sites/forbescoachescouncil/2019/05/13/how-to-break-down-silos-and-enhance-your-companys-culture/?sh=41f35a5d4ab1

10 https://www.forbes.com/sites/forbeshumanresourcescouncil/2020/09/09/how-autonomous-teams-enhance-employee-creativity-and-flexibility/?sh=66cf7415538e

11 https://hbr.org/2019/01/the-hard-truth-about-innovative-cultures

enfoque de prueba y error, alentando la experimentación y la exploración de posibilidades. Hay que reconocer las ideas brillantes.

- **Ofrecer una asignación adecuada de recursos**. Se necesitan recursos para construir instalaciones o infraestructura (incluso tecnología) que respalden el proceso creativo.[12]
- **Apoyar la flexibilidad.** Las empresas deben tener un plan claro y margen para improvisar cuando es necesario. Además, pueden equilibrar el idealismo con los objetivos comerciales prácticos, promover que la gente se exprese tanto individualmente como en grupo, y proporcionarles tiempo suficiente para trabajar. La flexibilidad permite que el talento tenga el deseo de crear algo nuevo y generar ideas.[13]
- **Ofrecer claridad de intención estratégica**. Las empresas deben poner la creatividad como parte de sus valores corporativos y reconocer a las personas creativas como su capital esencial. La empresa debe explicar una visión y una misión desafiantes que atraigan a las personas creativas, a las que se les pedirá que contribuyan con sus ideas y se comprometan a apoyar a la empresa en el logro de sus objetivos.[14]

Construir la capacidad de innovación

Para que haya innovación, necesitamos talento con las siguientes características:[15]

---

12 https://www.workamajig.com/blog/creative-resource-management-basics

13 https://www.fiexjobs.com/employer-blog/companies-use-fiexibility-foster-creativity/

14 https://hbr.org/2019/03/strategy-needs-creativity

15 De diversas fuentes, entre otras: https://www.forbes.com/sites/rebecca-bagley/2014/01/15/the-10-traits-of-great-innovators/?sh=192e0b7f4bf4;

- **Orientado a la solución.** Una gran imaginación para brindar soluciones de maneras diferentes, desafiantes e incluso arriesgadas, porque introducen ideas completamente nuevas, auténticas y no convencionales. Esos talentos aprovechan recursos que a veces son limitados, observando las diferentes complejidades y el potencial, u oportunidades, del mercado. La innovación puede resolver problemas o prevenirlos.[16]

- **Innovación continua.** La innovación continua de una empresa puede fidelizar a los clientes.[17] La innovación continua depende de personas que sean conscientes de que deben salir de su zona de confort y lograr avances para seguir siendo competitivos y sostenibles.

- **Realizar iteraciones.** Esos talentos llevan a cabo un proceso iterativo entre ideas y formas concretas para obtener el mejor resultado. En dicho proceso, buscan información o argumentos, hacen preguntas críticas, no se fascinan u obsesionan con una sola innovación, se atreven a experimentar y están abiertos a diferentes alternativas, siempre perfeccionándolas y materializándolas.

- **Mentalmente fuertes.** Esos talentos son minuciosos, pacientes y nada propensos a darse por vencidos. Caer y levantarse es algo cotidiano, pero siempre están preparados para correr contra el tiempo y la competencia constante.

- **Transmitir energía positiva.** Esos talentos son automotivantes, apasionados e intensos. Siempre están

---

https://dobetter.esade.edu/en/characteristics-innovative-people?_wrapper_format=html; https://ideascale.com/blog/10-qualities-of-great-innovators/;https://inusual.com/en/blog/five-characteristicsthat-define-successful-innovators

16 https://www.forbes.com/sites/larrymyler/2014/06/13/innovation-is-problem-solving-and-a-whole-lot-more/?sh=301612c233b9

17 https://www.techfunnel.com/information-technology/continuous-innovation/

dispuestos a trabajar en equipo y a compartir sus conocimientos, a transmitir sus habilidades y su mentalidad innovadora por el bien común.

- **Atención al detalle.** Esos talentos tienen la capacidad de ver puntos menores que son relevantes. Usan su gran inteligencia para realizar observaciones detalladas. Son innovadores que entienden a fondo un proceso.[18]

Las empresas no pueden limitarse a aceptar el poder creativo de un grupo de individuos auténticamente innovadores. Deben crear un entorno que fomente las capacidades y al mismo tiempo las desarrolle. Estas son algunas características de las empresas innovadoras:[19]

- **Intención estratégica basada en la innovación.** Una empresa debe inculcar un espíritu innovador en su visión, misión y estrategia. También tiene que comunicarlo bien para que se entienda fácilmente. Los procesos de creación de valor de la organización deben reflejar el concepto de innovación, lo que genera entusiasmo.
- **Ofrecer una cultura coherente e innovadora.** La empresa demuestra compromiso con las innovaciones

---

18 https://www.forbes.com/sites/forbestechcouncil/2019/10/17/innovation-starts-with-ownership-how-to-foster-creativity-internally/?sh=58de6d3d4087

19 De diversas fuentes, entre otras: https://www.fastcompany.com/90597167/6-habits-of-the-most-innovative-people; https://hbr.org/2002/08/inspiring-innovation; https://quickbooks.intuit.com/ca/resources/uncategorized/common-characteristics-innovative-companies/; https://innovationmanagement.se/2012/12/18/the-seven-essential-characteristics-of-innovative-companies/; https://smallbusiness.chron.com/top-three-characteristics-innovative-companies-10976.html; https://www.linkedin.com/pulse/eight-traits-innovative-companies-ashley-leonzio; https://innovationone.io/six-traits-highly-innovative-companies/; https://www.forbes.com/sites/marymeehan/2014/07/08/innovation-ready-the-5-traits-innovative-companies-share/?sh=69c83bd01e28; https://miller-klein.com/2020/06/15/what-are-the-characeristics-of-innovative-companies/

continuas reales y puestas en práctica. Crea un entorno propicio, apoyado con el reconocimiento y el aprecio adecuados, para alentar a las personas a innovar.

- **Brindar amplias oportunidades.** La empresa ofrece margen para expresar opiniones y aplica un enfoque de control no demasiado estricto. Eso demuestra confianza y da autonomía a las personas, empoderándolas y animándolas a innovar mediante programas de formación. El fracaso no es un tabú.
- **Promover la colaboración.** La mentalidad abierta y la transparencia son indispensables para la cooperación en un entorno muy diverso. Los líderes deben ejemplificar esa actitud.
- **Ofrecer una sólida gestión del conocimiento.** El acceso abierto al conocimiento y a los datos puede ayudar a una empresa a encontrar una solución a su problema.[20] El conocimiento ayuda a comprender el riesgo para que las empresas estén más informadas y puedan ejecutar.

Construir la capacidad empresarial

Necesitamos gente con una mentalidad empresarial que tenga ciertas características:[21]

---

20 https://www.forbes.com/sites/forbestechcouncil/2019/03/28/spur-innovation-by-sharing-knowledge-enterprisewide/?sh=1d03e0b55ce0

21 De diversas fuentes, entre otras: https://www.babson.edu/media/babson/site-assets/content-assets/about/academics/centres-and-institutes/the-lewis-institute/fund-for-global-entrepreneurship/Entrepreneurial-Thought-and-Action-(ETA).pdf; https://online.hbs.edu/blog/post/characteristics-of-successful-entrepreneurs;https://www.forbes.com/sites/theyec/2020/05/11/six-personality-traits-of-successful-entrepreneurs/?sh=505d02470ba9;https://www.forbes.com/sites/tendayiviki/2020/02/24/the-four-characteristics-of-successful-intrapreneurs/?sh=5546a5b17cad

- **Asignadores de recursos.** Poseen conocimientos y saben utilizar los recursos y herramientas disponibles, son conscientes de sus fortalezas y debilidades, y se concentran en crear valor para la organización con sus capacidades.
- **Buscadores de oportunidades.** Tienen una gran curiosidad, un interés genuino en el proceso de aprendizaje y no se resisten al desarrollo de la ciencia y la tecnología. Nunca se conforman con lo que ya saben. En lugar de eso, plantean nuevas preguntas.[22]
- **Tomadores de riesgo.** Abordan el riesgo como un ejercicio; intentan reducir el riesgo para generar valor.[23] Los empresarios se sienten cómodos con el fracaso y pueden aprender de los errores del pasado, determinar cuáles son las pérdidas tolerables y asequibles, reducir los riesgos a los que se enfrentan y tener habilidad para experimentar.
- **Emprendedores**. Están motivados, no dependen de recompensas ajenas, comprenden la pasión que puede fomentar actividades óptimas y tienen un propósito claro en el desempeño de sus funciones.
- **Colaboradores en red.** Poseen capacidad para construir relaciones significativas con los demás, están orientados al trabajo en equipo, les gusta hacer cosas juntos y pueden involucrar a otras partes con diferentes competencias para apoyar un objetivo común.

Las compañías necesitan un enfoque empresarial para identificar oportunidades en el mercado y ofrecer soluciones fruto de las innovaciones realizadas en la empresa. Estas son algunas características de las compañías que bus-

---

22 https://www.forbes.com/sites/forbesbusinesscouncil/2021/07/29/three-steps-to-find-the-best-opportunities-for-your-business/?sh=1dc8f6e34d87

23 https://www.forbes.com/sites/chriscarosa/2020/08/07/why-successful-entrepreneurs-need-to-be-calculated-risk-takers/?sh=17d917142f5b

can desarrollar una mentalidad empresarial dentro de la organización:[24]

- **Facilitar la experimentación.** La empresa alienta a los empleados a probar cosas nuevas y aporta ideas constructivas sobre los resultados exitosos y no exitosos. Estimula a sus empleados para que se atrevan a probar sus ideas directamente en el mercado o con los clientes, incluso mediante la creación de prototipos.
- **Fomentar la cultura del aprendizaje.** La empresa anima a los empleados a aprovechar las lecciones de sus actividades pasadas. La definición de aprendizaje también debe ampliarse mediante libros o fuentes escritas y experiencias e interacciones con los clientes. Cada interacción con los clientes debe ser una lección valiosa para mejorar las soluciones del repertorio de productos y servicios de la empresa. Las oportunidades de aprendizaje deben estar al alcance de todos.[25]
- **Aumentar el sentido de pertenencia.** Los empleados emprendedores crecerán más cuando tengan un sentido de pertenencia a la compañía. Las empresas pueden fomentarlo ofreciendo incentivos, en forma de propiedad parcial de acciones a empleados que reúnan ciertos requisitos.

Otorgar autoridad específica para dirigir un progra-

24 De diversas fuentes, entre otras: https://www.inc.com/peter-economy/7-super-successful-strategies-to-create-a-powerfully-entrepreneurial-culture-in-any-business.html;https://www.fastcompany.com/90158100/how-to-build-an-entrepreneurial-culture-5-tips-from-eric-ries;https://hbr.org/2006/10/meeting-the-challenge-of-corporate-entrepreneurship; https://medium.com/@msena/corporate-entrepreneurship-in-8-steps-7e6ce75db88a;https://www.business.com/articles/12-ways-foster-entrepreneurial-culture/

25 https://www.forbes.com/sites/forbesbusinesscouncil/2021/03/11/three-lessons-on-creating-a-culture-of-learning/?sh=6e03101a5d13

ma o un proyecto también aumentará el sentido de pertenencia de los empleados.[26]

- **Dar autonomía.** Las empresas necesitan involucrar a los empleados cuando establecen metas u objetivos. En el proceso de lograr esos objetivos deben evitar la microgestión y dar a los empleados libertad para tomar decisiones de forma independiente. Necesitan establecer un método de evaluación eficaz sin mucha intervención. Brindar un espacio donde el talento pueda mostrar sus logros y progresos laborales es una valiosa recompensa por parte de la empresa para fidelizar al talento y contribuir constantemente al proceso de creación de valor.[27]

- **Fortalecer la colaboración interfuncional.** Las empresas necesitan facilitar la formación de equipos interfuncionales. Deben optimizar el uso de la tecnología para fomentar la colaboración entre equipos físicamente alejados.

Construir la capacidad de liderazgo

Estas son algunas características comunes de los líderes fuertes:[28]

- **Actúan estratégicamente.** Listos para adaptarse según los desafíos y oportunidades que se les presen-

---

26 https://www.forbes.com/sites/forbesfinancecouncil/2020/04/15/how-an-ownership-mindset-can-change-your-teams-culture/?sh=4b1987434b8b

27 *Ibid.*

28 De diversas fuentes, entre otras: https://www.forbes.com/sites/deeppatel/2017/03/22/11-powerful-traits-of-successful-leaders/?sh=5fe70ebc469f; https://online.hbs.edu/blog/post/characteristics-of-an-effective-leader; https://www.gallup.com/cliftonstrengths/en/356072/how-to-be-better-leader.aspx; https://asana.com/resources/qualities-of-a-leader; https://www.briantracy.com/blog/personal-success/the-seven-leadership-qualities-of-great-leaders-strategic-planning/

ten. Deben tener una visión global de los problemas, no solo centrarse en las cuestiones actuales.[29]

- **Son buenos comunicadores.** Tienen la capacidad de influir en los demás y transmitir ideas de forma clara y persuasiva, tanto sobre cuestiones relacionadas con objetivos estratégicos como en tareas técnicas. Escuchan las opiniones de otras personas. Saben comunicarse tanto en un contexto interpersonal (uno a uno) como en público (uno a muchos). Su capacidad de escucha genera una comunicación efectiva.[30]

- **Son visionarios.** Cuentan con la capacidad de predecir situaciones futuras y relacionarlas con las estrategias de la organización. Pueden motivar a los miembros del equipo para que miren el futuro con optimismo. Además, mantienen en equilibrio estabilidad y crecimiento.

- **Delegan y empoderan a los demás.** No hacen todo solos, sino que involucran a los miembros del equipo según sus habilidades. La delegación de tareas no significa que el líder eluda su responsabilidad. Sigue estando presente para capacitar a los miembros del equipo, tanto técnica como psicológicamente.[31]

- **Muestran integridad y responsabilidad.** Transmiten coherencia entre las palabras y las acciones. Dan órdenes o instrucciones y son un modelo para los miembros del equipo. Aunque involucren a otros miembros del equipo en la realización de las tareas, un líder no se desentiende de sus responsabilidades.

---

29 https://www.pmi.org/-/media/pmi/documents/public/pdf/learning/thought-leadership/pulse/pulse-of-the-profession-2017.pdf

30 https://www.forbes.com/sites/theyec/2021/01/19/nine-communication-habits-of-great-leaders-and-why-they-make-them-so-great/?sh=1c-87617b6ec9

31 https://www.forbes.com/sites/forbescoachescouncil/2021/07/27/achieve-more-success-by-leading-from-your-helicopter/?sh=681b362d57e8

A continuación se describen algunas características de las empresas que se toman en serio fomentar el desarrollo de capacidades de liderazgo dentro de la organización:[32]

- **Identificar a posibles candidatos.** Las empresas necesitan identificar el potencial de cada empleado desde el principio del proceso de contratación. Las evaluaciones rutinarias realizadas por la empresa también pueden ser una fuente de referencia.
- **Proporcionar entrenamiento y tutoría.** El entrenamiento (*coaching*) llevará a los empleados a reflexionar sobre su potencial de liderazgo. La tutoría, por su parte, los ayudará a superar problemas personales.[33]
- **Ofrecer nuevos desafíos.** Las empresas deben ofrecer una variedad de puestos de trabajo a los empleados. Quienes puedan enfrentarse a nuevos desafíos y más importantes probablemente obtendrán responsabilidades más significativas. Esos nuevos desafíos serán también una prueba de liderazgo para los empleados.
- **Medir el progreso.** Las empresas necesitan evaluar el desarrollo de cada empleado, especialmente en lo relacionado con sus capacidades de liderazgo. La evaluación puede basarse en las responsabilidades rutinarias que han pasado a formar parte de la descripción del puesto o en asignaciones especiales. Las empresas también deben recompensar a quienes lo merezcan.

---

32 De diversas fuentes, entre otras: https://www.entrepreneur.com/article/335996;https://learnloft.com/2019/07/24/how-the-best-leaders-create-more-leaders/; https://www.inc.com/tom-searcy/4-ways-to-build-leaders-not-followers.html; https://hbr.org/2003/12/developing-your-leadership-pipeline; https://www.themuse.com/advice/5-strategies-that-will-turn-your-employees-into-leaders

33 https://www.forbes.com/sites/forbesbusinesscouncil/2021/08/05/three-ways-you-can-be-a-leader-and-mentor-to-those-on-your-same-path/?sh=738f-6f8044ad

- **Facilitar el desarrollo personal.** La capacitación sistemática ayudará a aumentar la comprensión y las habilidades de los empleados en materia de liderazgo. En un equipo, todos los talentos deben tener la misma oportunidad de desarrollar una relación personal con los demás y experimentar el proceso de asumir gradualmente más responsabilidades para ser el futuro líder.[34]

Para una síntesis de cómo construir las capacidades CI-EL véase la Tabla 12.1, en la página siguiente.

Construir la capacidad de productividad

La siguiente lista describe algunas cualidades del individuo productivo:[35]

- **Centrado en las metas**. Cuenta con capacidad para señalar objetivos esenciales que deben alcanzarse cada día y priorizarlos. Puede dividir los objetivos en tareas pendientes menores.[36]
- **Crea listas de prioridades.** Puede dividir sus tareas según la importancia en su vida personal o profesional (incluso combinándolas y equilibrándolas). Puede comprender el trabajo que es imprescindible realizar y lo que puede posponerse o eliminar.

---

34 https://hbr.org/2019/03/as-your-team-gets-bigger-your-leadership-style-has-to-adapt

35 De diversas fuentes, entre otras: https://scienceofzen.com/productivity-state-mind-heres-get; https://hbr.org/2020/05/want-to-be-more-productive-try-doing-less; https://sloanreview.mit.edu/article/own-your-time-boost-your-productivity/; https://www.nytimes.com/guides/business/how-to-improve-your-productivity-at-work; https://news.mit.edu/2019/how-does-your-productivity-stack-up-robert-pozen-0716; https://www.cnbc.com/2019/04/11/mit-researcher-highly-productive-people-do-these-5-easy-things.

36 https://hbr.org/2020/05/want-to-be-more-productive-try-doing-less

Tabla 12.1. Síntesis de la construcción de las capacidades CI-EL

	Capacidades			
	Creatividad	**Innovación**	**Espíritu emprendedor**	**Liderazgo**
Individual	• Fuerte curiosidad • Mente abierta • Es placentero trabajar con él • Pensamiento imaginativo • Se anima a aceptar desafíos	• Orientado a la solución • Innovación continua • Realiza iteraciones • Mentalmente fuerte • Transmite energía positiva • Atención a los detalles	• Asignador de recursos • Buscador de oportunidades • Tomador de riesgos • Emprendedor • Colaborador de red	• Actúa estratégicamente • Buen comunicador • Visionario • Delega y empodera a los demás • Muestra integridad y responsabilidad
Corporativo	• Desterrar los silos • Dar autonomía • Tolerar el fracaso • Ofrecer una asignación adecuada de recursos • Apoyar la flexibilidad • Ofrecer claridad de intención estratégica	• Innovación basada en la intención estratégica • Ofrecer una cultura consistente e innovadora • Bridar amplias oportunidades • Promover la colaboración • Tener una sólida gestión del conocimiento	• Facilitar la experimentación • Fomentar la cultura del aprendizaje • Aumentar el sentido de pertenencia • Dar autonomía • Fortalecer la colaboración interfuncional	• Identificar a posibles candidatos • Proporcionar entrenamiento y tutoría • Ofrecer nuevos desafíos • Medir el progreso • Facilitar el desarrollo personal

- **Excelente en programación.** Administrar un calendario (incluidas las listas de tareas pendientes) es una forma de dividir adecuadamente el tiempo. Las personas productivas tienen prioridades y organizan su tiempo para completarlas una a una.

- **Planifica tiempo de descanso.** Puede gestionar el tiempo para descansar sin quedar atrapado en la procrastinación, origen de la acumulación de carga de trabajo. Asignar tiempo de descanso puede ayudar a aumentar la concentración después del descanso y gestionar el tiempo con mayor precisión.[37]

- **Monotarea.** La tarea única ayuda a las personas a reducir las distracciones en el trabajo y completar las tareas de manera eficiente, desde las más importantes hasta actividades menores como consultar el correo electrónico y los mensajes de texto.

Las empresas también deben dar cabida a las personas productivas para que mantengan e incluso aumenten sus habilidades. A continuación, se muestran algunas de las formas de hacerlo:[38]

- **Atención a la asignación del tiempo.** La asignación eficiente del tiempo es una manera eficaz de reducir el estrés durante el trabajo.[39] Las empresas deben dar espacio suficiente para completar las tareas. Pueden implantar una cultura de reuniones breves, permitir que las personas organicen sus listas de tareas pendientes y ofrecer breves descansos en los momentos de mayor actividad.
- **Regular las reuniones.** Las empresas pueden fijar pautas para la celebración de reuniones a fin de que cada equipo pueda organizarlas con mayor regularidad. Puede establecerse un límite de tiempo y enviar

---

37 https://www.inc.com/samira-far/5-monotasking-tips-that-will-save-your-brain-and-make-you-more-successful.html

38 De diversas fuentes, entre otras: https://www.forbes.com/sites/theyec/2021/09/20/five-tips-to-increase-productivity-in-the-workplace/?sh=49f09626257b; https://www.businesstown.com/8-ways-increase-productivity-workplace/; https://www.forbes.com/sites/forbeslacouncil/2019/09/18/12-time-tested-techniques-to-increase-workplace-productivity/?sh=4a7d6b9c274e; https://www.forbes.com/sites/theyec/2020/07/13/want-a-more-productive-focused-team-encourage-these-10-habits/?sh=2d64cc5f2ef9; https://www.lollydaskal.com/leadership/6-powerful-habits-of-the-most-productive-teams/; https://blogin.co/blog/7-habits-of-highly-productive-teams-74/

39 https://clockify.me/blog/productivity/team-time-management/

el orden del día con antelación, así como regular la cantidad de reuniones y su duración.

- **Hacer hincapié en los objetivos.** Todo equipo que puede trabajar productivamente debe conocer cuál es el resultado esperado. Los miembros del equipo trabajan entonces con rapidez, porque ya conocen los objetivos, las tareas y los planes específicos.
- **Comunicación fluida.** Todo equipo productivo tiene el hábito de discutir abiertamente para resolver problemas y salvar obstáculos para trabajar mejor.[40]
- **Proporcionar herramientas facilitadoras.** Las empresas y los equipos pueden utilizar estrategias de productividad según sus necesidades. Por ejemplo, espacios de trabajo colaborativos para equipos remotos, medición del rendimiento laboral y seguimiento del trabajo en curso y de las tareas completadas.

Construir la capacidad de mejoramiento

La siguiente lista muestra las características de las personas que quieren hacer mejoras continuamente:[41]

- **Nunca dejan de hacer preguntas.** Las personas con esa actitud cuestionan constantemente el *statu quo* y trabajan todos los días para encontrar resquicios que permitan mejorar las operaciones. Hacen las preguntas adecuadas y conocen el funcionamiento

---

40 https://www.fearlessculture.design/blog-posts/pixar-culture-design-canvas

41 De diversas fuentes, entre otras: https://www.spica.com/blog/kaizen-principles;https://createvalue.org/blog/tips-creating-continuous-improvement-mindset/; https://mitsloan.mit.edu/ideas-made-to-matter/8-step-guide-improving-workplace-processes;https://hbr.org/2012/05/its-time-to-rethink-continuous; https://hbr.org/2010/10/four-top-management-beliefs-th

del sistema para identificar las áreas que puedan mejorarse.[42]

- **Solucionan problemas.** Pueden encontrar margen para mejorar identificando primero el problema. Aportar soluciones al problema actual es la primera y más común razón para mejorar.[43]
- **Esclarecen procesos.** Encuentran qué hacer con el proceso: mejorarlo, eliminarlo o interrumpirlo.[44] Pueden ver los procesos actuales y buscar posibles ajustes.
- **Nunca dejan de aprender.** Necesitan actualizar sus conocimientos de vez en cuando para poder encontrar brechas de mejora.[45]
- **Saben por dónde empezar.** Definir el problema e identificar la causa suele ser el mejor punto de partida para afrontar una situación difícil.[46]

La empresa debe mantener un espíritu de mejora continua en cada empleado. Estas son algunas características que pueden fomentar la mejora continua:[47]

- **Crear una base para el mejoramiento.** Toda empresa puede iniciar la mejora continua a partir de los

---

42 https://www.velaction.com/curiosity/
43 https://hbr.org/2012/09/are-you-solving-the-right-problem
44 https://hbr.org/2012/05/its-time-to-rethink-continuous
45 https://hbr.org/2021/05/break-down-change-management-into-small-steps
46 https://au.reachout.com/articles/a-step-by-step-guide-to-problem-solving
47 De diversas fuentes, entre otras: https://tulip.co/blog/continuous-improvement-with-kaizen/; https://www.mckinsey.com/business-functions/operations/our-insights/continuous-improvement-make-good-management-every-leaders-daily-habit; https://sloanreview.mit. edu/article/americas-most-successful-export-to-japan-continuous-improvement-programs/; https://theuncommonleague.com/blog/2018618/creating-a-mindset-of-continuous-process-improvement; https://hbr.org/2019/05/creating-a-culture-of-continuous-improvement; https://www.zenefits.com/workest/top-10-ways-to-improve-employee-efficiency/

estándares de trabajo existentes, revisando cuáles son los objetivos que no pudieron alcanzarse con los estándares actuales. Ese método puede utilizarse como un nuevo estándar para el personal de la organización.

- **Asegurar el flujo de ideas.** Las empresas pueden proporcionar una plataforma sencilla para que la gente presente ideas de mejora en sus respectivas funciones. Pueden aplicar un enfoque horizontal para que los directivos y otros empleados trabajen juntos y mejoren. Cualquier persona de la organización puede contribuir con una gran idea, de la misma manera que lo hacen los de la primera línea que mejor comprenden los principales problemas de los clientes.[48]

- **Crear un hábito.** Las empresas pueden crear una rutina para buscar mejoras y gestionar un entorno de comunicación ejemplar para que todos en la organización puedan desarrollar sus equipos.

- **Animar.** Las empresas necesitan entender las barreras que afectan a sus miembros en su contribución a la mejora continua. Deben identificar y minimizar los miedos para que los empleados puedan contribuir.[49]

- **Proporcionar espacio de aprendizaje.** Las empresas deben ofrecer oportunidades de aprendizaje adecuadas para preparar a los empleados con los conocimientos y habilidades necesarios para la mejora continua.[50]

---

48 https://www.viima.com/blog/collect-ideas-from-frontline-employees

49 https://www.industryweek.com/talent/education-training/article/21958430/action-learning-key-to-developing-an-effective-continuous-improvement-culture

50 https://hbr.org/2021/05/break-down-change-management-into-small-steps

Construir la capacidad profesional

Cuando requieren gente con capacidades profesionales,[51] las empresas suelen buscar individuos con los siguientes atributos:

- **Bien preparado y puntual.** Debe tener siempre todo listo para una reunión, presentación o llamada telefónica, practicando frente a un espejo o creando un guión. Llegar entre 15 y 30 minutos antes para estar preparado.
- **Buena capacidad de comunicación.** Saber usar las palabras correctas al escribir o hablar en el entorno laboral. Las palabras y los términos utilizados, los comentarios, la elección del tema de conversación y el estilo del discurso harán que se forme una opinión sobre el profesionalismo de una persona.
- **Apariencia adecuada.** La apariencia no solo consiste en la forma de vestirse, sino también en cómo usar el escritorio de trabajo y cómo organizar los archivos. Un atuendo presentable demuestra que el individuo está dispuesto a trabajar y a relacionarse profesionalmente con los demás.[52]
- **Siempre responsable.** Demuestra un firme compromiso para desempeñar las diferentes tareas según lo acordado, por lo tanto, es alguien con quien se puede contar. Ser responsable significa que la persona puede recibir el reconocimiento por sus éxitos, y viceversa: asumir la culpa por sus fracasos.[53]

---

51 De diversas fuentes, entre otras:https://smallbusiness.chron.com/build-professionalism-709.html; https://www.robinwaite.com/blog/7-ways-to-develop-and-practice-professionalism/; https://www.umassglobal.edu/news-and-events/blog/professionalism-and-workplace-etiquette; https://www.conovercompany.com/5-ways-to-show-professionalism-in-the-workplace/

52 https://www.robinwaite.com/blog/7-ways-to-develop-and-practice-professionalism

53 *Ibid.*

- **Mostrar integridad.** Ser honesto y tener sólidos principios morales.[54] Como los profesionales están dispuestos a ser vistos y juzgados por los demás, necesitan mostrar su honestidad en sus palabras y actos y en el trabajo que realizan.[55]

Las empresas pueden fortalecer las capacidades profesionales de manera sistemática e institucionalizar esas capacidades implementando lo siguiente:

- **Establecer reglas y cultura en el lugar de trabajo.** Las organizaciones pequeñas necesitan un líder fuerte. Las organizaciones medianas requieren regulaciones empresariales o procedimientos operativos estándar (SOP). Las grandes empresas deben tener normas, regulaciones y cultura para dirigir la forma de trabajar de las personas.
- **Proporcionar un sistema de gestión del desempeño.** Además de las normas, una empresa debe proporcionar un método de medición justo para que todas las partes adopten un comportamiento profesional. Los sistemas de retroalimentación y gestión del rendimiento son relevantes para que todos puedan entender su trabajo.
- **Fomentar que los compañeros de trabajo asistan a cursos de formación o seminarios.** Las empresas deben ser capaces de adaptarse a las condiciones actuales. Por eso, los empleados necesitan actualizar sus conocimientos y habilidades mediante programas de formación y educación para realizar su trabajo, crear valor y mantener la competitividad de la empresa.[56]

---

54 https://www.oxfordlearnersdictionaries.com/definition/american_english/integrity#:~:text=noun-,noun,a%20man%20of%20great%20integrity

55 https://www2.deloitte.com/content/dam/Deloitte/sk/Documents/Random/sk_deloitte_code_ethics_conduct.pdf

56 https://www.forbes.com/sites/forbesbusinesscouncil/2021/03/11/three-lessons-on-creating-a-culture-of-learning/?sh=6e03101a5d13

Construir la capacidad de gestión

La siguiente lista describe a los que demuestran tener capacidades gerenciales:[57]

- **Análisis panorámico.** Pueden elaborar programas mediante el análisis de la macroeconomía, la industria y los movimientos de la competencia. Una visión panorámica le permite a un directivo liderar a su equipo para que realice el trabajo técnico al aportar la visión, la misión y el contexto más amplio de un proyecto.[58]
- **Toma de decisiones efectiva.** Pueden ver las ventajas y desventajas de diferentes alternativas para tomar decisiones oportunas y decidir acciones que estén en línea con los objetivos del negocio.[59]
- **Gestión de proyectos competente.** Para poder llevar a cabo las operaciones de la organización se requiere capacidad para planificar (definir objetivos, planificación de recursos y cronogramas), ejecutar (crear procesos de trabajo o dirigir capacitaciones), verificar (auditar o monitorear) y actuar (tomar acciones preventivas o correctivas).[60]
- **Capacidad para construir equipos.** Pueden fomentar y permitir que cualquier persona trabaje en equi-

---

57 De diversas fuentes, entre otras: https://www.pmi.org/learning/library/core-competencies-successful-skill-manager-8426; https://bizfiuent.com/info-8494191-analytical-skills-management.html; https://distantjob.com/blog/helicopter-manager-remote-team/; https://www.lucidchart.com/blog/plan-do-check-act-cycle; https://www.teamwork.com/project-management-guide/project-management-skills/

58 https://www.forbes.com/sites/forbescoachescouncil/2021/07/27/achieve-more-success-by-leading-from-your-helicopter/?sh=681b362d57e8

59 https://www.pmi.org/-/media/pmi/documents/public/pdf/learning/thought-leadership/pulse/pulse-of-the-profession-2017.pdf

60 *Ibid.*

po para realizar proyectos o trabajos de rutina. Los directivos no tienen que trabajar solos. Pueden formar equipos sólidos y utilizar sus fortalezas colectivas para lograr objetivos organizacionales desafiantes.[61]

- **Adaptabilidad.** Los rápidos cambios en el entorno empresarial requieren gerentes que puedan adaptarse a las modificaciones externas e internas.

Las empresas deben poder mantener un sistema de gestión que permanezca en constante evolución y sea relevante. Estas son algunas estrategias para desarrollar y mantener capacidades de gestión:[62]

- **Plan de sucesión claro.** Una buena organización es dirigida no solo por una sino por varias personas. Por lo tanto, es necesario planificar la sustitución o rotación del equipo directivo para asegurar la continuidad del proceso de gestión. Los planes de sucesión de las organizaciones pueden surgir de clasificar la puntuación de los talentos en su *feedback*, de las revisiones de la gestión del desempeño y de las entrevistas para evaluar las habilidades de comunicación y el pensamiento estratégico.[63]
- **Obtener *feedback* sobre el desempeño.** Los gerentes pueden crear oportunidades para que cada miembro del equipo aporte su visión, generando el hábito del *feedback* constructivo.[64] Se necesita *feedback*

61 https://www.forbes.com/sites/brianscudamore/2016/03/09/why-team-building-is-the-most-important-investment-youll-make/?sh=1657a771617f

62 De diversas fuentes, entre otras: https://www.investopedia.com/terms/s/succession-planning.asp; https://www.vital-learning.com/blog/how-to-build-better-manager; https://thepalmergroup.com/blog/the-importance-of-open-communication-in-the-workplace/

63 https://hbr.org/2016/10/the-performance-management-revolution 64https://hbr.org/2014/06/how-to-give-your-team-feedback

64 https://hbr.org/2014/06/how-to-give-your-team-feedback

periódico sobre el desempeño para comunicar las expectativas de cada puesto y brindar sugerencias para que mejore el trabajo del equipo en el futuro.

- **Comunicación abierta**. Las empresas pueden establecer una comunicación bidireccional entre los directivos y sus equipos a través de reuniones públicas, reuniones semanales o mensuales, o un sistema de denuncia de irregularidades.

Para una síntesis de las capacidades PM-PG, ver la Tabla 12.2.

Tabla 12.2. Síntesis de la construcción de las capacidades PM-PG

	Capacidades			
	Productividad	**Mejoramiento**	**Profesionalismo**	**Gestión**
Individual	• Centrado en las metas • Crea listas de prioridades • Excelente programación • Planifica tiempo de descanso • Monotarea	• Nunca deja de hacer preguntas • Soluciona problemas • Esclarece procesos • Nunca deja de aprender • Sabe por dónde empezar	• Bien preparado y puntual • Buena capacidad de comunicación • Apariencia adecuada • Siempre responsable • Demuestra integridad	• Análisis panorámico • Toma de decisiones efectiva • Gestión de proyectos competente • Capacidad para construir equipos • Adaptable
Corporativo	• Atención a la distribución del tiempo • Regular las reuniones • Enfatizar en las metas • Comunicación fluida • Proporcionar herramientas facilitadoras	• Crear una base para el mejoramiento • Asegurar el flujo de ideas • Crear un hábito • Animar • Proporcionar espacio de aprendizaje	• Establecer reglas y cultura en el lugar de trabajo • Proporcionar un sistema de gestión del desempeño • Fomentar que los compañeros de trabajo asistan a capacitaciones o seminarios	• Plan de sucesión claro • Obtener *feedback* sobre el desempeño • Comunicación abierta

En la práctica

Es poco frecuente, si no imposible, que una persona tenga todas las capacidades CI-EL y PM-PG a la vez. Contar con dos o tres de las ocho es suficiente. No obstante, también se puede aprender sobre otras capacidades para entender a otros socios que tienen fortaleza en capacidades diferentes.

La gestión estratégica del talento es esencial para convertir una estrategia empresarial en resultados tangibles.[65] Las empresas deben tener un plan claro para encontrar, unir, desarrollar, asignar y retener a las personas en la organización. Necesitarán tener el talento alineado e integrado con los objetivos y estrategias de la organización. Ese enfoque es la esencia de la gestión del talento basada en estrategias, y es imperativo para el entorno actual.

Conclusiones clave

- Al incorporar talento, las empresas pueden revisar sus circuitos o ciclos (*loops*) CI-EL y PM-PG para ver qué tipo de trabajadores se necesitan.
- Las empresas necesitarán desarrollar capacidades en estas áreas: creativa, innovadora, empresarial, liderazgo, productividad, mejora, profesionalismo y gestión.
- Comprender la combinación necesaria y cubrir los puestos puede ayudar a que todos aporten sus puntos fuertes y contribuyan al rendimiento de una empresa.

---

65 Rob Silzer y Ben E. Dowell, *Strategy-Driven Talent Management: A Leadership Imperative* (San Francisco, CA: Jossey-Bass, 2010).

Capítulo 13

Asegurar la trayectoria futura

Del balance al valor de mercado

Louis Vuitton, la principal empresa de artículos de lujo del mundo, registró unos ingresos de 64.200 millones de euros en 2021. Esa cifra significa un aumento del 44% con respecto a 2020 y del 20% con respecto a 2019.[1] También en 2021 Louis Vuitton fue considerada la empresa de lujo más valiosa en el estudio Top Global Brands de Interbrand. Ocupó el puesto 13 en el estudio y fue la única empresa de moda que se ubicó entre las 20 primeras de la lista.[2]

Bernard Arnault, presidente y CEO de Louis Vuitton, explicó las razones del excelente desempeño de la marca en 2021 durante la recuperación gradual de la pandemia. Atribuyó los resultados a un equipo altamente eficiente. También destacó una adaptabilidad excepcional en medio de un entorno empresarial difícil.

---

1 https://www.lvmh.com/news-documents/press-releases/new-records-for-lvmh-in-2021/

2 https://fashionunited.uk/news/fashion/louis-vuitton-ranks-as-most-valuable-luxury-company-in-interbrand-s-2021-top-global-brands/2021110258951

Esos logros financieros y no financieros surgieron del compromiso asumido por la empresa de colocar a los clientes en el centro de todas las operaciones. En medio de una crisis prolongada, Louis Vuitton mantuvo la relación con sus clientes y la marca continúa inspirando.[3]

Del caso de Louis Vuitton podemos aprender cómo una importante preocupación por los resultados financieros debe ir acompañada de la orientación al mercado y de la aplicación de un enfoque centrado en el cliente por parte del equipo de marketing. Cuando eso ocurre, los resultados no financieros conducen a resultados financieros. El profundo conocimiento de nuestro producto o marca es un primer paso. Sin embargo, no es suficiente hasta que los clientes se interesen en nuestro producto o marca.

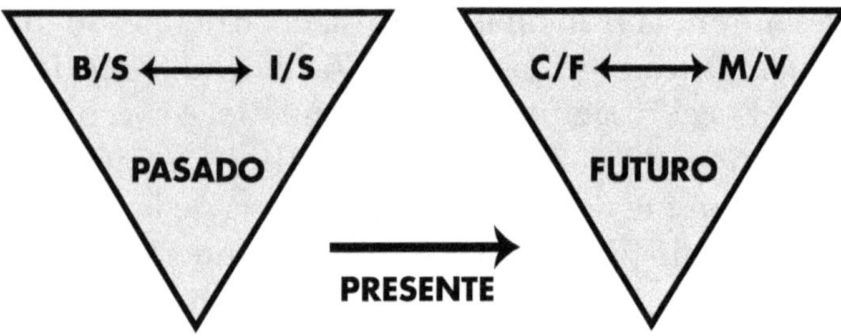

Figura 13.1. Los elementos financieros del modelo *omnihouse*

En este capítulo analizaremos la parte más baja del modelo *omnihouse,* en la que trataremos brevemente el aspecto financiero para los *marketers* (ver Figura 13.1). También veremos la relación entre los balances (B/S), las cuentas de resultado (I/S, también llamados estados de pérdidas y ganancias), el flujo de efectivo (C/F) y el valor de mercado

____

3   https://www.lvmh.com/news-documents/press-releases/new-records-for-lvmh-in-2021/

(M/V). Todos esos términos son esenciales para los *marketers*, especialmente cuando aplican un enfoque de marketing empresarial.

El efectivo sigue siendo el rey

Por lo general, los ingresos de una empresa provienen de la venta de productos (bienes, servicios y servicios de apoyo) que forman parte del negocio principal de la empresa. También pueden contribuir otras fuentes, como inversiones e intereses bancarios. Las transacciones de ventas suelen realizarse en efectivo o en forma no monetaria (*non-cash*). Las ventas no monetarias aumentarán las cuentas por cobrar y debemos convertirlas en efectivo lo antes posible. Los activos de una empresa no pueden producir nada si no somos capaces de aprovecharlos.

Una de las medidas cruciales para mantener el flujo de efectivo es convertir inmediatamente los pagos no monetarios en efectivo. Sin embargo, si el entorno empresarial no es propicio, la situación puede interrumpir el flujo de efectivo. Una interrupción es preocupante porque el efectivo es el elemento vital para la continuidad operativa de una empresa, y a menudo es necesario para actividades de financiación e inversión. Por eso, las empresas de todos los tamaños deben dar prioridad a tener un flujo de efectivo continuo.

Una vez que la empresa convierta los ingresos en efectivo, aumentará el monto de efectivo en el balance. Ese efectivo se usará para realizar pagos o cubrir actividades como I+D, suministro o adquisición de materias primas, procesos de producción y procesos de comercialización y ventas. Dará soporte a los servicios al cliente y pagará los programas de retención (fidelidad). El efectivo cubrirá los gastos operativos, como los gastos generales y los salarios. Además, la empresa necesita efectivo para actividades de inversión y financiación.

Algunas empresas son ricas en efectivo. En 2022, 13 empresas poseían casi el 40% (alrededor de un billón de dólares) del total de 2,7 billones de dólares en poder de todas las empresas del índice S&P 500. A principios de 2022 Apple, uno de los ejemplos más extremos, tenía 202.500 millones de dólares en efectivo e inversiones, casi un 4% más que el año anterior. Eso equivalía al 7,4% de todo el efectivo en manos de las empresas del S&P 500. Alphabet contaba con 169.200 millones de dólares en efectivo e inversiones, equivalente al 6% de todo el efectivo del S&P 500. Microsoft poseía 132.300 millones de dólares, es decir: el 5% de todo el efectivo del S&P 500.[4]

Capital + Pasivo = Activo

Figura 13.2. La fórmula del activo

Los ingresos menos los gastos son iguales a la ganancia neta. Al final del ejercicio financiero, la empresa elabora un estado de resultados. En el caso de una ganancia neta, la junta directiva propondrá cuánto distribuir como dividendos y cuánto asignar a ganancias retenidas. Suele presentarse en la junta general de accionistas. Una vez aprobado, se asignan los dividendos y las ganancias retenidas.

Cualquier ganancia retenida aumentará el capital y mejorará la capacidad de la empresa para agregar nuevas deudas o financiación de inversores si fuera necesario para expandir su negocio. Posteriormente registraremos esos préstamos como pasivo, y la financiación de los inversores

---

4   https://www.investors.com/etfs-and-funds/sectors/sp500-companies-stockpile-1-trillion-cash-investors-want-it/

formará parte del capital social en el balance de nuestra empresa. Al aumentar el capital y el pasivo, también aumentará el activo, por lo que las empresas deberán incrementar sus ventas y, en definitiva, sus ingresos netos. Esta sencilla explicación resume la fórmula según la cual el capital más el pasivo es igual al activo (ver Figura 13.2).

Así, podemos ver una relación entre la cuenta de resultados y el balance de la empresa. Los accionistas suelen estar más preocupados por los ingresos netos que aparecen en la parte inferior de la cuenta de resultados. Esto se debe a que la cifra se utiliza para determinar los dividendos a distribuir.

Pasado, presente y futuro

En determinadas circunstancias, si la cuenta de resultados de una empresa es negativa, puede seguir financiando sus actividades a través de inversionistas en lugar de con dinero prestado (deudas). Desde la perspectiva de los inversores, el balance y la cuenta de resultados son reflejos del pasado. Por lo tanto, para los inversores es más importante ver qué posee la empresa en la actualidad, qué harán ahora sus administradores y cuáles son sus perspectivas de negocio futuras.

Los inversores potenciales examinarán detenidamente la situación actual de la empresa y su capacidad para generar liquidez. Examinarán hasta qué punto el proceso de creación de valor de la empresa puede garantizarles un rendimiento suficiente, aumentando el valor de mercado como se refleja en los índices PER y PVC (ver Capítulo 10). Los inversores evaluarán cómo se esfuerza la empresa por seguir siendo mejor y relevante en el sector. También considerarán las condiciones internas de la empresa, incluidos los recursos tangibles e intangibles, las capacidades para gestionar múltiples recursos, cuál es su competencia básica y, posiblemente, las competencias distintivas. En resumen: los inversores quieren saber cómo manejará la empresa los factores externos, como la dinámica del entorno macro, el mercado, la competencia y los cambios en el comportamiento o en las preferencias de los clientes.

La capacidad de la empresa para generar efectivo es una medida esencial de los procesos de creación de valor. Los inversores ven el estado de flujo de efectivo como un indicador de rentabilidad y de perspectivas a largo plazo. Eso puede ayudar a determinar si la empresa dispone de suficiente efectivo para cubrir sus gastos. En otras palabras, el estado de flujo de efectivo representa la salud financiera de una empresa.[5]

Una empresa emergente, si es capaz de demostrar su capacidad para cambiar un sector, a menudo puede atraer a inversores para financiar su desarrollo. Incluso cuando la cuenta de resultados muestra una posición de pérdidas durante varios años, los inversores pueden creer que la nueva empresa tiene el potencial de convertirse en líder del mercado con el tiempo. Podrían estar convencidos de que su valor de mercado aumentará significativamente y les brindará un rendimiento futuro excepcional.

El ciclo del balance y la cuenta de resultados

El valor de los dividendos pagados dividido por los ingresos netos se denomina índice de pago (*payout ratio*). Cuanto más alto sea, más sólido será el balance de la empresa (ver Figura 13.3). Según Demmert, el índice de pago de empresas atractivas suele estar entre el 35 y el 55%.[6] Pero el importe de los

---

5 https://www.kotaksecurities.com/ksweb/articles/why-is-the-cash-fiow-statement-important-to-shareholders-and-investors

6 James Demmert es el fundador y socio director de Main Street Research, en Sausalito. Véase https://money.usnews.com/investing/dividends/articles/what-is-a-good- dividend-payout-ratio

dividendos también depende de la situación de la empresa. Si la empresa se encuentra en una etapa madura y estable, normalmente tendrá un índice de pago elevado. Las empresas en expansión agresiva tienden a retener las ganancias (como ganancias no distribuidas) para reinvertirlas en la empresa.[7]

Las ganancias no distribuidas aumentarán el capital contable. El mayor capital puede fortalecer la capacidad de apalancamiento de la empresa para obtener préstamos, lo que acrecentará el monto de la deuda. En consecuencia, los activos también aumentarán y, por lo tanto, la empresa necesitará incrementar sus ventas. Debemos seguir manteniendo este ciclo de forma continua para garantizar el crecimiento empresarial a lo largo del tiempo.

Figura 13.3. El ciclo del balance y la cuenta de resultados[8]

---

7   https://www.investopedia.com/articles/03/011703.asp

8   Adaptado de Gabriel Hawawini y Claude Viallet, *Finance for Executives: Managing for Value Creation* (Mason, OH: South-Western College Publishing, 1999).

Si dividimos el ciclo en dos, la imagen de la parte superior derecha de la Figura 13.3 muestra el balance, y la de la parte inferior izquierda, la cuenta de resultados. Ahora podemos ver claramente la relación entre el balance y la cuenta de resultados de este ciclo. Esto también explica por qué representamos una flecha de doble sentido entre el balance y la cuenta de resultados en el modelo *omnihouse*.

Ratios financieras: el enfoque en sentido antihorario

La explicación comienza con el capital y el pasivo, y termina con el resultado neto, en el sentido de las agujas del reloj. Para hacérselo más fácil a los *marketers*, usaremos ese ciclo para entender el concepto de retorno. Trabajaremos hacia atrás para ver las ratios financieras que muestran la rentabilidad de una empresa. Empezaremos con los ingresos operativos y trabajaremos en sentido antihorario para calcular el rendimiento de las ventas (ROS) y el margen de beneficio neto.

Los ignorados ROS y margen de beneficio neto

Si ponemos los ingresos de explotación sobre las ventas (es decir, los ingresos de explotación divididos por las ventas), obtendremos un índice financiero llamado ROS.[9]

$$ROS = \frac{Ingresos\ de\ explotación}{Ventas}$$

---

9   Los ingresos de explotación (también llamados beneficio operativo) son las ventas (o en conjunto con otros ingresos llamados entradas) menos todos los gastos de explotación que incluyen el costo de los bienes vendidos (COGS), las ventas, gastos generales y administrativos (SGA) y la depreciación y amortización.

El ROS refleja la rentabilidad, esto es, cuántos ingresos de explotación se generan a partir de un resultado de ventas (ver Figura 13.4). Si el índice es un número relativamente pequeño, quiere decir que las operaciones de la empresa no están funcionando de manera eficiente. Eso significa que se incurre en gastos innecesarios.

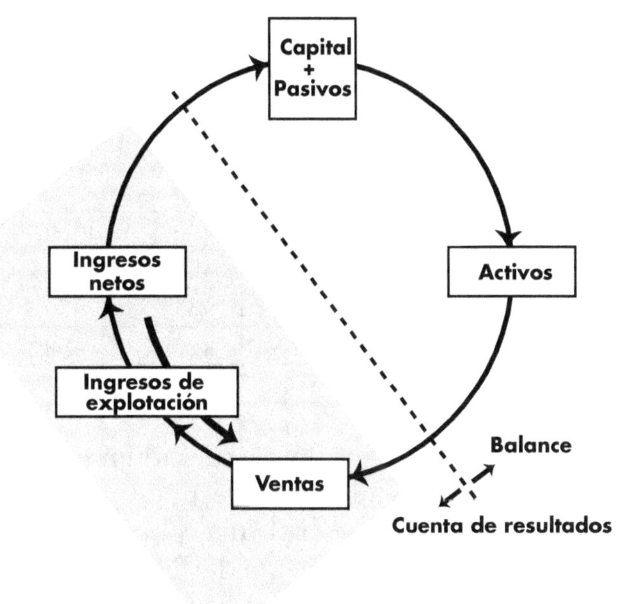

Figura 13.4. Componentes para calcular el retorno de las ventas y el margen de beneficio neto

Debemos mirar más allá para ver si esos costos se deben o no a operaciones de marketing y ventas. Los resultados de ventas pueden alcanzar o superar el objetivo, pero si eso se logra mediante esfuerzos de "vender a cualquier costo", podría haber un problema subyacente. Por ejemplo, si ofrecemos a alguien comprar un producto y recibir tres gratis, podría venderse bien. Un descuento de precio que provoca una disminución del 1% en las ventas reducirá el beneficio neto hasta en un 12%, porque no podemos reducir automáticamente todos los costos de acuerdo con la tasa de descuento. Es casi imposible pedir a todos los integrantes de nuestra cadena de valor que reduzcan sus facturas cuando la empresa ejecuta un programa de descuentos para clientes.

Tabla 13.1. El impacto del descuento en el aumento de las ventas unitarias para mantener el mismo margen bruto[10]

Disminución de precio / Margen bruto	−5%	−10%	−15%	−20%
30%	+20%	+50%	+100%	+200%
35%	+17%	+40%	+75%	+133%
40%	+14%	+33%	+60%	+100%
45%	+13%	+29%	+50%	+80%
50%	+11%	+25%	+43%	+67%

Si decidimos otorgar un descuento en el precio, tenemos que vender más unidades de nuestro producto para mantener la misma ganancia bruta. Con un margen bruto del 40% y un descuento de venta del 20%, necesitamos vender un 100% más de lo habitual de unidades del producto para obtener el mismo margen de beneficio. Cuanto mayor sea el margen bruto que queremos lograr y mayor el descuento de precio otorgado, mayor será el aumento de las ventas unitarias con el que tendremos que lidiar, como lo explica GrowthForce en la Tabla 13.1.

Según la investigación de McKinsey sobre el estado de resultados promedio de las empresas del S&P 1500, podemos ver que el precio tiene un impacto tremendo en los

---

10 https://www.growthforce.com/blog/how-giving-discounts-can-destroy-your-business-profits

ingresos de explotación. Un aumento del 1% en los precios resultará en un incremento de aproximadamente el 8% en los ingresos de explotación. Eso es casi un 50% más que la reducción del 1% en costos variables y tres veces mayor que el aumento del 1% en el volumen de ventas.[11]

El despilfarro puede surgir rápidamente en otras áreas. Los productos enviados a la dirección incorrecta pueden resultar costosos cuando se redirigen. Los grandes inventarios que no se venden acumulan gastos de mantenimiento. Si se financian con deuda, los intereses generarán gastos adicionales. Los folletos impresos, si no se leen, agotan el presupuesto, al igual que las herramientas de ventas que no se utilizan adecuadamente. La publicidad digital también puede generar malgasto. Según *Marketing Week*, más del 90% de los anuncios digitales se ven durante no más de un segundo.[12]

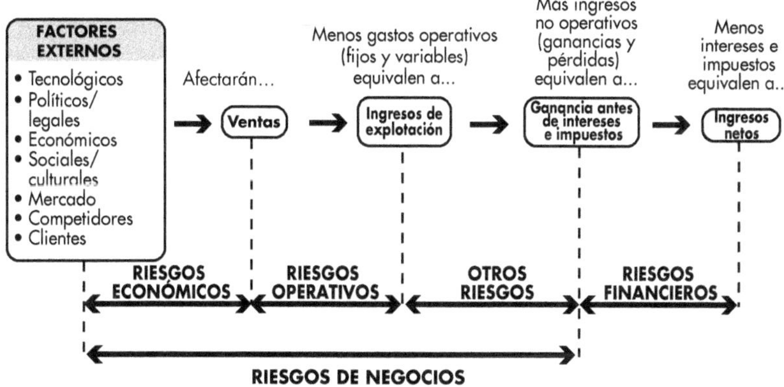

Figura 13.5. Diversos tipos de riesgo que afectan la rentabilidad[13]

---

11 https://www.mckinsey.com/business-functions/marketing-and-sales/our-insights/the-power-of-pricing

12 https://www.marketingweek.com/marketers-continue-to-waste-money-as-only-9-of-digital-ads-are-viewed-for-more-than-a-second/?nocache=true&adfesuccess=1

13 Adaptado de Gabriel Hawawini y Claude Viallet, *Finance for Executives: Managing for Value Creation* (Mason, OH: South-Western College Publishing, 1999).

En la cuenta de resultados puede haber costos ocultos que reduzcan la rentabilidad. Eso incluye malgastos relacionados con el marketing y las ventas. Si los costos son elevados, puede afectar a los ingresos operativos, que se encuentran entre las ventas y los ingresos netos. Si mejoran los ingresos de explotación, mejorarán los ingresos netos.

Para medir el rendimiento, podemos calcular lo que generan las ventas. Al dividir los ingresos netos por las ventas, obtendremos un índice de margen de beneficio neto. Ese es un indicador esencial de la salud financiera de la empresa.[14]

$$\textit{Margen de beneficio neto} = \frac{\textit{Ingresos netos}}{\textit{Ventas}}$$

Además de los factores internos, las ventas dependen de fuerzas externas, como se analiza en el concepto de las 4C. Esos factores externos plantean múltiples riesgos para las empresas, conocidos como *riesgos económicos*. La combinación de estos riesgos económicos con los riesgos operativos da como resultado un término conocido como *riesgos de negocio* (ver Figura 13.5).

Existen otros riesgos (riesgos no operacionales) que afectarán al valor de las ganancias y pérdidas no operativas. Estos provienen del cambio de divisas, las pérdidas y ganancias de inversiones y las amortizaciones de inventarios. También pueden incluir daños a los activos y costos inesperados.[15]

---

14 Chris B. Murphy, "What Is Net Profit Margin? Formula for Calculation and Examples", *Investopedia* (October 2021). https://www.investopedia.com/terms/n/net_margin.asp

15 https://www.theactuary.com/features/2020/07/08/joining-dots-between-operational-and-non-operational-risk;https://corporatefinanceinstitute.com/resources/knowledge/accounting/non-operating-income/;https://www.accountingtools.com/articles/non-operating-income-definition-and-usage.html#:~:text=Examples%20of%20non%2Doperating%20income%20include%20dividend%20income%2C%20asset%20impairment,losses%20on%20foreign%20exchange%20transactions.

La olvidada rotación de activos

Continuando alrededor del círculo, llegamos a los componentes "ventas" y "activos" (ver Figura 13.6).

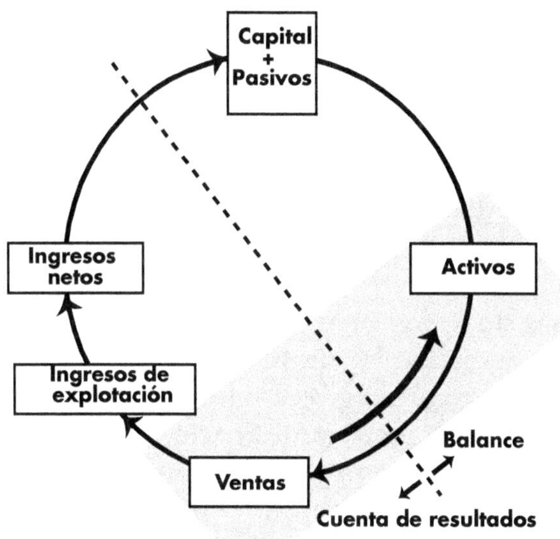

Figura 13.6. Componentes para calcular la rotación de activos

Dividir las ventas por los activos nos da una ratio conocida como rotación de activos. Ese índice puede emplearse para medir la eficacia con que se utilizan los activos de la empresa para generar ventas.

$$Rotación\ de\ activos = \frac{Ventas}{Activos}$$

Aquí, los *marketers* deben calcular el valor real de los activos que utilizan para lograr un resultado de ventas específico. Si los activos directamente relacionados con la comercialización son grandes y las ventas son pequeñas, podría suponerse que los activos no son efectivos. Eso podría deberse a que los activos no son los adecuados o a un error en la estrategia y la ejecución por parte del equipo de ventas.

En marketing, los activos tienden a ser intangibles, como las marcas, logotipos, bases de datos de clientes, percepciones públicas positivas o asociaciones de marcas, fidelidad de los clientes, contenido de sitios web y redes sociales, infografías, pautas de marca y planes de servicio. Pero también hay activos tangibles a considerar. Estos incluyen la infraestructura física del marketing y ventas, las instalaciones de capacitación, los equipos y suministros, los depósitos y el inventario.[16]

Además de aprovechar los activos intangibles, debemos prestar atención a nuestro nivel de productividad al utilizar los activos tangibles para generar ventas. Si la gente de ventas promete realizar ventas superiores a sus objetivos, debemos comprobar primero cuántos activos o recursos utilizarán para alcanzar el nivel de ventas prometido. Supongamos que pretenden vender mensualmente una determinada cantidad de unidades de un producto específico a un ritmo superior al promedio del sector. Debemos ver el valor de los activos fijos (por ejemplo, vehículos, máquinas de producción, terrenos, edificios y muchos otros) directamente relacionados con el marketing y las ventas. ¿Qué pasa si hay un competidor con el mismo producto, pero su modelo de negocio es diferente, de modo que los activos fijos resultan ser muy pequeños? ¿Cómo podemos competir?

El mercado de dos lados es uno de los conceptos comerciales *online* más básicos que requiere pocos activos tangibles. Ese modelo de negocio conecta a un grupo de compradores y vendedores a través de un intermediario

____

16 https://valcort.com/assets-marketing-assets/

técnico, como un sitio web o una aplicación móvil, y cobra una tarifa por cada transacción. El primer mercado de dos lados en lograr un éxito significativo fue eBay. El modelo es ahora más popular que nunca gracias a empresas emergentes como Airbnb y Uber. Cada una de las empresas de ese espacio ha mejorado la experiencia y la economía del sistema de la "vieja escuela" al que ha reemplazado: eBay, al hacer que las personas compren y vendan casi cualquier cosa a casi cualquier persona; Airbnb, al permitir que gente de todo el mundo reserve alojamiento, y Uber, al permitir que los pasajeros y conductores se encuentren en la calle sin depender de la suerte.[17]

El descuidado rendimiento de los activos

A partir de esos tres índices (ROS, margen de beneficio neto y rotación de activos) podemos medir la eficiencia. Para analizar la efectividad, debemos considerar la relación entre las ventas en la cuenta de resultados y los activos en el balance. Para medir la productividad, podemos utilizar los ingresos netos y los activos (ver Figura 13.7). Alineemos el margen de ingresos netos (es decir, los ingresos netos divididos por las ventas) con el índice de rotación de activos (las ventas divididas por los activos) y multipliquémoslos. Eliminemos los elementos de ventas en el margen de ingresos netos y la rotación de activos para que el resultado sea ingresos netos divididos por los activos. Llamamos a eso el retorno de activos (ROA).

$$\textit{Retorno de los activos} = \frac{\textit{Ingresos netos}}{\textit{Ventas}} \times \frac{\textit{Ventas}}{\textit{Activos}} \times \frac{\textit{Ingresos netos}}{\textit{Activos}}$$

---

17 https://www.cbinsights.com/research/report/how-uber-makes-money/

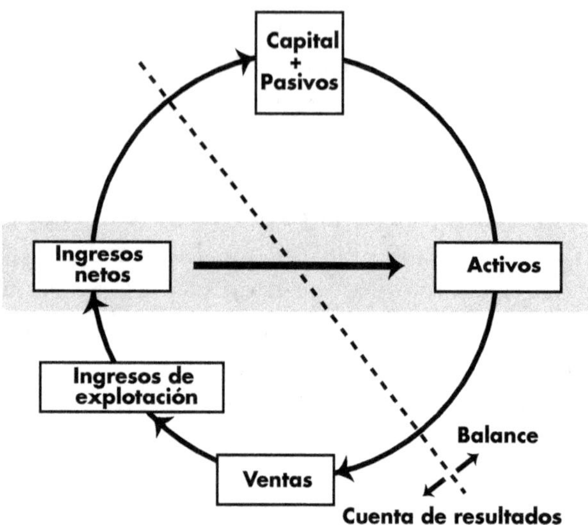

Figura 13.7. El retorno de activos como medida de la productividad

¿Qué hace que un retorno de activos (ROA) sea fuerte? Por lo general, cuanto mayor es el ROA, más eficiencia tiene la empresa para generar ganancias. No obstante, debemos comparar el ROA de una empresa determinada con el de sus competidores en la misma industria y sector. Una empresa con muchos activos [*asset-heavy*], como una empresa manufacturera, podría tener un ROA del 6%. Una empresa con pocos activos [*asset-light*], como una aplicación de telemedicina, podría tener un ROA del 15%.

Si comparáramos las dos en función del rendimiento de la inversión, probablemente elegiríamos la de aplicación. Sin embargo, si comparamos la empresa manufacturera con sus competidores más cercanos, todos los cuales tienen un ROA inferior al 4%, podríamos descubrir que está obteniendo mejores resultados que sus pares. En cambio, si comparamos la aplicación de telemedicina con empresas tecnológicas similares, podríamos encontrar que la mayoría de ellas tienen un ROA cercano al 20%. Eso indicaría que la empresa tiene un rendimiento inferior al de empresas similares.[18]

El increíble índice multiplicador del capital

Sigamos nuestro recorrido en sentido antihorario analizando los activos y el capital (ver Figura 13.8).

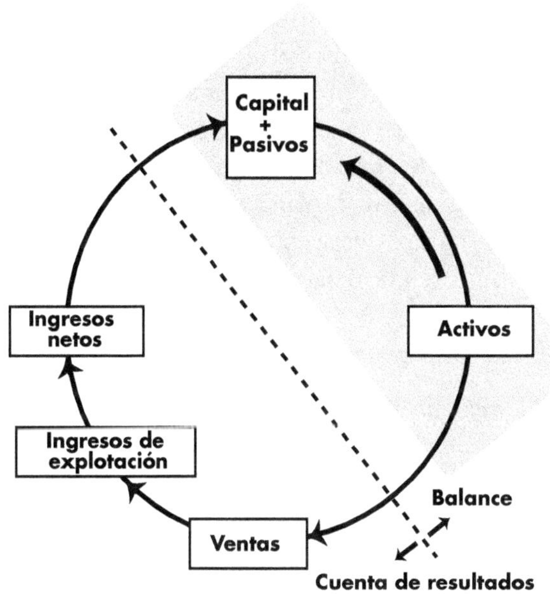

Figura 13.8. Componentes para calcular el índice multiplicador
del capital

Si dividimos los activos por el capital da como resultado el índice multiplicador del capital, que indica la proporción de activos financiados con capital en lugar de con deuda. Esa

---

18 https://www.forbes.com/advisor/investing/roa-return-on-assets/

ratio muestra el "apalancamiento"; es decir, la capacidad de la empresa para obtener financiación de otras partes.

$$Apalancamiento\ financiero = \frac{Activos}{Capital}$$

Si tenemos una ratio numérica grande, los activos de la empresa se financian principalmente con deuda. Eso podría indicar mayores riesgos financieros. El elemento "activos" puede incluir activos tangibles e intangibles relacionados con las ventas y el marketing.[19]

Maersk Line, una empresa de logística, es una de las principales arterias de la cadena de suministro mundial y desempeña un papel crucial en el apoyo al comercio global. Entre sus activos intangibles se destaca una fuerza laboral competente capaz de prestar un servicio de alto nivel.[20] Sus activos tangibles consisten en otros recursos, como su flota de barcos.

El impensable retorno sobre el capital

El rendimiento o retorno sobre el capital (ROE) es el último índice en nuestro recorrido por el círculo que conecta la cuenta de resultados con el balance (ver Figura 13.9).

Esa ratio es uno de los indicadores de productividad más importantes, especialmente para los accionistas y para los posibles inversores. El cálculo se relaciona con los índices ya tratados (ROS, margen de beneficio neto, rotación de activos y multiplicador de capital). La fórmula incluye un elemento de "ventas".

---

19 Algunos de los activos intangibles que normalmente pueden incluirse en el balance son: patentes, *copy rights*, franquicias, licencias y fondos de comercio. Véase Hawawini y Viallet (1999).

20 https://investor.maersk.com/static-files/b4df47ef-3977-412b-8e3c-bc2f02bb4a5f

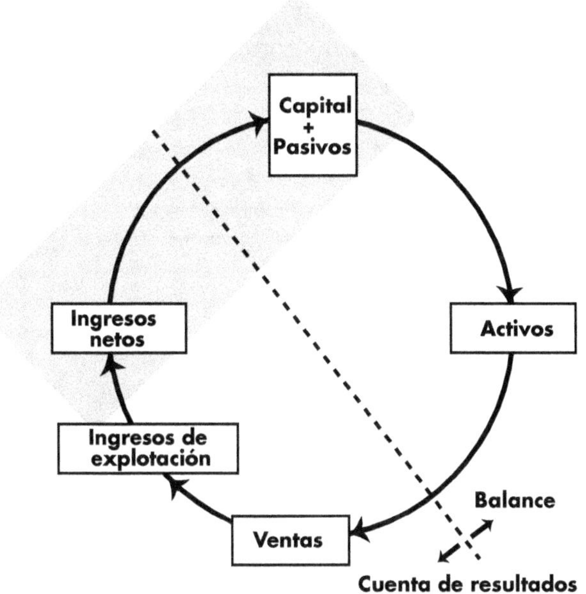

Figura 13.9. Los componentes del retorno
sobre el capital

Si el índice de margen de beneficio neto multiplicado
por el índice de rotación de activos (después de tachar los
dos elementos de ventas y generar el índice ROA) se alinea
y se multiplica por el índice de multiplicador de capital y
se tacha por los dos elementos de activos, el resultado es el
índice ROE (ver Figura 13.10).

La cuenta de resultados se utiliza para algo más que
como indicador de ventas. Muestra detalles de los gastos,
incluidos los relacionados con el marketing y las ventas.
Los altos directivos prestan mucha atención a los gastos de
marketing, especialmente al crear la cuenta de resultados
corporativa y alinear la remuneración del personal de ventas con los niveles de ingresos. Esos son costos en los que
incurre una empresa para ofrecer sus bienes y servicios. Los
gastos de marketing se incluyen en los gastos operativos de

una empresa, y los contadores los informan por separado en la parte "gastos de venta, generales y administrativos" de la cuenta de resultados.[21]

Figura 13.10. Cómo calcular el retorno sobre el capital

Las empresas pueden utilizar los estados financieros, en particular la cuenta de resultados, para mejorar sus operaciones de marketing cotidianas y descubrir los tipos de productos que podrían generar un potencial de crecimiento futuro. Los directivos pueden usarlos para planificar presupuestos, medir la eficiencia, analizar el desempeño de los productos y establecer objetivos a corto y largo plazo.[22] Las prácticas recomendadas para los *marketers* incluyen comprender el balance y vincularlo con la cuenta de resultados, saber qué significan los índices y utilizarlos para tomar decisiones de marketing y ventas.

Comprender el flujo de caja y el valor de mercado

Como hemos dicho antes, el efectivo es un elemento esencial para la empresa. Sin flujo de caja, la empresa no puede financiar sus actividades operativas ni realizar inversiones y

21 https://bizfiuent.com/info-8221377-types-income-statements-marketing-expenses.html

22 https://www.investopedia.com/ask/answers/041515/how-does-financial-accounting-help-decision-making.asp

financiación. Los inversores decidirán si invierten o no en una empresa después de emplear métodos de evaluación, tanto cualitativa como cuantitativamente. En general, los inversores potenciales realizarán un análisis de la empresa examinando sus elementos externos e internos, de forma similar al análisis de las 4C, antes de pasar a observar los aspectos financieros (ver Figura 13.11).

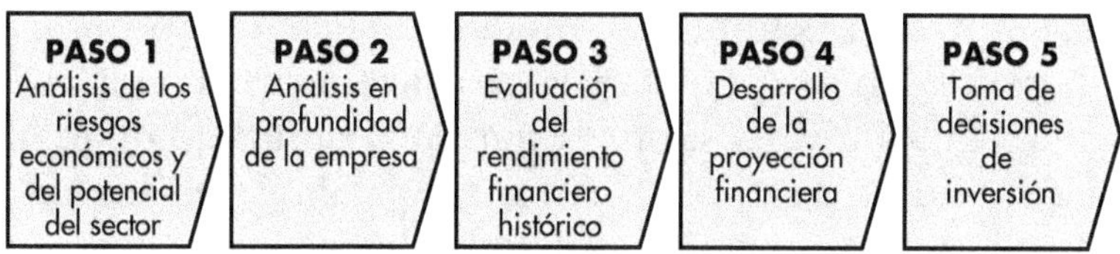

Figura 13.11. Etapas generales de la evaluación empresarial

Para evaluar una empresa, los inversores siguen pasos cuya comprensión puede ser útil para los *marketers*. Las siguientes secciones proporcionan algunas pautas generales para el proceso de evaluación.

Paso 1. Análisis de los riesgos económicos y del potencial del sector

Los inversores tienen en cuenta los factores macroeconómicos. Estos comprenden factores tecnológicos; políticos/legales, incluida la normativa; económicos y aspectos sociales/culturales. También observarán indicadores microeconómicos como las condiciones futuras del mercado, el crecimiento del sector, la competencia entre los agentes, el comportamiento de los clientes y los posibles desarrollos.

Por ejemplo, en el sector bancario, las tendencias macro como el surgimiento de la tecnología *blockchain*, las nuevas regulaciones, la contracción económica y los cambios en el estilo de vida crearán oportunidades y amenazas para las empresas. A nivel micro, está el estilo de vida de los clientes, cada vez menos dependientes del efectivo, y su cambio a la banca digital. La identificación inicial de esos cambios se convertirá en una guía para determinar la intención estratégica de la empresa. Desde el punto de vista de los inversores, verán cómo la empresa puede responder a esas dinámicas.

Paso 2. Análisis en profundidad de la empresa

Los inversores potenciales conocerán mejor la situación de una empresa si examinan su modelo de negocio. Verán si es coherente con su competencia central (incluso con la competencia distintiva) y si puede garantizar un flujo de ingresos continuo a largo plazo. En otras palabras, las empresas deben tener una ventaja competitiva basada en recursos suficientes, respaldados por capacidades y gestionados en el marco de la gobernanza empresarial. Los inversores verán si la empresa tiene una estrategia clara y coherente en su aplicación a nivel operativo. Examinarán los riesgos operativos a corto y largo plazo.

Los inversores también evaluarán hasta qué punto la tecnología juega un papel en la configuración de su ventaja competitiva, el grado de orientación digital de la empresa, la integración de sus equipos de marketing y ventas, la solidez de su orientación al mercado y su nivel de centralidad con respecto al cliente. Se interesarán por la aplicación de la gestión del talento y la cultura en la empresa. También tendrán en cuenta las capacidades de creatividad e innovación.

Paso 3. Evaluación del rendimiento financiero histórico

Los inversores estudiarán los estados financieros de la empresa para ver su desempeño en los últimos años:

- Margen operativo alcanzable
- Productos y servicios que contribuyen significativamente a las ganancias

- Utilidad neta, dividendos y ganancias retenidas
- Ratios de rentabilidad o ingresos generados
- Capital y pasivos
- Activos tangibles e intangibles
- Flujo de efectivo, incluida la asignación de efectivo a actividades operativas, de inversión y financieras
- El valor de mercado actual de la empresa (índice PER e índice PVC)

Los inversores prestarán mucha atención al flujo de efectivo operativo para ver si se destina a inversiones que crean valor. Mirarán el recorrido de una empresa. Querrán saber si se trata de una empresa de reciente creación o de una *start-up*. La empresa podría estar creciendo con una expansión agresiva o puede haber llegado a su ocaso. Los inversores compararán los indicadores de rendimiento de la empresa con los de empresas similares o con sus competidores más cercanos y con los promedios del sector.

Paso 4. *Desarrollo de la proyección financiera*

Dado que el efectivo es el rey para los inversores, es necesario hacer una proyección realista del flujo de efectivo operativo para los próximos años. Esa proyección debe basarse en un modelo de negocio sólido que pueda mostrar la capacidad de la empresa para competir en un entorno empresarial dinámico. El modelo de negocio debe mostrar claramente el flujo de ingresos de la empresa, lo que luego se proyecta para los próximos años. Los inversores estudian el flujo de efectivo operativo (al que se han deducido todos los gastos operativos) y los gastos de capital (que forman parte de la actividad inversora de la empresa) que se producirán en los próximos años.

Podemos obtener una proyección del flujo de efectivo libre a partir del flujo de efectivo operativo proyectado que se ha deducido de los gastos operativos y los gastos de capital (CAPEX). Ese flujo de efectivo libre luego se descuenta, lo que se conoce como flujo de efectivo descontado (DCF). Los inversores utilizan este indicador para determinar el valor de mercado actual de la empresa basándose en el precio justo de mercado y para estimar el potencial de aumento del valor de mercado en el futuro.

Paso 5. Toma de decisiones de inversión

Los inversores decidirán si el cálculo del DCF menos su inversión inicial total muestra una diferencia positiva significativa. El monto de la inversión inicial también determinará qué parte de la propiedad de la empresa pertenece a los inversores. Si al final del ejercicio contable se obtiene un beneficio neto positivo y se decide distribuirlo en forma de dividendo (parcial o totalmente), cada inversor recibirá una parte del dividendo según la proporción de las acciones que posea. Los inversores verán si el índice PER es satisfactorio. Además, si el valor de mercado aumenta significativamente de vez en cuando y esa cantidad está por encima del valor contable (lo que indica que el índice PVC es favorable), entonces los inversores pueden venderla para obtener una plusvalía. Por esa razón, los inversores observarán el valor de mercado y contable actuales de la empresa, el valor de mercado previsto y el valor de mercado real.

Esperar inversores

Comprender los pasos que se dan durante el proceso de evaluación puede ayudar a una organización a prepararse para los inversores. Eso puede ocurrir cuando una empresa pretende recaudar fondos. En otros casos, conseguir inversores puede ser parte de una estrategia para ayudar a la empresa a ganar valor para propósitos futuros. Entre las empresas familiares, puede existir el deseo de volverse "aptas para la venta", aunque el objetivo no sea vender la empresa.[23] El proceso puede ayudar a una empresa familiar a parecer más profesional en su sector. En la Tabla 13.2 se muestran pautas a tener en cuenta antes de someterse a una evaluación (ver página siguiente).

El ciclo del flujo de caja y el valor de mercado

Existe una relación recíproca entre el flujo de efectivo y el valor de mercado, que podemos ilustrar en un círculo virtuoso ascendente de flujo de efectivo y valor de mercado. No obstante, podría usarse para describir el efecto opuesto (es decir, un círculo vicioso) si las condiciones externas e internas de una empresa no son tan buenas como se esperaba. Podemos dividir el ciclo que vincula el flujo de efectivo y el valor de mercado en tres áreas: monetización, flujo de efectivo y valor de mercado (ver Figura 13.12).

En el área de la monetización, las mejoras e innovaciones pueden ayudar significativamente a los diferentes procesos de creación de valor y, en última instancia, a aumentar los logros de ventas. A continuación, ingresamos en el área del flujo de caja. En esa fase, las ventas menos los gastos operativos (incluidas la depreciación y la amortización) generarán los ingresos de explotación. Tras combinarlos con las ganancias o pérdidas no operativas y de deducir intereses e impuestos, se obtendrá el beneficio neto. Estos luego se distribuirán en forma de dividendos y de beneficios no distribuidos.

---

23 https://www.pwc.com/sg/en/publications/assets/epc-transform-family-businesses-201805.pdf

Tabla 13.2. Síntesis. Preparación para esperar inversores

Lista de verificación de la preparación de la empresa	
PASO 1 Análisis de los riesgos económicos y potenciales de la industria	• La dirección comprende bien el entorno macroeconómico • Tener flexibilidad estratégica • Estar actualizado o incluso más avanzado en comparación con el sector • Grupo de competencia claro • Posición clara en el mercado respaldada por la diferenciación • Ser parte del ecosistema empresarial • Minimizar los riesgos (mitigación de riesgos)
PASO 2 Análisis en profundidad de la empresa	• Visión, misión, valores y cultura de la empresa • Modelo de negocios sólido • Estrategias y tácticas consistentes hasta la ejecución/implementación • Saber cuál es la competencia central (o incluso su competencia distintiva) • Gobierno corporativo calificado • Identificar distintos recursos de la empresa que sean realmente valiosos • Tener capacidades (tecnología, talentos creativos e innovadores, y otros)
PASO 3 Evaluación del rendimiento financiero histórico	• Asegurar una alta productividad (eficiencia y eficacia) • Buena gestión de clientes (desde la compra hasta la fidelización) • Portafolio de productos sólido y bien administrado • Gestión financiera sólida; sin problemas de flujo de efectivo • Documentación completa y de fácil acceso de los distintos informes financieros • Identificar diferentes recursos intangibles que sean únicos y valiosos • Identificar la etapa de la empresa (emergente, en expansión/crecimiento o madura)
PASO 4 Desarrollo de la proyección financiera	• Plan de crecimiento a mediano y largo plazo • Plan de desarrollo de producto • Plan de desarrollo de mercado • Plan de diversificación
PASO 5 Toma de decisiones de inversión	• Prepararse para el proceso de negociación • Seleccionar los inversores compatibles • Listos para revisar todos los términos legales

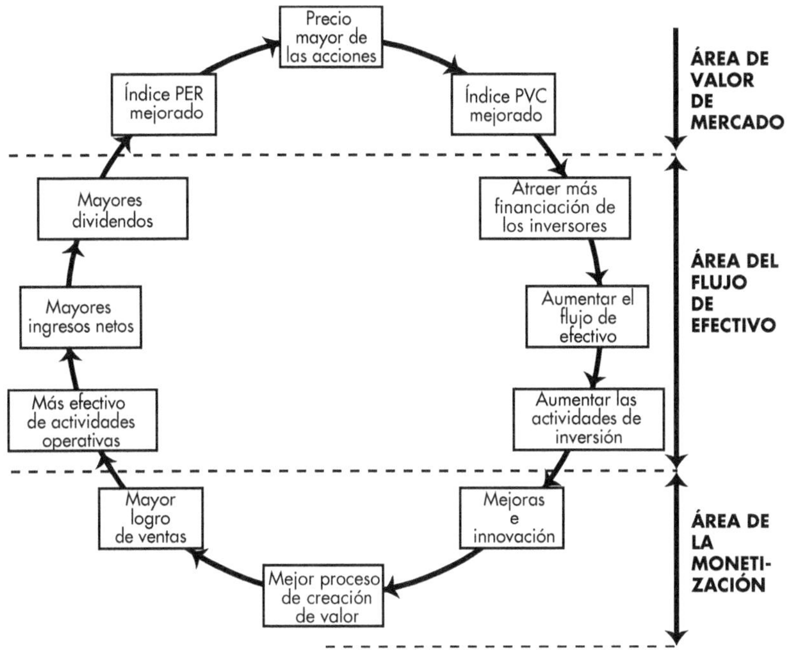

Figura 13.12. Ilustración sencilla del ciclo virtuoso del flujo de efectivo y el valor de mercado

A continuación, pasamos al área de valor de mercado, donde el aumento de los dividendos mejorará el índice PER. Eso eleva el precio de las acciones, de modo que el índice PVC crecerá aún más. Luego volvemos al área del flujo de efectivo, donde las empresas con mejor valor de mercado serán más atractivas para los inversores. Si eso sucede, la entrada de efectivo de la empresa aumentará debido a la actividad de financiación. La empresa destinará una parte de ese efectivo a actividades de inversión, concretamente CAPEX, y a inversiones relacionadas con activos intangibles, como marcas, procesos y personal. Es de esperar que esa inversión aumente la capacidad de la empresa para introducir mejoras e innovaciones. Entonces, el ciclo continúa.

Entender ese ciclo les permite a los *marketers* con una perspectiva empresarial ver el importante papel que desempeñan el marketing y las ventas en las áreas de la monetización, el flujo de efectivo y el valor de mercado. También muestra cómo el marketing y las ventas son un aspecto integral para asegurar la trayectoria a largo plazo de la empresa.

Vale la pena señalar que el balance no incluye otros activos intangibles que no sean patentes, derechos de autor, franquicias, licencias y fondo de comercio. Supongamos que existe un importante valor de marca que generaría un precio de venta alto. Si la empresa no ha sido adquirida, no es posible registrar el valor de la marca como activo de la empresa en el balance. El valor de ese importante activo intangible puede dar lugar a una diferencia significativa entre el valor contable de la empresa y su valor de mercado. Cuanto más valioso sea un activo intangible, mayor será el precio de mercado de la empresa en comparación con su valor contable.

Las empresas también deben identificar y adquirir cuidadosamente otros activos intangibles (aparte de marcas, derechos de autor, franquicias, patentes y otros), como capacidades de innovación, una red corporativa sólida, una cultura empresarial única, capacidades gerenciales sólidas y una base de datos de clientes. La variación entre el valor contable y el valor de mercado, que es un indicador de valor de un activo intangible, puede registrarse posteriormente como fondo de comercio solo si otra parte ha comprado la empresa. Además, el valor de los activos intangibles debe amortizarse periódicamente, aunque el mercado vea que los activos intangibles de la empresa están aumentando de valor.

Relacionando estos análisis con la gestión estratégica, ni los activos tangibles ni los intangibles aportarán beneficios si no pueden ser utilizados y convertidos en capacidades relevantes que sean la base para crear competencias. Una de las capacidades es la de ventas, que aplica los activos existentes para obtener un resultado para un objetivo específico. Para que haya un proceso de creación de valor, la empresa debe utilizar sus activos de forma eficiente y eficaz (en otras palabras, productivamente), lo que genera competencia. Si una empresa puede mantener esa situación de manera constante, creará una ventaja competitiva sostenible.

Junto con los *marketers,* cada vez con mayores conocimientos de los términos financieros, los profesionales de finanzas y contabilidad harán bien en ser conscientes de la creciente importancia de los activos intangibles. Estos se están convirtiendo en factores dominantes en el proceso de creación de valor y, a la larga, determinan la ventaja competitiva de la empresa. Este fenómeno puede observarse en la presencia de empresas nacidas en la era digital con modelos de negocio completamente diferentes de las versiones tradicionales. En algunos casos, el desempeño de las empresas digitales emergentes ha sido más sólido. Eso presenta una oportunidad para que las empresas que utilizan modelos tradicionales los reexaminen. Podría ser un momento oportuno para aprender nuevos enfoques para aumentar su valor.

Conclusiones clave

- El efectivo es el alma de una organización y se utiliza para cubrir gastos operativos, inversiones y actividades financieras.
- Cuando los *marketers* comprenden los términos financieros clave, pueden comunicarse a nivel estratégico con otros ejecutivos y evaluar mejor cómo presupuestar, financiar y medir proyectos. Los *marketers* con conocimientos financieros tendrán un impacto positivo en la productividad de la empresa.

- Para evaluar una empresa, los inversores llevarán a cabo análisis para determinar los riesgos económicos y relacionados con el sector, observarán en profundidad la empresa, revisarán el desempeño histórico, crearán proyecciones financieras y tomarán una decisión.
- Tener conciencia de las prioridades de los inversores puede ayudar a una empresa a prepararse para una evaluación.

Capítulo 14

Unir marketing y finanzas

De la separación a la integración

En 2013, Raja Rajamannar, director de marketing de Mastercard, quiso elevar la división de marketing y darle un papel más estratégico. En aquel momento, Mastercard ya era una marca muy conocida. Rajamannar vio que los esfuerzos de marketing habían tenido éxito en aumentar el conocimiento de la marca. Sin embargo, no habían generado un aumento de los ingresos.

Rajamannar también observó que el director financiero no trabajaba directamente con el director de marketing, a pesar de que los gastos de marketing estaban entre los tres gastos principales enumerados en el estado de resultados. Para cambiar de rumbo, Rajamannar le pidió al director financiero que trabajara con él e integraran los departamentos.

Para que esa integración funcionara, Rajamannar agregó un miembro del equipo de finanzas a su equipo de marketing. Le pidió al grupo recién formado que utilizara una fórmula para medir el retorno de la inversión (ROI) de las actividades de marketing. El objetivo era establecer un conocimiento común para medir el impacto del marketing en los objetivos empresariales más amplios.

Como marca B2B2C, los planes estratégicos de Mastercard incluían interactuar directamente con el cliente final. La empresa quería que el titular de la tarjeta reconociera la marca. Para lograr eso, Rajamannar implementó la metodología del marketing experiencial ejecutada por Mastercard en las oficinas regionales. Quería que cada región encontrara la manera adecuada de comunicarse directamente con cada cliente. Luego pidió a las oficinas regionales que midieran el impacto de la campaña utilizando la medición del ROI. Como resultado, el valor de la marca Mastercard aumentó de 69.000 millones de dólares en 2013 a 112.000 millones de dólares en 2021.[1]

El ejemplo de Mastercard muestra que una relación integrada entre marketing y finanzas puede influir significativamente en la competitividad y la sostenibilidad. En realidad, a menudo hay una falta de armonía entre ambos departamentos. Por eso, lo señalamos anteriormente como un punto ciego.

En este capítulo veremos cómo superar las barreras establecidas para unir el marketing y las finanzas. Exploraremos los beneficios mutuos que pueden surgir al integrar los departamentos. También estudiaremos cómo pueden unirse los dos mediante un proceso paso a paso (ver Figura 14.1).

Pilares históricamente importantes pero separados

A pesar de estar en un mismo ecosistema de gestión, tradicionalmente los departamentos de marketing y finanzas

---

1   https://www.marketingweek.com/the-top-100-most-valuable-global-brands-2013/; Sunil Gupta, Sriniva s Reddy y David Lane, "Marketing Transformation at Mastercard", Harvard Business Review Case 517-040 (2019); https://www.kantar.com/campaigns/brandz/global

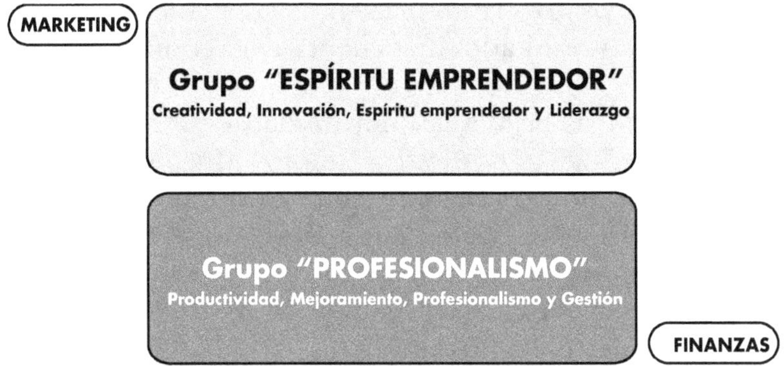

Figura 14.1. Elementos marketing y finanzas
del modelo *omnihouse*

suelen estar desconectados. La práctica común entre los líderes de marketing es tomar decisiones sobre presupuestos basándose principalmente en la estrategia comercial actual. Es menos probable que los líderes de marketing determinen el cálculo de su presupuesto a partir de las mediciones de los rendimientos financieros. Esa forma de proceder puede generar malentendidos tanto en los equipos de marketing como en los de finanzas porque aparentemente, aunque ambos tienen el mismo objetivo –apoyar la estrategia comercial de la empresa–, piensan de manera diferente.[2]

Por lo general, el equipo de finanzas medirá el costo y el retorno de la actividad de marketing. Sin embargo, según los líderes de marketing, es posible que las fórmulas numéricas para medir las campañas de marketing no siempre sean el enfoque adecuado. La mayor parte de la estrategia de marketing apunta a un impacto a largo plazo. A corto plazo, las actividades de marketing pueden generar un rendimiento cuantitativo. Sin embargo, para

---

2   https://cmosurvey.org/wp-content/uploads/2021/08/The_CMO_Survey-Highlights_and_Insights_Report-August_2021.pdf

lograr un impacto a largo plazo, las actividades de marketing obtienen resultados más cualitativos, como la imagen de marca.[3]

Unir ambas brinda la oportunidad de lograr un mejor desempeño. Sarah Allred y Timothy Murphy, en un artículo publicado por Deloitte, señalaron que para crecer es necesaria una asociación entre marketing y finanzas. Su investigación demostró que los ejecutivos de las empresas de mayor crecimiento están muy de acuerdo a la hora de medir el impacto del marketing.

Esa alineación proporciona una base esencial para aprovechar las fortalezas de los directores de marketing (CMO) y de finanzas (CFO). El estudio de Deloitte también encontró que las tendencias están cambiando: hay indicios de que algunos CMO y CFO están encontrando formas de colaborar de manera más efectiva. Una relación estrecha y armoniosa entre el CMO y el CFO puede ayudar significativamente al desempeño empresarial.[4]

Las divisiones de marketing y finanzas pueden y deben crear valor entre sí. Las finanzas brindan un presupuesto para impulsar las actividades de marketing, y las actividades de marketing pueden generar ingresos valiosos o valor de marca. Tanto la división de marketing como la de finanzas necesitan un lenguaje común y una forma adecuada de informarse entre sí. Como dos departamentos muy decisivos, ambos deben trabajar juntos de acuerdo con la misión de su empresa para alcanzar su visión.[5]

---

3   *Ibid.*

4   https://www2.deloitte.com/us/en/insights/topics/strategy/impact-of-marketing-finance-working-together.html

5   https://smallbusiness.chron.com/accounting-marketing-work-together-38276.html

La eficiencia, la eficacia y la productividad reconsideradas

En el Capítulo 13 analizamos la eficiencia, la eficacia y la productividad utilizando el ciclo [*loop*] del balance y la cuenta de resultados (ver Figura 14.2). En general, cuando los *marketers* quieren saber cuál es el nivel de eficiencia, pueden revisar la cuenta de resultados y calcular el rendimiento de las ventas (ROS) y los índices del margen de beneficio neto. Todos ellos reflejan la rentabilidad.

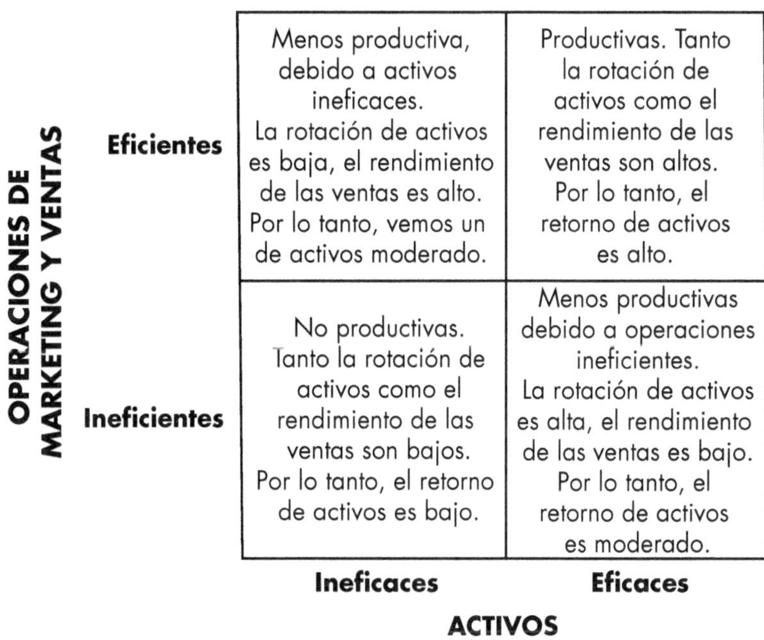

Figura 14.2. Matriz de la productividad

En términos generales, adoptar un enfoque "sin margen de error" es importante para evitar pérdidas por ineficiencia. Al comprender la cuenta de resultados hasta los ingresos de explotación, nos damos cuenta de que debemos evitar cualquier posible ineficiencia. Entre ellas figuran los costos innecesarios relacionados con actividades que no crean valor y los errores que podrían evitarse.

Como vimos en el Capítulo 13, los *marketers* pueden calcular el índice de rotación de activos para ver con qué eficacia funcionan como equipo y como empresa. Si los activos de la empresa crecen pero no hay un aumento adecuado de las ventas, podría deberse a que se están utilizando los activos incorrectos. O viceversa. Quizás la empresa cuente con los activos adecuados, pero el problema radica en los esfuerzos de venta. También podría haber otros errores fundamentales, como apuntar a segmentos equivocados, un posicionamiento inadecuado, la comoditización de las propuestas de valor (manifestada en productos y precios), comunicaciones de marketing débiles, o una estrategia de ventas desalineada.

Combinar la eficiencia y la eficacia conduce a una medición de la productividad, reflejada en el índice de rendimiento sobre activos (ROA). Si existe un problema de productividad, puede investigarse su origen. La baja productividad podría deberse a lo siguiente:

- Las operaciones de marketing y ventas son ineficientes incluso cuando cuentan con los activos adecuados.
- Las operaciones de marketing y ventas son eficientes, pero no cuentan con los activos adecuados.
- Hay operaciones de marketing y ventas que son ineficientes, así como los activos.

Los estados financieros estándar no son suficientes

Para los cálculos financieros son importantes algunas mediciones del marketing. Entre ellas se incluyen el ROI del marketing, el costo por acción (CPA), el costo de adquisición de clientes (CAC), el valor del ciclo de vida del cliente (CLV) y la atribución de ingresos. Aunque son fundamentales, no todos los *marketers* o las empresas utilizan esos indicadores clave de rendimiento (KPI). Repasemos cada uno de ellos:

- **ROI.** Desde el punto de vista del marketing, es una forma de calcular la eficacia de cualquier actividad de marketing. El ROI se calcula restando el costo de marketing y el crecimiento de las ventas y dividiéndolo por el costo de marketing. El resultado es un porcentaje del ROI. Por ejemplo, si el ROI de cualquier actividad de marketing es del 20%, significa que la inversión de la actividad de marketing genera el 20% de las ganancias.[6]
- **CPA.** El costo total de la campaña dividido por el número de clientes convertidos dará una cifra que describirá cuánto dinero tenemos que gastar para conseguir un nuevo cliente proveniente de una campaña de marketing. Cuanto menor sea el CPA, más eficiente será una campaña de marketing.[7]
- **CAC.** Este indicador se refiere a cuánto cuesta persuadir a un cliente para que compre un producto o servicio. Se calcula sumando los gastos de ventas y marketing y dividiendo ese resultado por el número de nuevos clientes.
- **CLV.** La fórmula calcula el ingreso total que una empresa puede esperar recibir de un cliente típico mientras ese individuo le compre a la empresa. Es una medida del valor del cliente y de su fidelidad a lo largo de la relación.

---

6   https://www.investopedia.com/articles/personal-finance/053015/how-calculate-roi-marketing-campaign.asp

7   https://www.bigcommerce.com/ecommerce-answers/what-is-cost-per-acquisition-cpa-what-is-benchmark-retailers/

- **Atribución de ingresos.** Este indicador surge de cotejar las ventas a clientes gracias a un anuncio específico para ver de dónde provienen los ingresos. A menudo se utiliza para decidir cómo calcular los presupuestos publicitarios futuros.

Algunas de estas métricas son vitales para determinar el rendimiento del marketing. Sin embargo, no suelen incluirse en el estado financiero obligatorio estándar. Los estados financieros normalmente no son específicos de marketing.

También existen parámetros no financieros específicos del marketing para evaluar el rendimiento del marketing. Estos proporcionan información sobre los procesos de toma de decisiones estratégicas y tácticas. En la Tabla 14.1 se señalan muchos de los más comunes.

Estas métricas no siempre son compartidas con divisiones ajenas al marketing porque a menudo se las considera insignificantes. A veces, basándose en esas mediciones, el rendimiento parece óptimo. Lamentablemente, cuando los resultados financieros eran pocos o nulos, se las considera irrelevantes. La dificultad de convertir esos resultados no financieros en resultados financieros a menudo genera escepticismo en otros departamentos, especialmente en el de finanzas. A las métricas que parecen sólidas pero que no tienen un significado relacionado con ellas a menudo se las llama "métricas de vanidad".

Las métricas financieras específicas de marketing son esenciales y deben presentarse en las reuniones, especialmente en las que participen altos directivos. A pesar de su utilidad, muchas de las métricas financieras de la Tabla 14.2 no se utilizan. Si existen en una empresa, por lo general no forman parte del estado financiero obligatorio estándar (con excepción de las más comunes, como las ventas y los costos de los bienes vendidos).

Tabla 14.1. Métricas no financieras específicas de marketing

Métricas generales de marketing			Métricas de marketing digital		
• Atribución de múltiples puntos de contacto • Cliente potencial cualificado para marketing (MQL) • Cliente potencial cualificado (SQL) • Tasa de conversión MQL a SQL • Tasa de conversión de cliente potencial a cliente • Tiempo de respuesta del equipo de ventas • Ratio de acción de compra (PAR)	• Unidades vendidas • Cuota de mercado • Participación de cartera (SOW) • Posicionamiento *top-of-mind* • Valor de marca • Conocimiento de la marca • Asociación de marcas • Lealtad a la marca • Calidad percibida • Experiencia de marca • Preferencia de marca • Tasa de retención de clientes (CRR)	• Índice de satisfacción del cliente • Repetición de compra • Número de nuevos clientes • Número de clientes • Ratios *cross-selling* y *up-selling* • Número de quejas • Número de recomendaciones (positivas/negativas) • Ratio de promoción de la marca (BAR) Puntuación neta del promotor (NPS) • Rotación de clientes	• *Likes* • Suscripciones • Enviar/compartir • Participación en redes sociales • Vistas de página • Vistas de página únicas • Tasas de retención • Tiempo dedicado • Páginas por sesión • Tasa de rebote • Tráfico del sitio web • Tasa de conversión del sitio web • Rendimiento del marketing por e-mail (general) • Tasa de apertura de e-mail • Tasa de rebote de e-mail	• Tasa de clics en e-mails • Tasa de bajas • Nuevos suscriptores • Suscriptores inactivos • Tasa de clics (CTR) • Automatizar clientes potenciales con *chatbots* • Captación de clientes potenciales vía chats en vivo • Tasa de conversión de cliente potencial a cliente • Tasa de conversión de *landing-page* • Captación frente a tasa de conversión • Atribución de múltiples puntos de contacto	• Número de quejas • Número de recomendaciones (positivas/negativas) • Métricas de participación • Alcance • Impresiones • Número de seguidores • Nuevos seguidores y tasa de crecimiento de seguidores • Tráfico (celular y redes sociales) • *Leads* (celular y redes sociales) • Tasas de conversión (celular y redes sociales) • Menciones de marca • Tasa de abandono

Tabla 14.2. Métricas específicas del marketing relacionadas con las finanzas

Métricas generales de marketing		Métricas de marketing digital
Basadas en marketing	**Basadas en finanzas estándar**	**Métricas de marketing digital**
• Ventas • Costo de bienes vendidos • Crecimiento de las ventas • Descuento • Rendimiento de las ventas (ROS) • Margen bruto (segmento, categoría, producto, marca, territorio, etc.) • Gastos de ventas y marketing • ROI del marketing • Costo por *lead* (CPL) • Costo por adquisición (CPA) • Costo de servicio por cliente • Ingresos promedio por cuenta/usuario/cliente (ARPA/ARPU/ARPC) • Tasa de crecimiento de los ingresos de los clientes existentes • Rotación de ingresos • Ingresos recurrentes mensuales (MRR) • Valor de vida del cliente (CLTV) • ROI o ROMI del marketing • Valor de marca	• Ingresos • Depreciación y amortización • Gastos operativos • Margen operativo • Flujo de efectivo • Cuentas por cobrar • Rotación • Inventario • Cancelación de inventario • Margen de beneficio neto • Rotación de activos • Retorno sobre activos (ROA) • Apalancamiento financiero • Rentabilidad sobre el capital (ROE) • Índice precio-valor contable (relación PVC) • Índice precio-beneficio (PER)	• Costo por clic • Costo por acción (CPA) • Costo por *lead* (CPL) • Costo de adquisición de clientes (CAC) • Inversión en publicidad digital • Retorno de la inversión publicitaria [digital] (ROAS)

Lo ideal es que las organizaciones de marketing empresarial combinen equipos de finanzas y marketing y establezcan métricas aceptables para interpretar financieramente las actividades de marketing. Sin un buen análisis e interpretación de estas métricas, las decisiones de marketing tal vez se basen en las mejores conjeturas, estimaciones o suposiciones. Si nos remitimos únicamente a los estados financieros estándar obligatorios, que no son específicos del marketing, nuestras decisiones de marketing serán engañosas e ineficaces.

Al utilizar métricas financieras y no financieras específicas del marketing aprobadas por sus contrapartes de la división financiera, los *marketers* pueden aumentar la precisión cuando miden la eficiencia, eficacia y productividad de sus esfuerzos. Los equipos deben medir sus actividades de marketing en todas las etapas, desde la de crear conciencia hasta la de mantener la fidelidad del cliente. Es importante seleccionar las métricas específicas de marketing adecuadas en función del objetivo de marketing específico.

Etapas de la unificación

Podemos distinguir cinco etapas que nos sirven para mostrar la relación entre marketing y finanzas. Van desde ser dos departamentos separados hasta la integración total (ver Figura 14.3). A continuación, veremos cada una de las etapas.

Etapa 0. Totalmente separados

Los departamentos de marketing y finanzas funcionan y se desarrollan de manera independiente. No comparten ninguna información significativa. La comunicación, incluso a nivel informal, rara vez tiene lugar. Solo se conectan por asuntos, problemas o cuestiones urgentes.

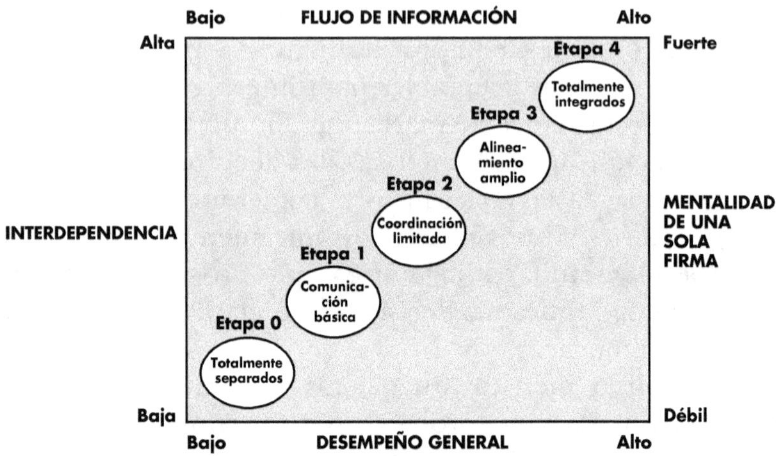

**Figura 14.3. De la separación a la integración
de los departamentos de marketing y finanzas**

Los empleados de cada departamento se concentran en sus respectivos objetivos en función de los KPI de su área. Tienen rutinas y agendas separadas, y no les interesa colaborar para resolver problemas. Ninguno de los dos departamentos ha dado aún señales de convivencia.

En esta etapa, el marketing y las finanzas chocan en ocasiones, sobre todo por la asignación del presupuesto. Su relación está llena de forcejeos. Los *marketers* ven que el equipo de finanzas dificulta deliberadamente el desembolso de los presupuestos. El equipo financiero ve que el grupo de marketing desperdicia dinero en propósitos ambiguos sin una dirección clara.

Etapa 1. Comunicación básica

En esta fase, la relación entre los departamentos de marketing y finanzas sigue estando separada, pero se han abierto líneas de comunicación significativas y esenciales. También ha comenzado la interacción de información. Por lo general, la información compartida no es considerada valiosa. Cada departamento funciona estratégicamente por su cuenta.

Al igual que en la etapa anterior, la gente de cada departamento sigue concentrada en sus respectivos objetivos basados en los KPI de su área. Si bien mantienen sus rutinas, han comenzado a prestar atención a la agenda del otro. Reconocen que eso podría tener consecuencias para otras funciones. Sin embargo, ambos departamentos han dado señales de convivencia pero no colaboran para solucionar los problemas internos.

Las diferencias de opinión son evidentes entre los dos departamentos, especialmente en lo que respecta a las asignaciones presupuestarias, cómo utilizarlas y qué quieren lograr. No obstante, ambos departamentos tienen la intención de realizar ajustes para mejorar la idoneidad en cuestiones operativas. La gente de finanzas no cree del todo en la mayoría de los supuestos que utilizan los *marketers* cuando presentan los presupuestos de marketing. Pero el equipo financiero ha comenzado a compartir información con marketing sobre sus expectativas respecto de la asignación presupuestaria. Los *marketers* han comenzado a tener en cuenta las preocupaciones del equipo financiero al usar ese presupuesto.

Etapa 2. Coordinación limitada

En esta segunda etapa, la relación entre los departamentos de marketing y finanzas ha mostrado importantes avances, marcados por una mejor coordinación. Los dos departamentos tienen líneas de comunicación más formales para intercambiar información más útil. Además de la comunicación formal programada, la informal se ha vuelto más fluida. Cada departamento ve ahora los desafíos del otro de manera más integral. La información intercambiada es cada vez más relevante y en ocasiones se utiliza para objetivos estratégicos.

El departamento de marketing ha comenzado a utilizar términos financieros generales (distintos de los de las ventas) para tender puentes de comunicación, como margen por producto o marca, puntos de ruptura, costos de captación de clientes, etc. No obstante, la mayoría de los KPI utilizados por el equipo de marketing todavía tienden a ser no financieros. A su vez, el equipo de finanzas ha empezado a utilizar cierta jerga de marketing en las sesiones de debate. Por ejemplo, los segmentos de mercado que más contribuyen a las ventas, los productos o marcas con mayor rentabilidad y el valor del ciclo de vida del cliente. La convivencia se está alineando con la creciente interdependencia de los departamentos.

Aunque todavía existen diferencias de opinión entre ambos departamentos, es posible conciliarlas mejor. Los profesionales de finanzas han comenzado a creer en algunos de los supuestos utilizados por el equipo de marketing al presentar sus presupuestos.

El equipo de marketing se ha volcado más a cumplir algunas de las expectativas del equipo de finanzas. La relación se vuelve armoniosa gracias a la apertura de la comunicación y al mejor intercambio de información. Físicamente, el espacio de trabajo de los departamentos de marketing y finanzas son adyacentes o al menos están más cerca uno del otro. Mantienen reuniones mensuales periódicas para revisar el crecimiento empresarial, el uso del presupuesto y los resultados, tanto financieros como no financieros. Resuelven diferentes expectativas, problemas y cuestiones en reuniones formales e informales. Cada departamento ha designado su enlace para facilitar una mejor coordinación. Ambos establecen conjuntamente políticas y regulaciones para evitar disputas o conflictos improductivos.

Etapa 3. Alineamiento amplio

En la tercera etapa, la relación entre los dos departamentos avanza más allá de la coordinación limitada para alinearse más plenamente hacia objetivos comunes. Además de reforzar las líneas de comunicación establecidas, los dos departamentos han comenzado a utilizar una plataforma de información compartida que ambos pueden actualizar en tiempo real. Ambas partes alinean cada vez más sus actividades en términos de los objetivos que deben alcanzar, los KPI acordados y utilizados, la división de tareas, los procesos de toma de decisiones, y la implementación y el seguimiento por parte de un equipo conjunto de los dos departamentos. Hay más colaboración en casi todos los procesos, lo que resulta en una interdependencia creciente.

Ya no hay obstáculos en cuanto a la comunicación informal entre los departamentos. Y hasta la comunicación formal puede mantenerse diariamente. Cada departamento percibe mejor los problemas del otro de manera más integral y comienza a discutirlos y resolverlos en conjunto. La información intercambiada ya no solo es relevante, sino que siempre está actualizada, es bien difundida y rápidamente respondida por diferentes partes de los dos departamentos, para cuestiones tanto estratégicas como tácticas.

La información se convierte en una base esencial porque ambos departamentos han entrado en la etapa del alineamiento basado en datos. Los datos se utilizan para hacer predicciones precisas. Todavía se producen conflictos interdepartamentales, pero solo a un nivel moderado. Ambos departamentos están más enfocados en afrontar juntos los desafíos a fin de asegurar los mejores resultados para la empresa.

El departamento de marketing ha comenzado a utilizar la información financiera con fluidez para tomar las decisiones relacionadas con los presupuestos. Su objetivo es utilizar eficazmente los activos de la empresa para aumentar las ventas. El equipo de marketing utiliza diversos KPI financieros para complementar y justificar los resultados medidos por diferentes KPI no financieros.

Asimismo, el equipo financiero comprende cada vez más los procesos de marketing hasta el nivel operativo. Proporciona información sobre cómo aumentar la eficiencia y mejorar los márgenes de beneficio. El departamento de finanzas aprecia ahora muchos aspectos del marketing, como la base de datos de clientes, la capacidad de innovación de productos y el valor de la marca. Su equipo cree que esos activos intangibles pueden afectar a los resultados financieros y al valor de mercado de la empresa.

La coexistencia ideal se está haciendo realidad, y la interdependencia es fuerte. El personal financiero ha comenzado a creer e incluso participa en la determinación de los supuestos utilizados por el equipo de marketing. El enfoque basado en hechos se ha vuelto habitual, mejorando la objetividad en el proceso de decisión presupuestaria del departamento de marketing.

El personal de marketing se involucra más en establecer metas financieras de marketing que sean objetivas y alcanzables por el equipo de marketing. Ambos departamentos tienen las mismas expectativas. La relación entre ellos es armoniosa porque se comunican mediante un lenguaje comprensible y los dos se remiten a la misma plataforma de información, a la que pueden acceder en tiempo real. La información es precisa y actualizada. Los profesionales del sector financiero utilizan con fluidez la jerga del *marketer* y viceversa; el equipo de marketing comprende y utiliza el lenguaje de la gente de finanzas.

Ambos departamentos mantienen reuniones semanales periódicas para revisar la productividad general. Buscan oportunidades disponibles para hacer crecer el negocio. Los dos se esfuerzan por evitar problemas que puedan obstaculizar el desempeño de cualquiera de ellos.

Etapa 4. Totalmente integrados

La cuarta etapa es cuando se produce la integración total de los departamentos de marketing y de finanzas. Aunque los límites son claros, todos los procesos de colaboración entre los dos departamentos son flexibles y adaptables.

La comunicación se realiza a través de plataformas *online* y *offline*, lo que permite una relación fluida.

Con la ayuda de la tecnología IA la administración puede utilizar información dinámica para hacer predicciones y hallar soluciones contextuales, incluidas la personalización y la adaptación a las necesidades del cliente. Los KPI, tanto de marketing como de finanzas, se monitorean minuto a minuto en un panel al que pueden acceder ambos departamentos. El proceso de toma de decisiones también es rápido y está en línea con el ritmo de los cambios en el entorno empresarial. La interdependencia alcanza su punto máximo, por lo que la dirección puede reducir el margen de error al nivel más bajo.

La comunicación formal e informal se produce sin esfuerzo. La burocracia innecesaria, que a menudo ralentiza el proceso de gestión de la empresa, ya no existe. Cada departamento amplía aún más sus horizontes al tratar cuestiones operativas y tácticas vinculadas a cuestiones estratégicas. Por lo tanto, ambos departamentos siempre se refieren a la relación entre los logros de dos KPI diferentes. Por ejemplo, analizan la relación entre la participación de mercado y la rentabilidad, la sensibilidad de los segmentos de mercado elegidos a los márgenes de ganancia, la relación entre el uso de plataformas de datos del cliente (CDP) sobre la fidelidad de los clientes y las ventas, y la influencia que puede tener la adquisición de una marca en el valor de mercado de la empresa. Esa relación estratégica, en definitiva, remite a un mismo objetivo, que es la sostenibilidad de la empresa, más allá de los KPI convencionales de cada departamento.

La integración de los departamentos de marketing y finanzas se caracteriza por procesos de toma de decisiones basados en datos y tecnología. El análisis computacional de datos, incluidos *big data,* o de estadísticas en gran escala es algo común. Ese análisis sistemático (lo que se conoce como analítica) producirá información y conocimientos significativos que establecen la base para las decisiones conjuntas de ambos departamentos. Al mismo tiempo, eso fortalece la integración de los dos departamentos, tanto a nivel estratégico como táctico.

El uso de los recursos de la empresa bajo el control del departamento de marketing y finanzas es óptimo por su eficacia y eficiencia, centrándose en las economías de escala y optimizando las economías de alcance. La integración total con ayuda de la tecnología puede eliminar conflictos y mejorar la mentalidad de "una sola empresa". No existen más problemas de comunicación porque un departamento ya entiende el idioma del otro departamento y viceversa.

El equipo del departamento de finanzas ve al departamento de marketing como una unidad de negocios estratégica que requiere una asignación presupuestaria para las necesidades operativas (OPEX) y la inversión (CAPEX). La diferencia de perspectivas es mínima, porque los procesos tienden a estar basados en hechos y en datos. Si hace falta recurrir a algunos supuestos, los departamentos los desarrollarán conjuntamente. Esa total interdependencia también hace que ambos departamentos generen una mentalidad de "ganar o perder juntos", lo que demuestra una cohesión y una coexistencia sólidas.

El departamento de finanzas canaliza el presupuesto operativo y las inversiones al departamento de marketing. El de marketing proporciona retornos al financiero. Los dos departamentos tienen la misma visión, desarrollan una estrategia conjunta coherente con la estrategia corporativa y utilizan el sistema o la plataforma juntos. La coordinación de los altos directivos, especialmente entre el CEO, el CFO y el CMO, se vuelve más armoniosa y ya no se registran forcejeos.

Para ver una integración en acción, tomemos el caso del Grupo ABB, que nombró un CFO con dos cabezas. Ese cargo supervisaba al equipo de marketing global junto con el de finanzas. Eso aseguró la conectividad necesaria para ejecutar las operaciones comerciales.[8]

El ciclo finanzas-marketing

El ciclo finanzas-marketing se desarrolla sin problemas en una situación totalmente integrada. Con la ayuda de la tecnología, fortalecerá la plataforma de integración de marketing y finanzas. La Figura 14.4 muestra esa relación.

Figura 14.4. Simplificación del ciclo finanzas-marketing

---

8   https://hbr.org/2014/12/why-corporate-functions-stumble

El proceso cíclico comienza cuando los dos departamentos establecen metas y estrategias para lograr esas metas antes de la asignación presupuestaria. Además, los dos departamentos delinean y acuerdan cuestiones técnicas u operativas para garantizar una etapa de ejecución exenta de problemas. Ambos departamentos realizan todo su trabajo a través de una plataforma integrada *offline* y *online*.

El departamento de marketing asignará el presupuesto para las actividades operativas de marketing y la inversión en al menos tres puntos: cliente, producto y marca (ver Tabla 14.3).

El equipo de marketing debe entregar al departamento de finanzas un resultado demostrable de esas actividades operativas y de inversión. En primer lugar, el departamento de marketing logrará diversas metas no financieras al crear conocimiento de marca o producto a los ojos de los clientes potenciales o de su mercado objetivo específico. Si el mercado ve una propuesta de valor clara, un posicionamiento sin promesas excesivas, una fuerte diferenciación y la posibilidad de recibir soluciones reales, eso generará un fuerte atractivo para el producto o la marca y, en última instancia, generará fidelidad en el cliente.

Posteriormente, el equipo de ventas convertirá esos logros no financieros en resultados financieros, irán paso a paso, desde la preferencia hasta el interés en comprar y, finalmente, la compra. Las compras en efectivo generarán inmediatamente entradas de efectivo para el departamento de finanzas, mientras que las compras que no sean en efectivo darán lugar a cuentas por cobrar que se convertirán en efectivo y serán percibidas por el departamento de finanzas. Si los KPI no financieros alcanzados son lo suficientemente sólidos, pero los resultados financieros no son satisfactorios, se llegará a la conclusión de que algo anda mal. Ambos departamentos trabajarán para encontrar la causa y resolver el problema rápidamente.

Tabla 14.3. Ejemplos de actividades financieras con relación a clientes, productos y marcas

	Operativas (corto plazo)	Inversión (largo plazo)
Cliente	• Operaciones en tienda física (dotación de personal, comercialización, administración, auditoría de la tienda, etc.) • Mantenimiento de tienda (electricidad, instalaciones, mobiliario, etc.) • Gestión de tienda *online* (gestión de pedidos, experiencia del usuario o gestión de Interface, etc.)	• Construir plataforma y experiencia omnicanal • Construir nuevas tiendas físicas • Instalar nueva tecnología en tiendas *offline* (inteligencia artificial, reconocimiento facial, realidad aumentada, etc.)
	• Estudio de mercado (encuestas, discusión en *focus group*, entrevistas, estudio etnográfico)	• Desarrollo del mercado • Resegmentación y reorientación
	• Programa de captación de clientes	• Crear plataforma de datos de clientes (CDP)
	• Programa de fidelización de clientes	• Desarrollar plataforma de fidelización de clientes
	• Operaciones de servicio al cliente • Servicio post venta	• Crear centro de atención al cliente (con un chatbot)
	• Recopilar base de datos de clientes • Ejecutar programas/sitios comunitarios de clientes	• Plataforma de personalización y customización • Crear proceso analítico de clientes (software de big data, etc.)

Producto	• Costo de producción (costo de materia prima y fabricación) • Empaquetado del producto • Investigación y desarrollo de productos[9]	• Construir nuevos sistemas de desarrollo de productos e instalaciones • Construir nuevas instalaciones de fabricación • Innovación de productos (crear diferenciación) • Patentes y derechos de nuevos productos
	• Actividades de venta • Producción de folletos/herramientas promocionales • Remuneración a vendedores • Muestras de productos y obsequios • Gastos de viaje para actividades de los vendedores • Actividades de televenta	• Instalar software de gestión de la fuerza de ventas (por ej., salesforce.com) • Nuevo servidor y website para tiendas *online*
	• Capacitación en ventas	• Construir nuevo centro de aprendizaje
	• Distribuciones/actividades logísticas • Almacenaje • Transporte • Gestión y control de inventario • Gestión de relaciones con miembros del canal (adquisición, desarrollo, evaluación y terminación de canales)	• Red de distribución (por ej., nuevos outlets, nuevo centro de distribución, plataforma *online*, depósitos, etc.) • Desarrollar un nuevo sistema de canales (por ej., desarrollar un sistema de franquicias)

---

9   Basado en "Condensed Consolidated Statement of Operations (Unaudited) of Apple". Apple considera la I+D como gastos operativos. Ver más en https://www.apple.com/newsroom/ pdfs/FY20-Q3_Consolidated_Financial_Statements.pdf

Marca	• Marca compartida • Acuerdos de marca con embajadores de marca	• Adquisición de nueva marca
	• Desarrollar nueva línea de productos (productos complementarios/suplementarios)	• Desarrollo de nueva marca
	Activación de marca *offline*: • Publicidad • Gestión de eventos • Promoción de ventas • Marketing directo • Actividades de marketing comunitario • Relaciones públicas Activación de marca *online*: • Marketing en redes sociales (anuncios en Facebook , Instagram, YouTube, etc.) • Marketing en motores de búsqueda • Marketing de contenidos • Marketing por e-mail	• Mejoras del valor de marca • Extensión de la marca • Rejuvenecimiento de la marca • Reposicionamiento de la marca

Con resultados tangibles en forma de rentabilidad, se generará confianza entre los departamentos de finanzas y marketing. Eso acelera el ciclo finanzas-marketing. Básicamente, el departamento de marketing siempre debe vincular sus esfuerzos con la creación de valor real, como se refleja tanto en las métricas financieras como en las no financieras.

Las inversiones en marketing, normalmente en activos intangibles como marcas, redes de ventas, clientes leales y diferenciación de productos, no pueden registrarse en un balance. Sin embargo, esos activos intangibles tienen valor en una determinada gama de precios, como lo indica la variación entre el valor contable y el valor de mercado. Si el valor de mercado es mayor que el valor contable, el valor de los activos intangibles, incluidos los creados a través de inversiones de marketing, tendrá un valor mayor. El valor alto de los activos intangibles puede utilizarse como indicador para mostrar que el desempeño financiero futuro de la empresa es prometedor.[10]

Basándonos en estas explicaciones, los equipos de marketing no deberían dejarse llevar por la idea de que solo el marketing es un trabajo de todos. Ahora las finanzas también son un trabajo de todos, especialmente para la gente de marketing. Ahora los *marketers* pueden comprender y dominar el lenguaje de las finanzas. Con esas herramientas a mano, el departamento puede comunicarse mejor con otras funciones y presentarse en las reuniones de la alta dirección, listo para tener peso en las conversaciones estratégicas.

Por lo tanto, es necesario desarrollar un curso de finanzas para *marketers*. Eso podría ofrecerse a través de instituciones educativas, así como de programas internos de capacitación en las empresas. Las lecciones podrían mostrar las ratios clave que deben conocerse, explicar cómo comunicarse con finanzas y diseñar el proceso para integrar ambas funciones.

Conclusiones clave

- Una asociación entre marketing y finanzas puede reducir la fricción, conducir a la integración e impulsar a la empresa hacia el crecimiento.
- La relación entre los departamentos de marketing y finanzas puede describirse en cinco etapas de un espectro que va desde que ambos operan como gru-

---

10 https://knowledge.wharton.upenn.edu/article/non-financial-performance-measures-what-works-and-what-doesnt/

pos separados hasta que están completamente integrados. Esas etapas son: totalmente separados (etapa 0), comunicación básica (etapa 1), coordinación limitada (etapa 2), alineamiento amplio (etapa 3) y totalmente integrados (etapa 4).

- Cuando están totalmente integrados, hay un ciclo que discurre sin problemas entre finanzas y marketing; se lo puede fortalecer y mejorar continuamente.
- Tener conocimientos tanto de marketing como de finanzas es necesario en toda la organización. A fin de concientizar, las empresas pueden realizar sesiones internas de capacitación para enseñar los conceptos básicos.

Capítulo 15

Tecnología para la humanidad

Alta tecnología, mayor contacto[1]

Hoy, un cliente que quiera programar un corte de pelo en un salón puede hacerlo a través de la función de servicio de asistente dúplex de Google, basada en IA. Esa simulación, anunciada por primera vez en 2018, da la impresión de ser humana. La función utiliza tonos, lenguaje e incluso expresiones de relleno como "mm-humm", a tal punto que los usuarios tal vez no se den cuenta de que están hablando con un robot.[2]

El servicio dúplex de Google, ahora disponible en EE.UU. y otros países, libera a sus usuarios de interactuar directamente con otras partes. Permite a los clientes realizar una variedad de transacciones, incluidas reservas en restaurantes y compras *online* de entradas para el cine. Se espera que su gama de servicios se amplíe aún más en los próximos años.[3]

---

1   Este subtítulo toma prestado "alta tecnología, alto contacto", propuesto por John Naisbitt en su libro con Nana Naisbitt y Douglas Philips, *High Tech High Touch: Technology and Our Accelerated Search for Meaning* (London: Nicholas Brealey Publishing, 1999).

2   https://www.youtube.com/watch?v=D5VN56jQMWM

3   https://www.androidauthority.com/what-is-google-duplex-869476/

La herramienta es un símbolo de lo lejos que ha llegado la IA. Atrás quedaron los días de las voces robóticas y el vocabulario limitado. El avance también marca un cambio de un mundo de mobile-first a un mundo de AI-first. La IA permite que la tecnología sea más accesible, más amigable y más orientada a las soluciones.[4] Ya no más percibida como "fría", la IA puede servir como una herramienta de interacción humana.

A medida que la IA y otras tecnologías continúan desarrollándose, es esencial tener en cuenta el contexto humano (ver Figura 15.1). Las partes interesadas querrán tener la seguridad de que los avances se utilicen de forma humana. Además, querrán percibir que la tecnología proporciona beneficios tangibles, como una mejora de la calidad de vida.

Figura 15.1. Componente de tecnología y humanidad en el modelo *omnihouse*

En el Capítulo 6 dijimos que la tecnología y la humanidad son una dicotomía. En este capítulo veremos cómo hacer converger la tecnología y la humanidad para lograr

---

4   https://blog.google/technology/ai/making-ai-work-for-everyone/

mayores ingresos, crear un mayor conocimiento de la marca y aumentar la satisfacción del cliente. En el Capítulo 16 veremos cuáles son los beneficios que pueden brindarse a los empleados, a la sociedad, a las partes interesadas y a la propia empresa.

El nuevo nivel de contacto

El debate sobre alta tecnología y alto nivel de contacto se ha mantenido vigente desde que John Naisbitt describió por primera vez el concepto a principios de la década de 1980. Con frecuencia, el tema se ha enfocado solamente en el cliente como objetivo más esencial. Sin embargo, hay otros elementos a tener en cuenta, incluido el bienestar de la sociedad. La aplicación de la responsabilidad social empresarial (RSE) no siempre está incorporada en un proceso o modelo de negocio.

Además, el marketing social tiende a pasar por alto a las personas de la empresa como un elemento vital. Si queremos aportar beneficios a la humanidad, el punto de partida está en cómo tratar a los empleados. A continuación, podemos centrarnos en los clientes como fuente de rentabilidad de la empresa. Y finalmente, consideraremos a la sociedad, esencial para la sostenibilidad a largo plazo.

Uno de los puntos ciegos del marketing es ignorar el aspecto humano. Cuando ocurre eso, el marketing no es más que una herramienta al servicio de los intereses de la empresa, que está orientada únicamente a los beneficios. Las empresas "persuaden" a la comunidad en general para que compre sus productos sin prestar atención a los empleados, al medio ambiente y a otras partes interesadas.

A pesar de su enorme y rápido desarrollo, Amazon tuvo problemas con respecto al bienestar de sus trabajadores. En la Navidad de 2019, la campaña "Envío más rápido" de Amazon generó más de 87.000 millones de dólares en ingresos. Ese logro podría haber sido una excelente noticia para los accionistas, pero para los empleados, que solo tuvieron dos descansos de 15 minutos, podría haber parecido un desastre.

Los informes sobre las índices de lesiones en una de las instalaciones también estuvieron en el centro de atención, lo que dio lugar a una petición presentada por 600 trabajadores del depósito de Amazon, en la que exigían a la empresa que mejorara las condiciones laborales y concediera más descansos.[5]

Amazon también enfrentó problemas relacionados con el medio ambiente. Un ex empleado mencionó haber presionado a Amazon, en su reunión anual del consejo de administración, para que desarrollara su política de cambio climático.[6] Amazon estaba promocionando beneficios para los clientes, como envíos más rápidos, envíos en un día y entrega de comestibles en dos horas, especialmente durante la temporada alta o en días especiales, como el de Navidad. Muchas veces, esa campaña no medía la carga de trabajo sobre los empleados y el impacto en el medio ambiente de tantos pedidos y envíos rápidos. Las consecuencias fueron importantes desperdicios y contaminación al apresurar las entregas.[7]

La respuesta de Amazon fue que promovería el uso de energías renovables en sus procesos comerciales.[8] Esos esfuerzos pueden inspirar a otras empresas a seguir su ejemplo e iniciar programas centrados en el medio ambiente. Hacerlo así estaría en línea con los ODS de la ONU en los años venideros.[9]

---

5   https://www.theguardian.com/technology/2020/feb/05/amazon-workers-protest-unsafe-grueling-conditions-warehouse

6   https://www.bbc.com/news/business-56641847

7   https://www.wbur.org/onpoint/2021/07/09/the-prime-effect-amazons-environmental-impact

8   https://www.bbc.com/news/business-56641847

9   https://www.wbur.org/onpoint/2021/07/09/the-prime-effect-amazons-environmental-impact

En situaciones en las que hay pocos competidores, a veces el cliente no tiene mucho peso para opinar sobre el comportamiento de una empresa. En los últimos años, como hemos señalado, esas condiciones han cambiado. Ha habido un desplazamiento del poder de negociación de los productores a los consumidores, por lo que las empresas deben centrarse más en el cliente. Los clientes ahora son más sofisticados, más instruidos, están más conectados e informados, y son más difíciles de satisfacer y menos leales. Por ello, hoy en día las empresas intentan incorporar elementos sociales en sus modelos de negocio, en lugar de promover débiles esfuerzos en materia de RSE.

Una empresa que ha tenido éxito en ese sentido es Cassava Bags Australia, que creó una bolsa natural, 100% biodegradable. La bolsa se disuelve completamente en el agua, se degrada en los vertederos y se descompone en otros medios. Es segura para el medio ambiente porque no es tóxica, no contiene aceite de palma y no es dañina para la vida marina. La empresa se formó con la convicción de que las empresas pueden ser una fuerza para el bien y que las acciones singulares de los individuos, colectivamente, tienen el potencial de transformar el mundo.[10] Esas bolsas generan ganancias, protegen el medio ambiente y apoyan el ODS número 13, sobre acción por el clima.

Es importante subrayar que toda empresa también tiene una responsabilidad social. Las empresas deben basar sus esfuerzos de marketing en los valores establecidos por la dirección. Por lo tanto, el objetivo del marketing tecnológico para la humanidad es crear valor a través de los valores.

Bitwise Industries, una empresa de ecosistema tecnológico, ha desarrollado programas digitales que ayudan a las poblaciones desfavorecidas a acceder a la satisfacción de sus necesidades básicas. La empresa creó una aplicación que

---

10 https://cassavabagsaustralia.com.au/

gestiona los pedidos de comestibles y realiza un seguimiento de las entregas de alimentos. También lanzó una red para conectar a los trabajadores con puestos de trabajo.[11] Sus esfuerzos muestran una estrategia para integrar y alinear los negocios con los problemas sociales.

Repercusiones del marketing impulsado por la tecnología

De hecho, no podemos separar el nuevo género de marketing empresarial del soporte tecnológico que afectará al marketing de una empresa, tanto para B2B como para B2C. La aplicación del marketing en una empresa ya no puede referirse únicamente a la propia dimensión del marketing. Debe ser trascendente y colaborativa, desterrar los silos existentes entre departamentos y hacer converger las funciones existentes. Para ello, la tecnología desempeñará un papel crucial como facilitadora.[12]

En consonancia con el fortalecimiento del enfoque de marketing impulsado por la tecnología, tal vez los *marketers* necesiten salir de su zona de confort para comprender las nuevas tecnologías. Si no lo hacen, rápidamente podrían volverse incompetentes y, en última instancia, irrelevantes. Por ejemplo, Borders fue en algún momento un minorista nacional de libros y música. Esta firma, que alguna vez fue un sitio muy popular, al final contrajo una deuda muy importante e invirtió en establecimientos minoristas sin darse cuenta de que los hábitos de los clientes estaban cambiando rápidamente. Al entrar en la era digital, Borders tardó en adaptarse a la tecnología que proporcionaba libros electrónicos y transmisiones de música. Con demasiado gasto

---

11 https://www.npr.org/2022/02/04/1078050740/irma-olguin-why-we-should-bring-tech-economies-to-underdog-cities
12 Véase https://hbr.org/2019/07/building-the-ai-powered-organization

en bienes raíces y poco en innovación tecnológica, Borders no pudo mantener su negocio.[13]

De cara al futuro, debemos combinar la tecnología con la disciplina del marketing. Para ser pionera en lugar de simplemente ponerse al día, una empresa debe contratar a un tecnólogo de marketing, un nuevo tipo de *marketer* que pueda diseñar y operar las tecnologías necesarias para llevar a cabo esfuerzos relacionados con el marketing y comprender el contexto tecnológico. Una nueva generación de especialistas en marketing puede ver y realizar la aplicación del marketing en un mundo ya digital.[14]

En 2020, los usuarios de Internet en todo el mundo alcanzaron los 4.830 millones, con más del 60% de la población mundial conectada a Internet. Esa cifra seguirá aumentando, y se estima que para 2030 el 90% de las personas estarán conectadas *online*.[15] La publicidad en teléfonos móviles está creciendo para coincidir con esa tendencia.[16]

Esa oportunidad concuerda con la dirección que está tomando nuestra tecnología de marketing. El marketing se ha vuelto más digitalizado y avanzado. Por ejemplo, los macrodatos, las blockchains y las herramientas publicitarias empleadas en redes sociales, como los anuncios de Facebook y los chatbots, permiten a los *marketers* ofrecer a los clientes una mayor personalización.[17] Aunque la eficacia varía entre los sectores industriales, muchas empresas, tanto B2C como B2B, han utilizado plataformas de redes sociales

---

13 https://www.collectivecampus.io/blog/10-companies-that-were-too-slow-to-respond-to-change

14 Como lo revelaron Scott Brinker y Jason Heller. Véase https://www.mckinsey.com/ business-functions/marketing-and-sales/our-insights/marketing-technology-what-it-is-and- how-it-should-work

15 https://www.currentware.com/blog/internet-usage-statistics/

16 https://www.statista.com/statistics/303817/mobile-internet-advertising-revenue-worldwide/

17 https://www.ama.org/journal-of-marketing-special-issue-new-technologies-in-marketing/

como Instagram, TikTok y LinkedIn. Esas herramientas, combinadas con la tecnología, ayudarán a los *marketers* a conocer a sus clientes, sus preferencias de compra y las palabras clave específicas que utilizan al realizar sus búsquedas.

Para la aplicación más provechosa de la nueva tecnología a una marca o producto, los *marketers* necesitan el apoyo de otros departamentos de la empresa, como el de tecnología de la información y el jurídico. Cuanta más información puedan recopilar las empresas, más estrategias podrán crear. El desafío no está en los datos recopilados sino en cómo utilizarlos.[18]

Un enfoque de marketing impulsado por la tecnología va más allá de instalar nuevas tecnologías. Afecta a toda la empresa, al integrar departamentos y establecer una nueva mentalidad. La investigación de McKinsey muestra que algunas claves del éxito de la transformación digital incluyen la contratación de ejecutivos expertos en tecnología, el desarrollo de las capacidades futuras de la fuerza laboral, la formación de los empleados para que trabajen de nuevas maneras, la oferta de un impulso digital de las herramientas cotidianas y la comunicación frecuente a través de medios tradicionales y digitales.[19]

En general, la aplicación del marketing basado en la tecnología tendrá implicaciones para la gestión del marketing, incluidos los clientes, los productos y las marcas.

La gestión de clientes

Las empresas pueden mejorar la gestión de clientes con la ayuda de la tecnología, que centra la atención en diversos puntos, como se analiza en las siguientes secciones.

---

18 https://www.digitalmarketing-conference.com/the-impact-of-new-technology-on-marketing/

19 https://www.mckinsey.com/business-functions/people-and-organizational-performance/our-insights/unlocking-success-in-digital-transformations

Más atención a la comunidad

En la era de la conectividad, vemos que la comunidad es cada vez más importante para que las empresas comprendan mejor el mercado, establezcan relaciones, entiendan a los clientes y realicen un intercambio de valor. La vinculación con la comunidad –tanto *online* como *offline*– les permitirá a las empresas brindar un mejor soporte a los clientes. Los compradores pueden conocerse e interactuar entre sí y con la marca.[20]

Enfoque más contextual

Con el apoyo de la tecnología, una empresa puede y debe gestionar a sus clientes de manera individualizada. Permitirles que interactúen en cualquier momento y en todo lugar siempre que estén conectados en línea. Las empresas pueden ofrecer personalización y viceversa; los clientes pueden personalizar los productos y servicios según sus preferencias.

Las interacciones basadas en IA pueden mejorar la expericncia dcl clicntc y rcforzar su compromiso. Eso puede hacerse a través de plataformas digitales como los chatbots. Por ejemplo, Mastercard, líder en pagos globales, lanzó un chatbot, principalmente para las consultas de los clientes. Esos bots pueden responder a preguntas relacionadas con el saldo de una cuenta, herramientas de administración de dinero y registros de transacciones.[21]

El marketing de contenidos –principalmente a través de plataformas de redes sociales que entretienen, inspiran, educan y convencen– desempeñará un papel más impor-

---

20 https://seths.blog/2012/02/horizontal-marketing-isnt-a-new-idea/
21 https://www.retaildive.com/ex/mobilecommercedaily/mastercard-unveils-chatbot-platform-for-merchants-and-banks-along-with-wearable-payments

tante. Esas iniciativas pueden crear conciencia, generar interés y aumentar la fidelidad del cliente. Pueden llevar a los clientes a descubrir información, realizar compras y continuar utilizando los productos y servicios.

Los testimonios, los estudios de casos y los contenidos que presentan a clientes reales como protagonistas son componentes cruciales para ganarse la confianza de los clientes. A esto se lo suele llamar "prueba social". Podemos utilizar contenidos generados por los clientes, publicarlos en las redes sociales y dejar que la comunidad discuta y comparta una opinión sincera sobre los productos. Así, será más fácil para todos encontrar más información útil y compartirla con los amigos. Esa plataforma también puede permitir a los *marketers* obtener opiniones sobre sus productos o ver si funcionan sus estrategias de marketing.[22]

Los contenidos generados por los clientes pueden proporcionar un contacto directo y ayudar a que nuestra marca sea reconocida dentro de la comunidad de clientes. A la postre, una experiencia positiva repercutirá en la credibilidad de la marca. Eso podría llevar a una recompra, lo que resultaría en una mayor retención de clientes. Cuanto más se relacionen los contenidos con la experiencia de la vida real de un cliente, más fácil será lograr su satisfacción.[23]

Posicionamiento más realista

Los clientes y el público en general tienen más acceso para determinar si una empresa cumple sus promesas. Están impulsados por valores y propósitos, y dispuestos a alterar sus patrones de compra para apoyar una causa. Aplican el principio "confiar, pero verificar" y comprueban algo más que la información brindada en el empaque. Como lo mues-

---

22 https://www.socxo.com/blog/5-ways-customer-advocacy-will-enhance-content-marketing/
23 https://blog.usetada.com/win-the-market-with-customer-advocacy

tra una investigación de IBM en 2020, hasta el 75% de los clientes que ya confían en una marca seguirán investigando exhaustivamente antes de realizar una compra.[24]

Debido a que los clientes son cada vez más inteligentes y comprenden nuestra empresa por dentro y por fuera, no es raro que surja un "consenso" entre los clientes para aceptar el posicionamiento de una empresa. Por lo tanto, las empresas deben asegurarse de que las promesas concuerden con la realidad. Los clientes y el público sabrán si los mensajes contienen la verdad, lo cual es la base para generar confianza en los clientes.

Marcas de moda rápida, como Zara, H&M y M&S, están lanzando líneas de ropa ecológica y sostenible. H&M se convirtió en uno de los grandes protagonistas de esa tendencia cuando implementó una nueva línea de ropa verde llamada "Conscious" en 2019.[25] La empresa afirmaba que utilizaba materiales más sostenibles, como algodón orgánico y poliéster reciclado, para ayudar a reducir los residuos medioambientales. Sin embargo, los clientes comenzaron a investigar y descubrieron que esa afirmación era engañosa y que carecía de pruebas que la respaldaran. Esta estrategia de venta es la que suele llamarse "lavado verde" (*greenwashing*); es decir, crear una impresión falsa o presentar información incorrecta sobre por qué los productos de una empresa son más respetuosos con el medio ambiente.[26]

En agosto de 2021, activistas climáticos protestaron sentándose en el escaparate de una tienda H&M en el Reino Unido con carteles que proclamaban a la marca como un "Guerrero ecológico y defensor del clima". Su objetivo

---

24 https://www.ibm.com/downloads/cas/EXK4XKX8
25 https://a-little-insight.com/2021/05/09/hm-are-greenwashing-us-again-can-fast-fashion-ever-be-ethical/
26 https://www.investopedia.com/terms/g/greenwashingasp#:~:text=Gre enwashing%20is%20the%20process%20of,company's%20products%20 are%20environmentally%20friendly

era mostrar el desacuerdo con las técnicas publicitarias relacionadas con el producto real que vendía H&M. Esa reacción contra el *greenwashing* demuestra que los clientes ahora son más críticos que nunca a la hora de recibir mensajes de posicionamiento de las marcas.[27]

Gestión del producto

En línea con la customización y la personalización cada vez mayores y más generalizadas, la gestión de los productos y de las cuestiones relacionadas con ellos se ha convertido en todo un reto. Las empresas harán bien en llevar a cabo las acciones descritas en las secciones que siguen.

Codificar la auténtica diferenciación

La plataforma de soluciones es crucial para fortalecer la diferenciación, que puede convertirse en la base para establecer un mecanismo de retención. Por ejemplo, la marca Ritz-Carlton es conocida por sus "estándares de oro", que son la base de su cultura y sus servicios. Su filosofía, "Somos damas y caballeros al servicio de damas y caballeros", se refiere a cómo se trata tanto a los visitantes como a los compañeros de trabajo.[28] El servicio, respaldado por su programa de fidelización, ha llevado al Ritz-Carlton a convertirse en uno de los principales destinos del mundo para los clientes que buscan una experiencia de lujo y alta calidad.

Una organización también puede identificar elementos de su ADN corporativo para desarrollar una auténtica diferenciación. Debe comunicar esas características desta-

---

27 https://www.bigissue.com/news/environment/hm-greenwashing-is-disguising-the-reality-of-fast-fashion/

28 https://ritzcarltonleadershipcenter.com/about-us/about-us-foundations-of-our-brand/

cadas a los clientes. Los elementos deberán ser relevantes para que los clientes que los aprecian estén dispuestos a pagar por ellos. La plataforma de soluciones debería entonces reflejar esa autenticidad.

Reinventar la mezcla de marketing

Las empresas pueden ampliar las oportunidades de utilizar los aportes de sus clientes para mejorar el desarrollo de los productos. Involucrar a los clientes en ese proceso de co-creación en diferentes plataformas basadas en la tecnología permite la personalización, reduce los costos de I+D de la empresa y minimiza los riesgos de que se produzcan fallos en el producto.[29] Por ejemplo, Starbucks lanzó "My Starbucks Ideas" para centrarse en lo que quieren los clientes y recoger ideas sobre los productos, experiencias en las tiendas y la participación de la empresa en cuestiones sociales.[30] La plataforma brinda un espacio para que los clientes compartan ideas y comenten las mejoras que desean. Sus aportes han ayudado a la empresa a crear nuevos sabores, a instalar Wi-Fi en todas sus tiendas e incluso a desarrollar una aplicación móvil.[31]

Los precios al consumidor son dinámicos, similares a los tipos de cambio de divisas. Una empresa ya no puede determinar y fijar precios unilateralmente. En su lugar, el cliente y la empresa pueden trabajar juntos para establecer el valor. La tarifa base de Uber suele ser inferior a la de un taxi, pero puede fluctuar dependiendo de variables como el tiempo y la distancia, el tránsito, y la demanda de pasaje-

---

29 Véase el concepto de C.K. Prahalad y Venkat Ramaswamy en su libro *The Future of Competition: Co-Creating Unique Value with Customers* (Boston, MA: Harvard Business Review Press, 2004).

30 https://digital.hbs.edu/platform-digit/submission/my-starbucks-idea-crowdsourcing-for-customer-satisfaction-and-innovation/

31 https://skeepers.io/en/blog/customer-loyalty-increases-starbucks-profits

ros relacionada con los conductores disponibles. Esa información permite a los clientes evaluar los precios y decidir si los encuentran razonables.[32]

La promoción debe ser bidireccional, para convertirse en una conversación acorde con la posición cada vez más horizontal de una empresa en la relación con sus clientes. Por ejemplo, Paradigm Life, un proveedor de banca y soluciones con sede en EE.UU., creó un cuestionario interactivo de educación financiera. El diseño del cuestionario informaba a los clientes sobre su nivel de habilidades financieras. También hacía que, inconscientemente, las personas percibieran que necesitaban los servicios de Paradigm cuando no alcanzaban puntuaciones altas.[33]

Rediseñar el canal de ventas

Las ventas deben centrarse en las soluciones aprovechando las capacidades omnicanal. Las empresas físicas también deben tener existencia *online*, y viceversa (ver Figura 15.2).

En la figura, *webrooming* se refiere a los consumidores que primero investigan los productos *online* y luego los compran en una tienda física. El *showrooming* sucede cuando el cliente prueba los productos en una tienda física antes de comprarlos *online*.[34] El proceso de ventas omnicanal busca satisfacer las preferencias de los clientes e involucrarlos activamente. Con la ayuda de la tecnología, un vendedor puede obtener una perspectiva más cercana y precisa de las necesidades individuales de los clientes, ofrecer soluciones y cerrar la venta a través de un proceso de transacción transparente.

---

32 https://www.forbes.com/sites/forbestechcouncil/2019/01/08/dynamic-pricing-the-secret-weapon-used-by-the-worlds-most-successful-companies/?sh=3eadac2a168b

33 https://paradigmlife.net/perpetual-wealth-strategy

34 https://www.techopedia.com/definition/31036/webrooming

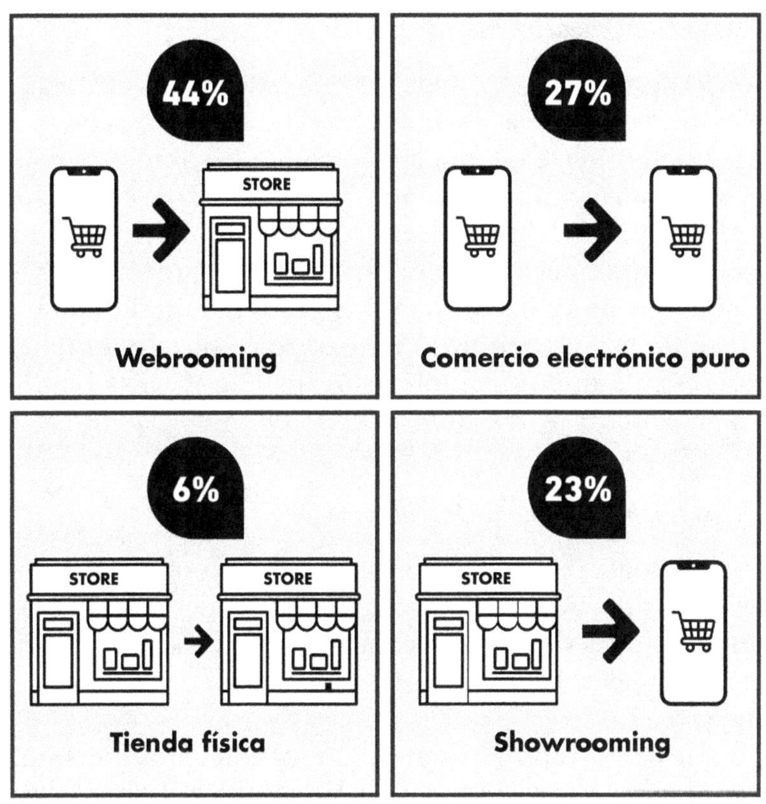

Figura 15.2. El estilo de vida *phygital* [35]

Gestión de la marca

En consonancia con una orientación más sólida de dar un trato humano a los clientes, la organización debe gestionar la marca de modo tal que muestre rasgos humanos en la identidad y los mensajes de la marca. Para ello, las empresas pueden cumplir lo siguiente en sus mensajes.

35 Philip Kotler, Hermawan Kartajaya e Iwan Setiawan, *Marketing 5.0: Technology for Humanity* (Hoboken, NJ: Wiley, 2021).

Construir un carácter fuerte

El uso de tecnología capaz de imitar los rasgos humanos se está volviendo más esencial. La dirección debe construir un carácter fuerte en una marca para que cobre vida como un ser humano. Durante más de veinte años, el lema de Nike "Just Do It" [*Sólo hazlo*] ha aparecido en sus productos. Es simple pero directo, poderoso y competitivo. Nike también lo ha utilizado para inspirar el empoderamiento femenino en los deportes. La empresa considera que esa frase es más que un simple eslogan, se trata más bien de una filosofía.[36]

Transmitir una sensación de interés

La tecnología puede ayudar a crear un enfoque más proactivo en la atención al cliente. Los análisis pueden revelar los puntos débiles y los deseos comunes de los clientes. A partir de ahí, pueden hacerse ajustes en la forma de gestionar las situaciones.

En 2018, Spotify patentó una tecnología de reconocimiento de voz que observaba patrones. La iniciativa permitió a la empresa combinar el reconocimiento de voz con otra información, como, por ejemplo, las canciones reproducidas anteriormente. Luego, a partir de esos datos, podría recomendar nuevas canciones como sugerencias a los usuarios.[37]

Abrir la colaboración

Algunos procesos interactivos pueden realizarse colaborando con los clientes y permitiéndoles que lo hagan ellos mis-

---

36 https://hbr.org/1992/07/high-performance-marketing-an-interview-with-nikes-phil-knight
37 https://www.bbc.com/news/entertainment-arts-55839655

mos, de forma similar a la subcontratación. Asignar roles en esos procesos convierte a los clientes en una parte inseparable de la empresa. Además, al hacerlo, las empresas pueden colaborar con diferentes socios en un ecosistema empresarial digital específico.

Singapore Airlines colabora con sus pasajeros ofreciéndoles varias opciones de facturación *online* a través de su sitio web oficial, su aplicación, el quiosco de servicio de facturación o el mostrador de facturación. Además, en algunas terminales del Aeropuerto Internacional de Changi, los viajeros pueden aprovechar el sistema de entrega automática de equipajes, donde pueden imprimir etiquetas de equipaje en el quiosco de autoservicio, colocar las etiquetas y depositar su equipaje en la cinta transportadora, todo siguiendo las instrucciones en la pantalla.[38] Ese sistema libera a los pasajeros de las colas y, al mismo tiempo, alivia la carga de los funcionarios de Singapore Airlines.

A través de la colaboración, la empresa invita a los clientes a participar en el proceso de creación de valor. Los clientes pueden monitorear todas las etapas de la entrega del producto o servicio que necesitan. Cuando esperan una entrega de comida, por ejemplo, los clientes a menudo quieren saber dónde está su comida. Con un sistema de seguimiento, pueden observar su progreso y prepararse para su llegada.

Juntas, la tecnología y las estrategias de marketing adecuadas pueden generar un impacto positivo para todos los involucrados (ver Figura 15.3). El marketing impulsado por la tecnología conduce a una mejor gestión de los clientes, los productos y las marcas. En el Capítulo 16 veremos otros beneficios que se derivan de combinar las poderosas fuerzas de la tecnología y la humanidad.

---

38 https://www.singaporeair.com/en_UK/sg/travel-info/check-in/

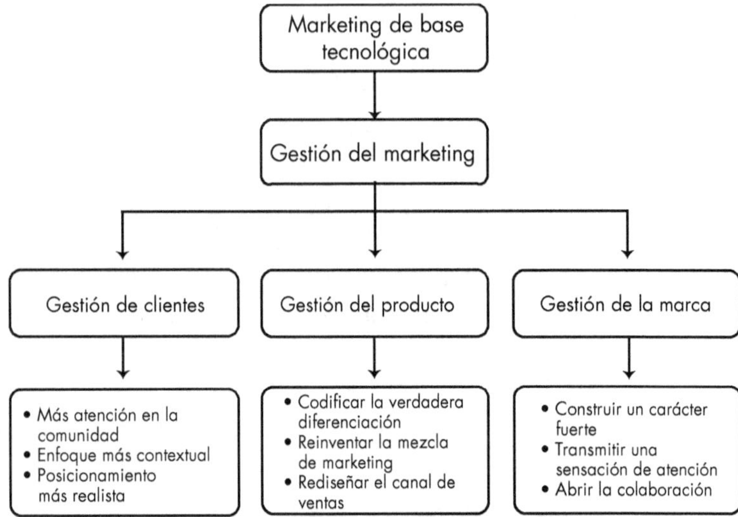

Figura 15.3. Implicaciones del marketing de base tecnológica en la gestión del marketing

Conclusiones clave

- La tecnología puede utilizarse en marketing para generar mayores niveles de contacto con los empleados, para mejorar la sociedad y para crear sostenibilidad a largo plazo.
- El marketing impulsado por la tecnología tiene implicaciones positivas para la gestión de los clientes si se siguen estas pautas: prestar más atención a la comunidad, crear un enfoque más contextual y desarrollar un posicionamiento realista.
- En el caso de los productos, la tecnología puede utilizarse en marketing para codificar una diferenciación auténtica, reinventar la mezcla de marketing y rediseñar los canales de ventas.
- El marketing y la tecnología juntos pueden realzar el carácter de una marca, transmitir una sensación de interés y abrir oportunidades de colaboración.

Capítulo 16

Tecnología y partes interesadas

Aprovechar las herramientas
para aumentar el valor

Cuando utilizamos la tecnología para el bien común humano, de los clientes y de la sociedad, la llamamos tecnología para la humanidad real. No se trata solo de un vínculo específico, sino de una relación directa, mayor, porque tiene en cuenta de forma holística las perspectivas de todas las partes interesadas y las repercusiones más amplias. Por eso, en este libro no se tratan los detalles técnicos de la tecnología, sino cómo es utilizada por las empresas y las consecuencias resultantes. En este capítulo, analizaremos la tecnología desde el punto de vista de las personas, los clientes y las partes interesadas. Luego, consideraremos sus efectos en una empresa.

Tecnología para las personas

Las empresas pueden aprovechar la tecnología para ayudar a que el talento optimice su eficiencia. La tecnología exacta a utilizar depende del sector. En las siguientes secciones exploraremos algunas que pueden hacer que la fuerza laboral sea más productiva y humana.

Software de gestión de remuneraciones

Las herramientas digitales relacionadas con la remuneración pueden ayudar a las empresas a gestionar los salarios. Todas las nóminas se pueden ver en un panel y es posible realizar ajustes en función de los logros de los empleados. La empresa puede adoptar políticas que optimicen el presupuesto actual y sean justas con su personal.[1]

Capterra, un proveedor de mercado en línea, utiliza Paycom para gestionar su fuerza laboral. Su enfoque le permite incorporar nuevos trabajadores, gestionar solicitudes de permisos y mantenerse al tanto de las tareas de recursos humanos. Estas soluciones se adaptan a una programación flexible, lo que aumenta la productividad.[2]

Computación en la nube

Esta tecnología permite a los empleados conectarse a través de la nube a un servidor centralizado para consultar archivos, datos y otras funciones. De esa forma, los empleados pueden realizar su trabajo de manera remota.[3] La computación en la nube también aumenta la transparencia y, al mismo tiempo, fortalece la colaboración entre las divisiones de una empresa.[4]

---

1   https://www.g2.com/categories/compensation-management#:~:text=-Compensation%20management%20software%20helps%20organizations,report%20on%20company%20 compensation%20data

2   https://www.paycom.com/resources/blog/paycom-recognized-for-helping-businesses-thrive-in-2020/

3   https://www.cobizmag.com/the-future-of-work-how-technology-enables-remote-employees/

4   https://www.careermetis.com/ways-cloud-computing-improve-employee-productivity/

En una encuesta, el 55% de los encuestados coincidió en que los datos de la computación en la nube podrían proporcionar avances en la colaboración. Además, el 64% dijo que las herramientas de colaboración de la computación en la nube les ayudan a ejecutar las tareas empresariales más rápido. Además, el 58% de los encuestados, de los cuales el 90% son líderes, coincidieron en que la computación en la nube podría mejorar el proceso de negocio.[5]

Plataformas de colaboración

Las plataformas de colaboración facilitan la comunicación virtual entre los empleados mientras realizan su trabajo. Pueden compartir documentos e intercambiar información fácilmente. Con cada vez más trabajadores conectados en forma remota, las herramientas de colaboración se han vuelto más importantes que nunca.

Análisis de datos

El análisis de datos nos permite procesar datos basados en algoritmos específicos para explicar qué está sucediendo (descriptivo) y por qué (diagnóstico). Pueden hacer predicciones basadas en datos históricos. Por ejemplo, Amazon utiliza datos recopilados de los clientes mientras estos navegan para sugerirles recomendaciones específicas. Cuanto más buscan los clientes, mejor puede Amazon predecir lo que quieren comprar y ofrecerles recomendaciones. El análisis también crea un perfil basado en la información del usuario comparada con otros perfiles similares. Amazon ofrecerá entonces los mismos productos que han comprado usuarios similares.[6]

---

5   https://www.forbes.com/sites/forbespr/2013/05/20/forbes-insights-survey-reveals-cloud-collaboration-increases-business-productivity-and-advances-global- communication/?sh=295bd24d2a50

6   https://bernardmarr.com/amazon-using-big-data-to-understand-customers/

Realidad aumentada y realidad virtual

La realidad aumentada (RA) y la realidad virtual (RV), llamadas en conjunto realidad mixta (RM), son tecnologías emergentes que se utilizan para facilitar el trabajo de las personas.[7] La RA puede utilizarse directamente en tabletas o teléfonos inteligentes y no requiere auriculares ni consolas adicionales como sucede con la RV. La tecnología puede utilizarse en sesiones de enseñanza. Por ejemplo, CAE Healthcare usa dispositivos compatibles como Microsoft HoloLens para formar a sus médicos y realizar procedimientos médicos complejos en un entorno tridimensional.[8]

Impresión 3D

Esta tecnología, también conocida como fabricación aditiva, permite crear objetos sólidos tridimensionales mediante un proceso capa-por-capa. Se utiliza en una variedad de industrias, incluidas la construcción, la industria automotriz, la moda y la medicina. Puede fabricar prótesis óseas, articulaciones y placas craneales, a menudo personalizadas. Más de cien tipos de implantes y dispositivos clínicos se imprimen en 3D y cuentan con la autorización de la Administración de Alimentos y Medicamentos de EE.UU.[9]

Con los métodos convencionales, una empresa que desarrolla un producto haría una maqueta básica para en-

---

7   https://www.ibm.com/thought-leadership/institute-business-value/report/ar-vr-workplace

8   https://www.cae.com/news-events/press-releases/cae-healthcare-announces-microsoft-hololens-2-applications-for-emergency-care-ultrasound-and-childbirth-simulators/#:~:text=and%20childbirth%20simulators-,CAE%20Healthcare%20announces%20Microsoft%20HoloLens%20 2%20applications,care%2C%20ultrasound%20and%20childbirth%20simulators&text=CAE%20Healthcare%20announces%20the%20release,physiology%20into%20its%20patient%20simulators

9   https:////www.nytimes.com/2020/03/18/business/customization-personalized-products.html

viarla a un desarrollador de prototipos profesional. Ese proceso de enviar y recibir el diseño y el prototipo de un lado a otro lleva tiempo. Cuando se utiliza la impresión 3D, el proceso es más eficiente. ABB Robotics, por ejemplo, usa la impresión 3D para reducir el tiempo de creación de prototipos de cinco semanas a tan solo una hora.[10]

Robótica/automatización

Ciertas industrias, como la manufacturera, llevan mucho tiempo aprovechando el uso de la robótica en sus procesos. Muchos creen que puede ayudar a las personas a realizar sus tareas de forma ergonómica y proporcionar mayor seguridad y productividad. Los trabajos tediosos pueden dejarse en manos del robot para que lo realice automáticamente.[11]

Esa tecnología es la respuesta al desafío de lograr altas tasas de crecimiento de la productividad junto con una calidad superior y constante de los productos. Sin embargo, no podemos descartar la posibilidad de que se produzcan excesos que conduzcan a malas condiciones laborales. En los depósitos de Amazon, un sistema de gestión automatizado controla el ritmo de trabajo de los empleados y les asigna una tarifa según la cantidad de artículos que procesan en una hora. Los empleados han denunciado que se los presiona para que trabajen sin parar o corren el riesgo de ser despedidos por no ser suficientemente rápidos. La situación llegó a ser tan grave que casi el 10% de los trabajadores a tiempo completo sufrieron lesiones graves en 2018.[12]

---

10 https://3duniverse.org/2020/10/26/how-3d-printing-can-reduce-time-and-cost-during-product-development/

11 https://www.techrepublic.com/article/3-ways-robots-can-support-human-workers/

12 https://www.theverge.com/2020/2/27/21155254/automation-robots-unemployment-jobs-vs-human-google-amazon

Internet industrial de las cosas

La Internet industrial de las cosas (IoT) es la esencia de la revolución industrial que conocemos como Industria 4.0. Su aplicación permite la comunicación, la automatización y el control inalámbrico de máquina a máquina (M2M). Entre los sectores que utilizan esta tecnología se encuentran la industria automotriz, la atención sanitaria, la industria manufacturera, el transporte, la logística y el comercio minorista, todos los cuales pueden beneficiarse de su uso.[13]

Con ello, el personal de una empresa experimentará estas ventajas:

- **Calidad de vida laboral.** Los empleados centrarán su atención en cuestiones del proceso de creación de valor que la tecnología no puede abordar. Una encuesta de Intel mostró que más de un tercio de los encuestados dijeron que las soluciones de IoT para la seguridad pública, la atención médica y el transporte ya existen o pronto van a llegar a sus comunidades.[14]
- **Eficiencia de costos.** La tecnología puede ayudar a una empresa a reducir los costos operativos y aumentar las ganancias. En la industria manufacturera, la IoT monitorea los equipos y utiliza aplicaciones predictivas para reducir los costos de mantenimiento.[15] Se prevé que General Electric obtenga alrededor de 19 billones de dólares en ganancias y ahorros de costos hasta 2026 gracias a la adopción de la IoT.[16]
- **Más flexibilidad.** La tecnología permite a los trabajadores opinar más sobre su forma de trabajar y, al mis-

---

13 https://www.oracle.com/internet-of-things/what-is-iot/

14 https://www.forbes.com/insights-inteliot/connecting-tomorrow/iot-improving-quality-of-life/#4add0b2717a5

15 https://www.machinemetrics.com/blog/industrial-iot-reduces-costs

16 https://medium.datadriveninvestor.com/how-manufacturers-use-iot-to-improve-operational-efficiency-2c9192cc9725

mo tiempo, aumentar la productividad. Airbus, una compañía aeroespacial, ha implementado la IoT en todos sus centros de España para optimizar su proceso de producción. La mayoría de los componentes de sus aviones ahora están equipados con sensores que pueden monitorear el comportamiento del avión en tiempo real, lo que permite a los empleados verificar fallas y necesidades de mantenimiento de forma remota y eficiente.[17]

Tecnología para los clientes

La principal intención al utilizar la tecnología es humanizar a los empleados para que ellos, a su vez, puedan humanizar a sus clientes. Sin embargo, las empresas también pueden usar esas tecnologías para humanizar a sus clientes, no para aprovecharse de ellos. A continuación, veremos algunas tecnologías que pueden mejorar aún más la calidad de vida de los clientes.

Plataformas de datos de clientes (CDP)

Una base de datos integrada a la que puedan acceder múltiples sistemas permite a una empresa comprender a los clientes en diferentes aspectos. Pueden ofrecerse productos y servicios personalizados a los compradores de manera pertinente. Por ejemplo, Next Big Sound ha sistematizado formas de utilizar la información de las transmisiones de Spotify, las compras de iTunes, las reproducciones de SoundCloud, los "me gusta" de Facebook, las visitas en línea a Wikipedia, los éxitos de YouTube y las menciones en Twitter para

---

17 https://ati.ec.europa.eu/sites/default/files/2020-07/Industry%204.0%20 in%20Aeronautics%20%20IoT%20Applications%20%28v1%29.pdf

anticipar la próxima gran tendencia musical. La investigación de la compañía brinda información sobre la fama en las redes sociales, el impacto de las apariciones en televisión y datos de valor incalculable para el negocio de la música.[18]

Sistemas de pago en línea

Los pagos electrónicos están reemplazando cada vez más a los métodos convencionales de pago en efectivo. De hecho, nos estamos moviendo hacia una sociedad sin dinero en efectivo y ahora dependemos cada vez más de transacciones financieras electrónicas basadas en la tecnología digital respaldada por la red de Internet. El desarrollo de los pagos en línea también concuerda con las tendencias de las compras en línea y el uso de la banca por Internet.

Chatbots y asistentes virtuales

Ya hemos hablado de cómo puede utilizarse la IA como asistente virtual. Los robots de este tipo pueden atender los requerimientos de los usuarios para realizar diferentes tareas, desde responder preguntas de manera rápida y precisa hasta señalar el camino a un lugar específico e incluso hacer reservas en un restaurante o salón de belleza.

Por ejemplo, Sephora, un minorista líder en productos de belleza, utiliza chatbots para mejorar la experiencia del cliente. El asistente de reservas de Sephora programa citas con especialistas en belleza enviando un mensaje al chatbot. Sephora también cuenta con tecnología de aprendizaje inteligente para comprender el idioma del cliente y tener una comunicación más interactiva.[19]

---

18 https://www.icas.com/news/10-companies-using-big-data
19 https://digitalmarketinginstitute.com/blog/chatbots-cx-how-6-brands-use-them-effectively

Internet de las cosas

La IoT conecta objetos físicos cotidianos con Internet para vivir la vida de forma inteligente. Podemos controlar a distancia dispositivos o electrodomésticos a través de smartphones. Alexa y Siri pueden responder a comandos de voz.

Tata Consultancy Services es un líder mundial en servicios de TI, asesoramiento y soluciones empresariales. Mediante la IoT, monitorea las piscinas y permite a los propietarios controlar de forma remota la configuración de la piscina y cambiar la temperatura y la iluminación. Los clientes pueden utilizar el sistema para ponerse en contacto con un equipo de soporte. Si hay problemas, un ingeniero lo resolverá a distancia.[20]

Plataforma comunitaria

Esta herramienta puede ser un centro de información para muchas personas, en especial para los consumidores. Por ejemplo, BabyCenter de Johnson & Johnson se convirtió en una plataforma comunitaria creada para dar cabida a las nuevas mamás que querían hablar sobre el embarazo y la crianza de los hijos. La plataforma proporciona muchas funciones e información según las necesidades, como un buscador de nombres de bebés y un tutorial sobre cómo cambiar pañales. BabyCenter también cuenta con sitios web con sede en los países de los clientes para adaptarse a su idioma.[21]

Las marcas pueden fortalecer la participación del cliente mediante el uso de plataformas comunitarias en línea para crear interacciones más abiertas y horizontales. Eso puede incluir videos y gamificación. A través de ese com-

---

20 https://www.iotworldtoday.com/2021/02/24/how-iot-devices-can-enhance-the-connected-customer-experience/
21 https://www.babycenter.com/

promiso, la empresa puede comprender a sus clientes y obtener información para mejorar sus productos y servicios.

Realidad aumentada y realidad virtual

El uso de RA/RV beneficiará a los clientes en muchos segmentos. Por ejemplo, en la industria de la moda, con la ayuda de la RA, los clientes pueden ver cosas en "el mundo real", lo que alimenta su confianza en el proceso de compra. En el sector de hotelería y turismo, un hotel puede ofrecer una visita virtual a través de sus habitaciones. Las empresas de viajes pueden mostrar un ejemplo de lo que verán los viajeros cuando reserven un tour.[22]

Reconocimiento facial

La tecnología de reconocimiento facial puede ayudar a confirmar la identidad de una persona basándose en datos biométricos, ya sea en tiempo real o mediante fotografías o videos.[23] Apple utiliza el reconocimiento facial para verificar los pagos conectados al ID de Apple. Esta herramienta ayuda a proteger cualquier pago realizado en el entorno de Apple. También proporciona contraseñas autocompletadas mediante reconocimiento facial para mejorar la eficiencia.[24]

Es una tecnología de uso generalizado para las transacciones digitales del sector bancario. Aproximadamente 11.000 instituciones financieras en los Estados Unidos utilizan el reconocimiento facial para verificar a sus clientes. A

---

22 https://www.forbes.com/sites/forbesagencycouncil/2020/09/04/10-industries-likely-to-benefit-from-arvr-marketing/?sh=f0461522ed2a

23 https://www.kaspersky.com/resource-center/definitions/what-is-facial-recognition

24 https://www.americanbanker.com/news/facial-recognition-tech-is-catching-on-with-banks

menudo se la aplica en transacciones de un solo uso, como el inicio de sesión en la cuenta. Un sistema tan fácil de usar podría aumentar la fidelidad de los clientes.[25]

Gracias a estas tecnologías los clientes tendrán experiencias más positivas:

- **Mayor contacto con el cliente.** Las personas que reciban una atención más individualizada se sentirán más valoradas. Eso podría incluir un servicio de atención al cliente en directo en lugar de una página de preguntas frecuentes. Cada cliente necesita una solución rápida, y eso podría manejarse dando prioridad al servicio de atención al cliente. Los sistemas automatizados como los chatbots podrían ayudar con un análisis profundo de las preguntas frecuentes de los clientes.[26]
- **Ofertas más relevantes.** Al comprender a los clientes, los *marketers* y las empresas pueden ofrecerles lo que quieren y cuando lo quieren. Si una empresa puede sostener eso, tendrá un impacto positivo en el valor del tiempo de vida del cliente.
- **Experiencia positiva del cliente.** Conectar a los clientes con información e interacciones digital y físicamente en diferentes ocasiones según sus deseos podría ganar su apoyo. Según un estudio, el 73% de los clientes cree que una buena experiencia es la clave para influir en su fidelidad a la marca.[27]

---

25 *Ibid.*

26 https://www.meetbunch.com/terms/high-touch-support;https://www.providesupport.com/blog/faq-page-customer-self-service-choose-questions-cover/;https://www.forbes.com/sites/theyec/2020/11/12/four-easy-ways-to-increase-customer-loyalty/?sh=3b3edc1e55a1

27 https://hbr.org/2007/02/understanding-customer-experience;   https://www.forbes.com/sites/blakemorgan/2019/09/24/50-stats-that-prove-the-value-of-customer-experience/?sh=1484d99f4ef2

Tecnología para la sociedad

Una organización no puede ignorar las virtudes para mantener el bienestar de las comunidades que la rodean. Por ello, las empresas deben destinar sus inversiones a tecnología que redunde en beneficios para la sociedad. Esta tecnología generalmente se refiere a la tecnología verde, que abarca las siguientes categorías.

Material ecológico

Cada vez es más habitual que las empresas utilicen materiales más respetuosos con el medio ambiente, tanto naturales como artificiales. El objetivo es disminuir los residuos nocivos en el ecosistema, que pueden ser perjudiciales para la sociedad y causar problemas de salud. Por ejemplo, Seventh Generation lleva más de treinta años ofreciendo productos ecológicos para el cuidado personal y del bebé. Valora la importancia de crear una generación más saludable, sostenible y equitativa. Seventh Generation considera que tenemos una responsabilidad con esta generación y también con las próximas siete. Por esa razón, utiliza productos de origen vegetal y envases que se pueden reciclar.[28]

Además de beneficiar a la comunidad, las empresas pueden reducir los costos relacionados con el manejo de residuos que no son respetuosos con el medio ambiente. Los residuos peligrosos se reemplazan esencialmente por material biodegradable. Kalundborg, una ciudad de Dinamarca, llevó a cabo una simbiosis industrial para valorizar los residuos de cada empresa. La simbiosis industrial tiende a generar casi cero residuos, lo que ayuda al medio ambiente y reduce los costos de manipulación de residuos para las empresas.[29]

---

28 https://www.seventhgeneration.com/values/mission
29 https://www.symbiosis.dk/en/

Fabricación ecológica

El uso de materiales reciclados en los procesos de fabricación está en consonancia con la creciente preocupación pública por el medio ambiente. Puede reducir pilas de residuos y convertir la basura en productos valiosos. Una política empresarial de reciclaje aporta los beneficios de reducir la contaminación del suelo, el agua y el aire.

El equipo de Seguridad y Medio Ambiente Global (EAS) de Estée Lauder tiene un historial de limitación de residuos. Desde 2003, más de veinte instalaciones de fabricación y distribución propiedad de la empresa afirman no haber enviado residuos a los vertederos. Los residuos que no pueden reutilizarse se incineran y se convierten en energía.[30] Además de ser beneficioso para la sociedad, los materiales reciclados pueden suponer un importante ahorro para la empresa. Esa política disminuye la demanda de materias primas al reducir el uso de energía. Por ejemplo, Unilever lanzó la campaña "Reutilizar. Rellenar. Repensar". Esa acción se inició para reducir los residuos de plástico y animaba a los clientes a rellenar sus botellas en lugar de comprar una nueva. Gracias a esa iniciativa, Unilever redujo su necesidad de producir nuevas botellas de plástico, lo que llevó a una reducción de los costos de producción de dichos envases.[31]

Aplicar una política de reciclaje convencional ya no es suficiente, y las empresas están elevando la vara implementando procedimientos para utilizar recursos energéticos renovables en el funcionamiento de sus negocios. Eso ocurre especialmente en los procesos de fabricación de productos. Esta política también puede reducir los contaminantes generados por fuentes de energía no limpias.

---

30 https://www.forbes.com/sites/justcapital/2018/04/20/these-5-companies-are-leading-the-charge-on-recycling/?sh=7a1727d423ec

31 https://www.unilever.com/reuse-refill-rethink-plastic/

Casi todos los sectores de los sistemas de fabricación utilizan electricidad. En Estados Unidos, al menos el 29% de la huella de carbono proviene del sector eléctrico que utiliza combustibles fósiles como generadores de energía. Podemos observar la diferencia de emisiones creadas por cada uno de los diferentes recursos. Para producir electricidad el gas natural libera aproximadamente de 0,6 a 2 libras de dióxido de carbono por kilovatio hora; mientras que las energías renovables, como la eólica y la hidroeléctrica, solo emiten entre 0,02 y 0,5 libras de dióxido de carbono por kilovatio hora.[32]

Mediante la aplicación de tecnología verde, aunque no todas las personas de la comunidad compren productos de empresas que usen esa política, los consumidores también pueden beneficiarse de la existencia de esas empresas.

Obtienen las siguientes ventajas:

- **Mejor calidad ambiental.** La tecnología permite la formación de un entorno comunitario más habitable porque un aire, una tierra y un agua más limpios pueden ayudar a prevenir condiciones de salud nocivas.

- **Menor costo social.** Una sociedad cada vez más saludable reducirá la carga del gobierno sobre los costos sociales. Las centrales eléctricas de carbón o gas natural liberan los muy dañinos gases de efecto invernadero. El costo asciende a miles de millones de dólares provenientes de impuestos gastados cada año en Estados Unidos para hacer frente a los efectos nocivos de los incendios forestales, las inundaciones y el precio de los seguros. Cuando las empresas comienzan a utilizar tecnología verde y a

---

32 https://www.ucsusa.org/resources/benefits-renewable-energy-use

reducir los efectos perjudiciales para el medio ambiente, el gobierno puede destinar esos fondos a otras prioridades.[33]

- **RSC incorporada.** Los esfuerzos de RSC [responsabilidad social corporativa] ya no se consideran separados del proceso de negocios de una empresa. La empresa debe dirigir sus esfuerzos de RSC a la comunidad como una parte más de sus diversos procesos de creación de valor. Royal Dutch Shell, conocida como Shell, es una empresa de petróleo y gas con responsabilidad social corporativa incorporada. Ella se traduce en el apoyo de Shell a los jóvenes con habilidades empresariales, promueven sus ideas de negocios y las convierten en un negocio sostenible. Shell brinda a esos jóvenes capacitación, talleres y tutoría.[34]

El impacto en las empresas

Los análisis relacionados con la tecnología han señalado múltiples repercusiones en las tres principales partes interesadas de una empresa: el personal, los clientes y la sociedad. La pregunta que sigue es: ¿cuál es el efecto sobre la propia empresa? ¿Cuál es el impacto sobre los accionistas?

Responderemos a esta pregunta utilizando el modelo de tecnología para la humanidad representado en la Figura 16.1, que muestra el papel de la tecnología como catalizador esencial.

---

33 https://theconversation.com/what-is-the-social-cost-of-carbon-2-energy-experts-explain-after-court-ruling-blocks-bidens-changes-176255
34 https://www.emg-csr.com/sdg-4-8-shell/

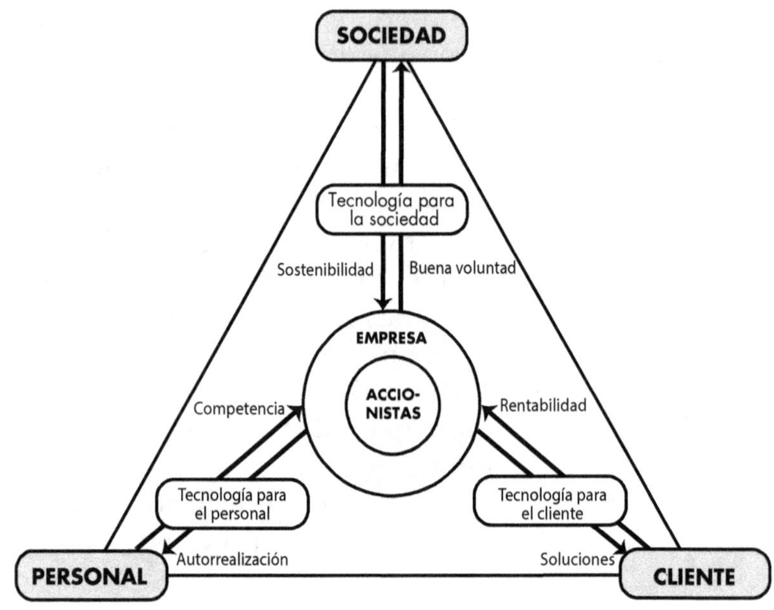

Figura 16.1. Modelo de tecnología para la humanidad

- **Autorrealización y competencia**
  Utilizando la tecnología al servicio de las personas, las empresas pueden ayudar a sus empleados a conseguir la autorrealización, no solo una compensación monetaria. La tecnología que respalda la calidad de vida laboral aumentará la productividad de los empleados y estarán dispuestos a dedicar todas sus competencias relevantes a la empresa.

- **Soluciones y rentabilidad**
  La empresa puede proporcionar soluciones más allá de los productos y servicios utilizando la tecnología para los clientes. La tecnología permite a los clientes sacar el máximo partido de la empresa con una excelente experiencia de cliente. A su vez, los compradores harán de la empresa una entidad preferible, generando rentabilidad.

- **Buena voluntad y sostenibilidad**
  El público verá a la empresa como una organización empresarial admirable. Basándose en tecnologías respetuosas con el medio ambiente, la empresa puede mostrar preocupación por el bienestar de la comunidad. Si esa buena voluntad se comunica bien, la comunidad apreciará a la empresa y le brindará apoyo, lo que contribuirá a garantizar la sostenibilidad de la firma. Además de ser el lugar de trabajo más innovador, Google se ha ganado la reputación de ser respetuoso con el medio ambiente. En sus centros de datos, la empresa utiliza un 50% menos de energía que otras en el mundo. Google también ha comprometido más de mil millones de dólares para proyectos relacionados con la energía renovable, y su servicio (por ejemplo, Gmail) contribuye a reducir la cantidad de papel utilizado.[35]

Si una empresa es compatible con el talento, preferible a los ojos de los clientes y respetada por la sociedad, también cosechará el respeto y el apoyo de las partes interesadas. ¿Qué podría ser mejor que eso? Esas tres principales partes interesadas funcionarán como un propulsor para hacer avanzar a la empresa. A la postre, el objetivo de los esfuerzos de marketing de la empresa será el bien de la sociedad.

Hay un ciclo interesante entre los tres elementos del modelo de tecnología para la humanidad –competencia, rentabilidad y sostenibilidad (CPS)–, como se muestra en la Figura 16.2.

La competencia relevante (o incluso la competencia distintiva) permitirá a una empresa competir y desempeñarse mejor que sus competidores. Ese mejor desempeño posibilita a una empresa alcanzar un nivel suficiente de

---

35 https://digitalmarketinginstitute.com/blog/corporate-16-brands-doing-corporate-social-responsibility-successfully

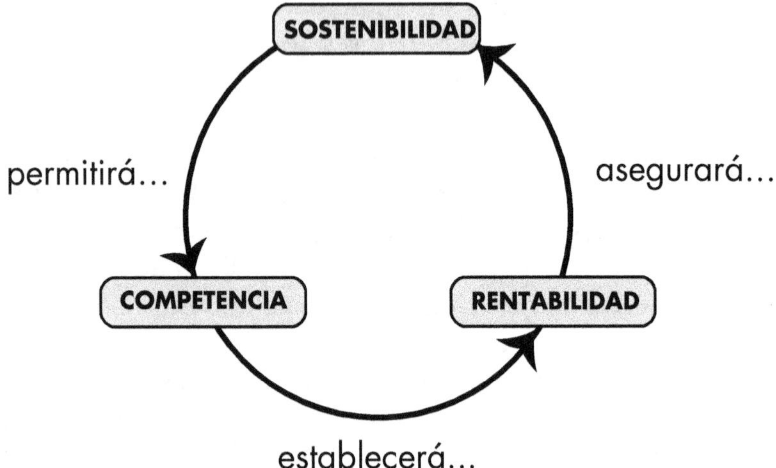

Figura 16.2. El ciclo CPS

rentabilidad como se esperaba. Si la empresa trata adecuadamente a sus clientes (y, por supuesto, a otras partes interesadas relevantes), con el tiempo mantendrá o incluso aumentará su rentabilidad. Si la empresa puede conservar constantemente su rentabilidad, garantizará su sostenibilidad, lo que a su vez le dará la oportunidad de desarrollar el siguiente nivel de competencia. La pregunta es: ¿cómo mantener rentable y sostenible la empresa?

Repasemos una empresa "clásica" de 60 años como Walmart. El director ejecutivo, Doug McMillon, afirmó en una ocasión que Walmart continúa desarrollando sus capacidades y avanzando de manera agresiva y rápida. La empresa cuenta con una sólida gestión de la cadena de suministro, lo que respalda su propuesta de liderazgo en costos. Además, Walmart utiliza la tecnología, incluida la automatización, en casi todos los aspectos, desde los centros de distribución hasta el relacionamiento con sus clientes. También ha tenido éxito en lograr economías de escala, y se ha diversificado para ir más allá del comercio minorista, porque cree que este por sí solo no es suficiente para seguir existiendo en el futuro.[36]

Además, Walmart tiene un sólido plan con respecto al medio ambiente. Su objetivo es utilizar un 100% de energía renovable para 2035 y reducir a cero las emisiones para 2040. Tiene el objetivo de pasar a refrigerantes de bajo impacto para refrigeración y equipos electrificados para la calefacción para 2040.[37]

Walmart ha seguido innovando para aumentar su agilidad. Se ha asegurado de utilizar la estrategia adecuada para generar ventajas competitivas que le permitan mantener la rentabilidad y convertirse en una empresa sostenible. Walmart sirve de empresa modelo para ilustrar el ciclo CPS.

Una empresa siempre debe prestar atención a todos los elementos del ciclo CPS para convertirse en virtuosa; si uno de los elementos se altera, hará caer a la empresa en un círculo vicioso. Si una compañía quiere establecer ese círculo virtuoso, debe ganarse el corazón de todas las partes interesadas a través de interacciones e integraciones facilitadas por la tecnología. Las empresas deben demostrar que la tecnología está verdaderamente diseñada para la humanidad.

En el futuro, las empresas harán bien en pensar en la tecnología y aplicarla para el bienestar de todos los involucrados. En primer lugar, los empleados se sentirán apreciados y capacitados para ser más productivos. Las sociedades en general se beneficiarán de tecnologías bien aplicadas. Las partes interesadas valorarán una empresa que retribuya

---

36 https://www.cnbc.com/2021/02/18/why-an-emboldened-walmart-is-look-ing-to-beyond-retail-for-future-growth.html; https://www.tradegecko.com/blog/supply-chain-management/incredibly-successful-supply-chain-man-agement-walmart#:~:text=Walmart's%20supply%20chain%20manage-ment%20strategy,competitive%20pricing%20for%20the%20consumer; https://querysprout.com/walmarts-competitive-advantages/;https://www.thestrategywatch. com/ competitive-advantages-wal-mart/

37 https://corporate.walmart.com/purpose/sustainability

a su entorno. Cuando una empresa monitorea sus esfuerzos y vigila el futuro, puede continuar en su círculo virtuoso.

Conclusiones clave

- Las empresas pueden utilizar la tecnología para optimizar la gestión del talento a través de software de compensación, computación en la nube, análisis de datos, realidad virtual y realidad aumentada, impresión 3D, robótica/automatización e Internet industrial de las cosas.
- Las tecnologías para mejorar la forma de vida de los clientes incluyen plataformas de datos de clientes, sistemas de pago en línea, chatbots y asistentes virtuales, Internet de las cosas, plataformas comunitarias, realidad aumentada y realidad virtual, y reconocimiento facial.
- En lo que respecta a la sociedad, la tecnología permite a las empresas mejorar el bienestar de las personas y del planeta con materiales e iniciativas de fabricación ecológicas.

Capítulo 17

La excelencia posoperacional

Equilibrar rigidez y flexibilidad

Taiwan Semiconductor Manufacturing Company (TSMC), una empresa que fabrica semiconductores de acuerdo con los diseños solicitados por sus clientes, tiene un enfoque operativo conocido como el método TSM, basado en dos puntos principales. El primero, TSMC asigna a todas sus fábricas una cantidad de los pedidos de sus 1.000 clientes para lograr un nivel específico de eficiencia (uso de escala). En segundo lugar, la firma opera utilizando un diseño modular único para producir esos pedidos. Eso le permite asignar con dinamismo su capacidad de producción para cumplir con dicha demanda.[1]

Además, TSMC cuenta con una herramienta cibernética de prueba y verificación de diseño para chips, que puede adaptarse a las necesidades imprevistas de los clientes. Con el método TSMC, la empresa puede cumplir con pedidos de emergencia sin dejar de cumplir con los rígidos principios operativos de fabricación. La compañía opera confor-

---

1   Willy C. Shih, Chen-Fu Chien, Chintay Shih y Jack Chang, "The TSMC Way: Meeting Customer Needs at Taiwan Semiconductor Manufacturing Co.", *Harvard Business School Case 610-003* (2009).

me al principio de fabricación inteligente. Se trata de un proceso de fabricación asistida por aprendizaje automático, que se aplica para optimizar la calidad, la productividad, la eficiencia y la flexibilidad operativa, maximizar la rentabilidad y acelerar la innovación general.[2] Como resultado, TSMC puede responder a una amplia variedad de demandas del mercado y a requisitos de productos muy diversos para clientes de todo el mundo.[3]

Gracias a su capacidad para equilibrar los procesos rígidos con la flexibilidad que cada vez más exigen y necesitan los clientes, TSMC se ha convertido en el mayor fabricante de semiconductores del mundo. La firma desempeña un papel vital en la cadena de suministro global. Entre sus clientes más destacados se encuentran Apple y AMD.[4]

En este capítulo analizaremos el elemento del modelo *omnihouse* que se encuentra en el medio, es decir, las *operaciones,* que es un elemento muy estratégico en los negocios (ver Figura 17.1). Por un lado, las operaciones deben poder desarrollarse sin obstáculos importantes. Por otro, deben poder mantenerse al día en un entorno dinámico.

El elemento "operaciones" es uno de los que influyen de forma directa sobre el margen de beneficios de una empresa. Mejorar el aspecto operativo es esencial para aumentar la eficiencia de la empresa, reducir costos y afectar directamente al margen operativo de la cuenta de resultados. La solidez de los procesos operativos (desde producción, distribución, ventas y servicios) dependerá de las capacidades operativas de la empresa.

Las operaciones también pueden afectar a la productividad –en términos de insumos y productos– porque una capacidad operativa sólida puede convertir los insumos procedentes

---

2   https://www.tsmc.com/english

3   Shih, Chien, Shih y Chang, "The TSMC Way".

4   https://www.forbes.com/sites/ralphjennings/2021/01/11/taiwan-chipmaker-tsmc-revenues-hit-record-high-in-2020-stocks-follow/?sh=220c30343077

Figura 17.1. Elemento "operaciones" en el modelo *omnihouse*

de la misma cantidad de recursos en resultados más elevados en comparación con empresas que ofrecen productos similares. Las operaciones deben diseñarse de manera que todo pueda funcionar a la perfección, desde la preparación hasta la ejecución. El enfoque de las operaciones debe girar en torno a la capacidad de utilizar los recursos existentes de la empresa de la manera más eficiente posible para producir productos y servicios de apoyo de la más alta calidad y, al mismo tiempo, preservar un cierto grado de flexibilidad. El elemento "operaciones" es también un intermediario entre el marketing, que suele centrarse en la línea superior, y las finanzas, que dan prioridad a la línea inferior de la cuenta de resultados.

La rigidez es natural

Podemos encontrar rigidez en todas partes; por lo general, comienza cuando una empresa emergente se afianza en la gestión de su negocio. En ese punto, la empresa podría acostumbrarse a sus rutinas y sistemas. Puede sentirse cómoda manteniendo el *statu quo*. Repasemos el Capítulo 6.

En las siguientes secciones se describen varios factores que con frecuencia conducen a la rigidez.

Mentalidad empresarial débil

El espíritu emprendedor se refleja en la flexibilidad para afrontar diferentes obstáculos y en el proceso de toma de decisiones. Cuando eso no ocurre, las empresas pueden anquilosarse y fracasar.

Por ejemplo, HMV, un vendedor de CD y DVD, dejó de existir en 2018. Antes de cerrar sus puertas, la empresa tuvo la oportunidad de abordar tres tendencias que se convertirían en amenazas: los supermercados con descuento, los minoristas en línea y la música descargable. La empresa rechazó esas proyecciones y siguió funcionando como de costumbre. La corporación comenzó a invertir en actividades de Internet a fines de la década de 1990. Sin embargo, para entonces ya era demasiado poco y demasiado tarde.[5]

Estancamiento de la creatividad y la innovación

A menudo, en las primeras etapas de sus operaciones una empresa es muy apasionada, rica en ideas y siempre dispuesta a innovar. Después de un tiempo, la rutina se impone y la creatividad se desvanece. Los miembros del equipo se alejan de palabras como *ágil* y *adaptable*. En ese punto, la rigidez se instala.

Ignorar a la competencia

Una empresa puede quedar cegada por su éxito, aunque tanto los competidores existentes como los emergentes sigan

---

5   https://www.theguardian.com/commentisfree/2013/jan/15/why-did-hmv-fail

compitiendo para encontrar la mejor posición en el mercado. Esa actitud complaciente suele llevar a la empresa al estancamiento. Desafortunadamente, a veces eso solo se nota cuando la empresa comienza a experimentar una crisis y se sumerge en una trampa mortal en espiral.

No cuidar a los clientes

Las empresas que han ganado muchos clientes a menudo olvidan que es posible que esos individuos no siempre sean leales. O la gerencia puede suponer que será fácil encontrar nuevos clientes cuando los actuales se vayan. Este punto de vista y esta actitud suelen ser un signo de rigidez inminente.

No transformar el modelo de negocio

El entorno empresarial dinámico afectará a la forma en que la empresa lleva a cabo sus negocios. Después de un largo tiempo de funcionamiento, una organización normalmente necesitará comprobar si su modelo de negocio continúa siendo viable. Lamentablemente, las organizaciones a menudo quedan atrapadas en sistemas obsoletos y son reacias a transformarse.

Ignorar los cambios del macroentorno

Los elementos del macroentorno cambian rápidamente y a menudo son imprevisibles. Si una empresa no presta atención a esas tendencias, puede perder nuevas oportunidades. Es posible que tampoco vea las señales de advertencia de que necesita hacer un giro y cambiar.

Débil orientación hacia la digitalización

Algunas empresas tardan en adoptar modelos y herramientas digitales. Otras realizan grandes inversiones, pero no tienen en cuenta los objetivos y la estrategia generales de la organización. Existen firmas que adoptan herramientas digitales y luego no miran hacia delante para detectar los próximos cambios que podrían ser necesarios. En esos casos, la rigidez hace que la empresa pase por alto herramientas digitales clave que podrían dar impulso a las ganancias.

La cadena de valor no está muerta

A veces se dice que el concepto de cadena de valor desarrollado por Michael Porter a mediados de los años 1980 ya no es aplicable. La idea surgió durante una época en la que la digitalización no conectaba al mundo como lo hace ahora. Por lo tanto, el concepto de cadena de valor pierde validez cuando todo está cada vez más conectado digitalmente.

Sin embargo, el desarrollo de la tecnología digital nos permite simplificar, combinar o incluso eliminar varios subelementos que son innecesarios para que puedan ser omitidos o tercerizados a colaboradores. De ese modo, la empresa puede evitar algunas actividades que no añaden un valor significativo. Eso acelerará la etapa de ideación hasta la comercialización, reducirá costos y aumentará el uso de activos tangibles e intangibles.

Por ejemplo, WhatsApp sustituyó a sus ingenieros contratando un equipo de TI de Rusia. La decisión se tomó porque su capital inicial era muy limitado durante los primeros años y no estaban en condiciones de afrontar la contratación de ingenieros en Estados Unidos. Decidieron buscar profesionales talentosos en otros lugares para obtener una tasa de talento más competitiva.[6] Ese esquema mantuvo a flote a WhatsApp con éxito hasta que fue adquirida por

---

6   https://www.daxx.com/blog/development-trends/outsourcing-success-stories; https://biz30. timedoctor.com/ outsourcing-examples/

Facebook en 2014. El método usado simplificó la gestión operativa de WhatsApp y sostuvo su ventaja competitiva.

Ajuste continuo de la cadena de valor

De la explicación y los ejemplos anteriores, podemos afirmar que el concepto de cadena de valor no está muerto y sigue siendo relevante mientras la empresa continúe haciendo ajustes en los elementos de su cadena de valor. Todos los elementos primarios y de apoyo deben estar por completo integrados digitalmente, pero al mismo tiempo pueden seguir funcionando de forma modular. Las empresas también deben tener el coraje de determinar cuáles serán las actividades que realizarán ellas mismas (se las denominará actividades centrales) y cuáles deberían traspasar a sus colaboradores.

Tanto las empresas grandes como las pequeñas, en la situación empresarial actual, a veces necesitan subcontratar. Una de las razones más comunes para subcontratar es reducir costos. Otra es que un sistema de subcontratación puede resultar beneficioso para las pequeñas empresas. Para las empresas emergentes, un plan de subcontratación puede ayudar a que el negocio funcione con normalidad cuando el equipo interno alcance su capacidad máxima.[7]

Con una cadena de valor más restringida, las empresas también pueden aumentar la calidad de sus productos centrándose en áreas como la creatividad y la innovación, al tiempo que reducen costos innecesarios. Al crear una cadena de valor más eficiente, las empresas pueden acelerar los procesos de entrega, incluso para algunos productos personalizados. Los servicios de soporte pueden ser la base para crear diferenciación en la cadena de valor.

____

7   https://www.forbes.com/sites/forbestechcouncil/2021/06/09/why-poland-should-be-the-next-go-to-it-outsourcing-for-us-startups/?sh=40d-0dc1a74d9

La cadena de suministro es aún más relevante

El papel de una cadena de suministro sólida, tanto ascendente (por el lado de la oferta) como descendente (por el lado de la demanda), se vuelve aún más relevante en esta era digitalizada. Con los elementos de la cadena de suministro cada vez más conectados, las empresas pueden compartir información con la parte suministradora para sostener su flexibilidad. Una buena coordinación entre los aliados en sentido ascendente y descendente ayuda a una empresa a lograr un alto nivel de eficiencia en los procesos de la cadena de suministro, lo que puede satisfacer las cambiantes demandas de los clientes, tanto B2B como B2C.[8] Una fuerte integración de la cadena de suministro genera rigidez mientras que al mismo tiempo permite flexibilidad para que las empresas respondan a la dinámica del mercado. También da lugar a que los proveedores se adapten rápidamente para satisfacer la demanda.

Integración y flexibilidad estratégicas

Integrar la empresa a la cadena de suministro permite a la empresa tener flexibilidad estratégica. Las empresas pueden mejorar su percepción de los cambios externos y plantear qué deben hacer mediante el uso de recursos y actividades operativas. Sin embargo, la empresa no necesita contar con todos sus recursos. Puede subcontratar algunas de sus operaciones.

Las empresas pueden concentrarse en sus competencias básicas y subcontratar el resto. También pueden centrarse en actividades relacionadas con esas competencias básicas e incluso crear una competencia distintiva. Ese enfoque está en línea con el concepto de economía colaborativa, cada vez

---

8   https://jorgdesign.springeropen.com/articles/10.1186/s41469-018-0035-4

más popular en la era digital. Eso también permite que diferentes partes se conecten en un área empresarial específica.

Algunas empresas con sede en Estados Unidos, como Microsoft, American Express, Dell y General Electric, prestan servicios a millones, si no a miles de millones, de clientes globales. Estas empresas tercerizan sus servicios de asistencia al usuario a empresas de la India. Este país es un destino esencial para subcontratar actividades de atención al cliente debido al bajo costo laboral, el talento de TI, la fluidez del inglés y una diferencia horaria de 12 horas que puede ayudar a las empresas a brindar un servicio de centro de llamadas las 24 horas al día, los 7 días a la semana a sus clientes.[9]

Integración, posición negociadora y QCD

Si relacionamos estos temas con el concepto de calidad, costo y entrega (QCD) de Masaaki Imai, veremos que las condiciones no ideales, harán que no se optimice el QCD. La fuerza de una integración y la posición negociadora entre proveedores y compradores determinarán el nivel de vulnerabilidad del QCD (ver Figura 17.2).

Por muy buena que sea la cadena de valor de una empresa, si el acceso a los factores de producción es limitado será difícil proporcionar productos y servicios de alta calidad. En el caso del B2B, por ejemplo, si la posición negociadora de la empresa como compradora es débil y la integración es escasa, todos los elementos del QCD serán muy vulnerables. A la empresa también le resultará difícil reducir costos porque el proveedor es quien determina los precios de los factores de producción. Si el suministro de factores de producción a la empresa tampoco es fluido, la entrega podría interrumpirse.

---

9 https://www.magellan-solutions.com/blog/companies-that-outsource-to-india/; https://www.outsource2india.com/india/outsourcing-customer-support-india.asp

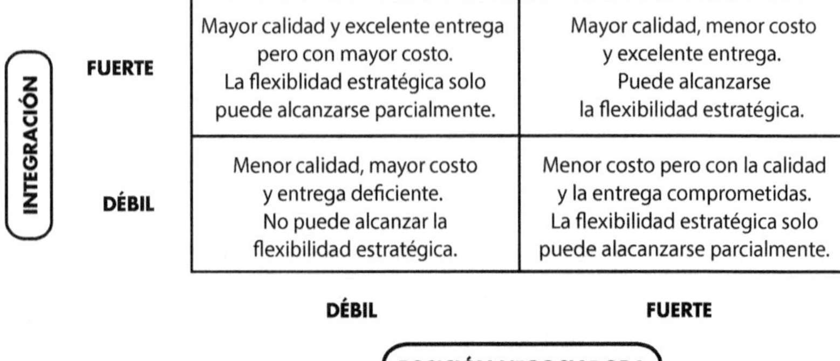

Figura 17.2. El impacto de la integración y la posición negociadora en el QCD

Si la posición negociadora de la empresa como compradora es lo suficientemente fuerte pero la integración es débil, la empresa únicamente puede centrarse en el elemento de costo, mientras que la calidad y la entrega siguen siendo vulnerables. En cambio, si la posición negociadora de la empresa como compradora es débil pero la integración es fuerte, ella tiene más posibilidades de ofrecer productos y servicios de calidad y una entrega excelente a los clientes. No obstante, la vulnerabilidad sigue siendo alta para el elemento costo. Estas dos situaciones conducen a una menor flexibilidad para la empresa y a más espacio para generar su ventaja competitiva.

Por ejemplo, Apple, un fuerte comprador de TSMC (mencionado al principio del capítulo), tiene un vasto ecosistema y exige un chip de alta calidad para todos sus dispositivos. Como una de las marcas líderes en productos electrónicos de consumo innovadores, Apple le pidió a TSMC un chip específico. Ese pedido especial de producción de tres nanómetros ayudó a TSMC a mejorar su experiencia operativa. En consecuencia, solo TSMC podía completar el proceso de fabricación del chip. Esta forma de relación comercial establece una sana interdependencia de Apple y TSMC.[10]

Supongamos que la posición negociadora de la empresa como compradora es sólida y que su integración en la cadena de suministro también lo es. En ese caso, la empresa debe confiar únicamente en su cadena de valor para garantizar productos y servicios de calidad, mantener los costos tan bajos como sea posible y garantizar que la entrega concuerde con las expectativas del cliente (para que este quede satisfecho) o incluso superar las expectativas de los clientes para asombrarlos.

Esa integración y una fuerte posición negociadora fortalecen aún más la flexibilidad estratégica de la empresa; es decir, la capacidad de responder rápidamente a los veloces cambios del entorno empresarial, especialmente a la demanda del mercado. Las empresas pueden ajustar ágilmente sus recursos y decisiones estratégicas de acuerdo con los cambios.[11] La empresa tendrá una gran ventaja competitiva siempre que disponga de sólidas capacidades de gestión de operaciones para integrar todas sus actividades con los elementos de la cadena de suministro.[12]

Insuficiencia de relación lineal

Incluso si la cadena de valor está firmemente integrada con la cadena de suministro ascendente, es decir, los proveedores (S1 a S5), y con la cadena de suministro descendente, es de-

---

10 Shih, Chien, Shih y Chang (2009); https://appleinsider.com/articles/
    21/11/02/apple-gets-preferential-treatment-in-close-tsmc-partnership
11 Katsuhiko Shimizu y Michael A. Hitt, "Strategic Flexibility: Organizational Preparedness to Reverse Ineffective Strategic Decisions", *The Academy of Management Executive (1993-2005)* 18, no. 4 (November 2004): 44-59.
12 https://keydifferences.com/difference-between-supply-chain-and-value-chain.html

cir, los distribuidores (D1 a D3), todavía no necesariamente estaríamos ante la situación ideal (ver Figura 17.3). Eso es lo que ocurre cuando la firma aún no es una parte integrante de un ecosistema empresarial. Además, si la relación sigue siendo lineal, es posible que la dinámica no necesariamente coincida con la velocidad del cambio en el entorno empresarial general, especialmente del lado del cliente.

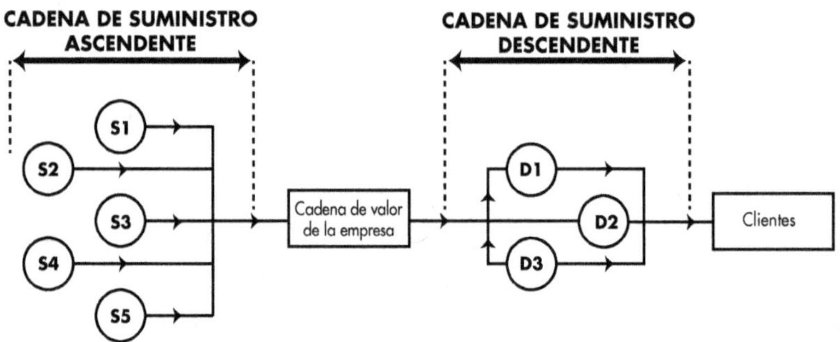

Figura 17.3. La relación lineal entre la cadena de valor y la cadena de suministro de una empresa

Para afrontar una situación dinámica y a menudo caótica, el enfoque lineal de la cadena de suministro ya no es adecuado, especialmente si es independiente o no está integrada. Debido a esta insuficiencia, es urgente que la cadena de valor evolucione hacia un ecosistema muy dinámico. Ese ecosistema funcionará como una red de valor que optimice todos los elementos implicados.[13]

Si las empresas dependen de un solo elemento en las cadenas de suministro, como los insumos, la producción, las ventas o la distribución, podrían dañar accidentalmente un negocio. Podrían quedar como rehenes por pagos que no han realizado o por un aumento de precios. Por ejem-

---

13 Véase Eamonn Kelly y Kelly Marchese en https://www2.deloitte.com/content/dam/insights/us/articles/platform-strategy-new-level-business-trends/DUP_1048-Business- ecosystems-come-of-age_MASTER_FINAL.pdf

plo, si una organización no puede recibir materia prima, si falla una máquina, se bloquea un sitio web, o no encuentra existencias en un depósito, es posible que tenga que detener todas las operaciones para evitar cuellos de botella.[14]

El ecosistema empresarial es el terreno fundamental

Según BCG, un ecosistema empresarial debe resolver un desafío empresarial y organizarse para lograr una propuesta de valor específica. El acceso a una amplia gama de capacidades, la aptitud de escalar rápidamente y la flexibilidad y la resiliencia son todas ventajas de los ecosistemas empresariales. Por ejemplo, Steve Jobs abrió el iPhone a los desarrolladores de aplicaciones de terceros, lo que permitió una avalancha de aplicaciones nuevas e ingeniosas.[15]

En definitiva, una empresa debe convertirse en parte activa de un ecosistema empresarial, tanto convencional como digital. Al conectar todos los elementos de un ecosistema, todas las partes, compuestas por proveedores (S), fabricantes (M), distribuidores (D) y clientes (C), tendrán un amplio acceso y flexibilidad para colaborar y cocrear, lo que proporcionará un rendimiento superior a todas las partes involucradas.[16] Como parte de un ecosistema empresarial sólido, existen muchas posibilidades de que una empresa mejore sus capacidades dinámicas, que son una base esencial para construir una ventaja competitiva (ver Figura 17.4).

---

14 https://smallbusiness.chron.com/strengths-weaknesses-supply-chain-75987.html

15 https://www.bcg.com/publications/2019/do-you-need-business-ecosystem

16 https://www2.deloitte.com/us/en/insights/focus/business-trends/2015/supply-chains-to-value-webs-business-trends.html

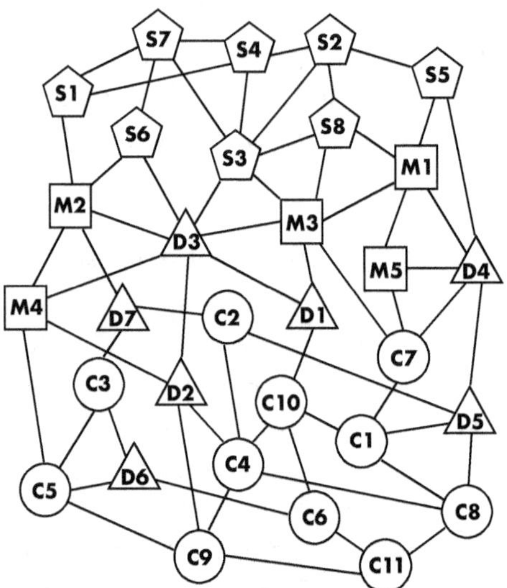

Figura 17.4. Ecosistema empresarial[17]

La empresa y sus aliados disfrutarán de los beneficios del ecosistema, lo que les proporcionará algunas ventajas. Cuanto mayor sea la interdependencia en un ecosistema, mayor será la rigidez. Sin embargo, la interdependencia también proporciona flexibilidad a todas las partes involucradas en el ecosistema empresarial para hacer frente a los rápidos cambios del entorno. Esta condición está de acuerdo con el principio de flexibilidad estratégica.

Ventajas de un ecosistema empresarial

Los ecosistemas empresariales pueden aportar varias ventajas a las partes que los integran:

- **Proporcionar una barrera de entrada sustancial.** El ecosistema empresarial puede funcionar como una fuerte

---

17 https://www2.deloitte.com/us/en/insights/focusbusiness-trends/2015/supply-chains-to-value-webs-business-trends.html

barrera para los nuevos entrantes. A los nuevos competidores no les alcanza con basarse solamente en la fortaleza de su cadena de valor para ganar la competencia. Los recién llegados tienen que enfrentarse al ecosistema en su conjunto, que, por supuesto, cuenta con el poder colectivo de todas las partes que lo integran.

- **Permitir soluciones para problemas de mayor alcance.** Un ecosistema optimizado facilita que una empresa haga innovaciones y brinde soluciones. Eso puede suceder tanto para resolver los problemas individuales de una empresa como para abordar colectivamente temas sociales y ambientales a escala global.[18] Un ecosistema dinámico que consta de recursos, capacidades y competencias compartidas con límites cada vez más difusos permite descubrir nuevos valores. Será fundamental para las empresas ayudarlas a afrontar este mundo feroz de forma independiente.[19]

- **Proporcionar plataformas versátiles.** El ecosistema empresarial es una plataforma para acelerar el proceso de aprendizaje, desarrollar ideas, compartir conocimientos y producir técnicas y tecnologías de su uso colectivo. Es un catalizador de innovaciones, que permite a múltiples partes colaborar y cocrear en una red intersectorial para respaldar los procesos de comercialización. Esa plataforma puede aumentar la eficiencia y eficacia tanto por empresa como colectivamente debido a la posibilidad de distribuir los costos operativos y de inversión entre las muchas partes del ecosistema.[20]

---

18 https://www.investopedia.com/terms/b/business-ecosystem.asp

19 https://smallbizclub.com/run-and-grow/innovation/how-is-a-business-ecosystem-a-key-driver-to-success/; https://www2.deloitte.com/content/dam/insights/us/articles/platform-strategy-new-level-business-trends/DUP_1048-Business-ecosystems-come-of-age_ MASTER_FINAL.pdf

20 https://www.timreview.ca/article/227 and https://smallbizclub.com/run-and-grow/innovation/how-is-a-business-ecosystem-a-key-driver-to-success/; https://www.tallyfox.com/insight/what-value-business-ecosystem

Operaciones en el escenario central

A medida que las empresas se integran más en un ecosistema empresarial, el papel de las operaciones adquiere mayor protagonismo, como se observa en el modelo *omnihouse.* Por un lado, la función de marketing en una empresa consiste principalmente en comprender el mercado y brindar soluciones a través de sus diferentes productos y servicios. Por el otro, la función financiera apunta a determinar si las múltiples innovaciones de marketing proporcionarán buenos márgenes y harán un uso productivo del capital de la empresa. El papel de la función de operaciones es permitir la ejecución de creación de valor que pueda cumplir con los objetivos de esas dos funciones.

Diferentes tecnologías sustentan las funciones operativas, especialmente aquellas en línea con este mundo cada vez más digitalizado. La tecnología también le permite a la empresa ser parte de un ecosistema empresarial para compartir funciones y cargas, y respaldar las actividades operativas dentro de la empresa. Las empresas pueden aprovechar las múltiples ventajas de un ecosistema para ofrecer lo mejor a los clientes, a los accionistas y a la comunidad. La función de operaciones también es una parte esencial para hacer realidad la idea de la tecnología para la humanidad.

Nuevo carácter de la excelencia operativa

Acorde con la importancia cada vez mayor de la participación de una empresa en un ecosistema empresarial, la excelencia operativa no puede depender únicamente de las capacidades de la gestión interna, las disciplinas internas o los valores de la empresa. De hecho, las empresas todavía necesitan prestar mucha atención a sus procesos internos. Al mismo tiempo, deberían encontrar formas de alinear los procesos internos con las interacciones que involucran a otras partes en un ecosistema empresarial.

Además de mantener la excelencia operativa existente en la empresa, es crucial comprender qué condiciones pueden mejorar la excelencia operativa de la empresa después de que se haya convertido en parte de un ecosistema empresarial. El objetivo es lograr una flexibilidad óptima a pesar de la rígida interdependencia de las empresas de ese ecosistema empresarial. Estas son algunas de las características de la nueva excelencia operativa de una empresa:

- **Interdependencia fluida.** ¿En qué medida coopera una empresa con partes del mismo ecosistema empresarial? ¿Cuál es el grado de interdependencia de una empresa con otras partes? Y ¿es fluida la relación? Cuantas más partes cooperen con una empresa y mayor sea la interdependencia, y cuanto más fluida sea una relación o conexión, mayor será el nivel de integración necesario.
- **Compatibilidad ideal.** Tenemos que ver hasta qué punto la tecnología utilizada en las actividades operativas de una empresa es compatible con la de las otras organizaciones de un ecosistema. Eso significa que debemos ver si esas organizaciones emplean un proceso y una metodología similares, si la empresa utiliza el mismo protocolo que las otras partes, si todas se relacionan con una gobernanza universal dentro de un ecosistema o si la cultura de las personas es congruente con la de las otras organizaciones. Estas deben ser totalmente compatibles al interactuar con un ecosistema. Cuanto más perfecta sea la compatibilidad de una organización en un ecosistema empresarial, más mostrará la empresa el carácter de una nueva excelencia operativa.
- **Capacidad de respuesta inmediata.** Formar parte de un ecosistema empresarial permite que una empresa

mantenga su relevancia en un entorno empresarial en constante cambio. Las empresas pueden aprovechar el ecosistema empresarial para responder rápidamente a los cambios, incluso si muestran trayectorias discontinuas.

Cuanto más rápida sea la capacidad de respuesta operativa de la empresa respaldada por su ecosistema, más fuerte será la indicación de que la empresa está logrando una nueva excelencia operativa.

Esa nueva capacidad de excelencia operativa es lo que llamamos excelencia posoperacional. La combinación de esos tres aspectos de la excelencia posoperacional determinará un alto grado de flexibilidad, porque la empresa podrá ejecutar procesos operativos de forma modular y ajustarlos fácilmente cuando sea necesario. El punto máximo de los tres aspectos constituirá la frontera de flexibilidad (ver Figura 17.5).

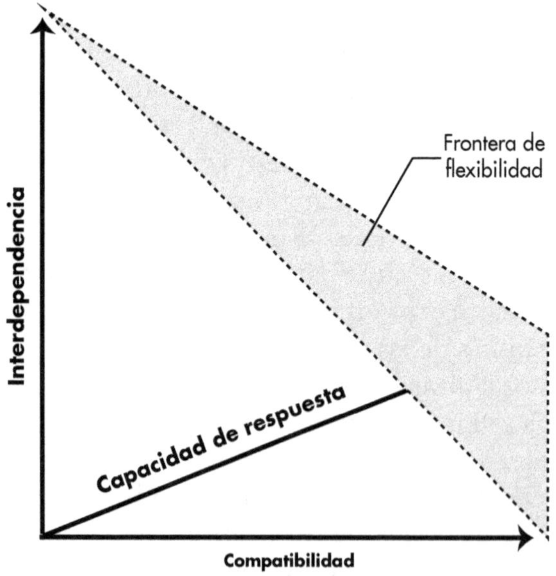

Figura 17.5. La frontera de la flexibilidad

Supongamos que el entorno empresarial muestra una dinámica que excede la frontera de flexibilidad imaginaria. En ese caso, todas las partes del ecosistema deben trabajar duro para aprovechar conjuntamente su interdependencia como fortaleza colectiva, mejorar su compatibilidad y aumentar su capacidad de respuesta. Esos tres esfuerzos pueden empujar la frontera de la flexibilidad más allá de la dinámica del entorno empresarial para que todas las partes del ecosistema empresarial puedan seguir siendo relevantes. No obstante, dado que la frontera de la flexibilidad ya va por delante de la dinámica empresarial, depende de los esfuerzos de cada empresa como parte del ecosistema para maximizar las oportunidades y posibilidades disponibles.

Con esa flexibilidad, la gerencia puede acelerar el crecimiento de la empresa. El mercado está cada vez más abierto. Siempre que el sistema logístico disponible pueda llegar hasta ellos, la empresa podrá, sin duda, atender a ese mercado. Además, una empresa también puede optimizar el proceso de desarrollo de productos y los servicios de soporte. Las posibilidades de diversificación también son cada vez más importantes. Por último, la empresa debe responder nuevamente a la pregunta fundamental sobre su competencia central y en qué medida esta seguirá siendo relevante, e incluso conferirle una competencia distintiva.

Ampliar el QCD

Las empresas pueden mejorar sus logros en los tres elementos de QCD, que dependen no solo de procesos internos de la empresa relacionados con la colaboración interfuncional sino también de los procesos que pueden manejar múltiples socios de un ecosistema empresarial. Las organizaciones pueden reducir costos recurriendo a la eficiencia desde la fase de diseño hasta la venta de un producto y dependiendo de la eficiencia colectiva de un ecosistema empresarial. Las firmas también pueden entregar más rápidamente esos productos y servicios de acuerdo con los pedidos de los clientes.[21]

Inicialmente, el QCD dependía solo de la flexibilidad limitada de la cadena de valor de la empresa o, en un nivel superior, de las relaciones con las cadenas de valor ascendentes y descendentes que eran lineales por naturaleza. Pero ahora, las empresas pueden tener mucha mayor flexibilidad si reorganizan todos sus procesos operativos para que tengan mayor congruencia con el ecosistema en el que participan, principalmente si pueden posicionarse más cerca de la frontera de la flexibilidad. En resumen, las empresas pueden ampliar su límite de QCD (ver Figura 17.6).

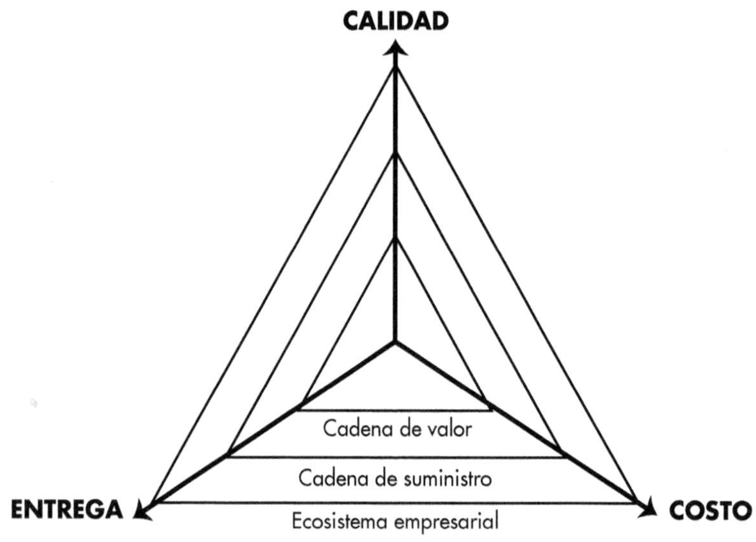

Figura 17.6. Ampliar el límite de QCD

---

21 Masaaki Imai, *Gemba Kaizen: A Commonsense Approach to a Continuous Improvement Strategy* (New York, NY: McGraw-Hill, 2012).

Gestionar la rigidez y la flexibilidad

En efecto, hemos entrado en una era completamente diferente, con un nuevo panorama empresarial, lleno de interrupciones en la trayectoria de muchas industrias. Todo eso afecta a la forma en que opera una empresa. Se necesita excelencia posoperacional basada en un ecosistema empresarial más avanzado que gestione tres aspectos, a saber: la interdependencia, la compatibilidad y la capacidad de respuesta.

Aunque importante, la integración departamental no es suficiente para hacer frente a la dinámica del entorno empresarial ahora y en el futuro. El famoso concepto de cadena de valor desarrollado por Michael Porter será aún mejor si no lo vemos como un proceso unidireccional, sino como uno que también permite un proceso iterativo y flexibilidad en cada punto de la cadena de valor. Ese proceso iterativo y la flexibilidad permitirán a la empresa ofrecer un valor al cliente más rápido y continuo, adaptándose al mismo tiempo a los cambios externos.

La empresa puede utilizar sus recursos internos, capacidades y competencias dentro de la división o subdivisión para crear competitividad. Pero además de eso, debería utilizar redes externas de socios críticos para garantizar un proceso flexible de creación de valor. La creación de redes con socios estratégicos es la razón por la que la integración con la cadena de valor juega un papel vital para aumentar la ventaja competitiva de la empresa. Esa integración también afectará a la gestión operativa de la empresa en un proceso de creación de valor.

La tecnología que proporciona conectividad con un ecosistema empresarial permite a las empresas aprovechar las ventajas del ecosistema.[22] Las empresas deben transformarse y adoptar la excelencia posoperacional como un nue-

---

22 https://www.jbs.cam.ac.uk/wp-content/uploads/2020/08/wp1006.pdf

vo valor o característica. Las estructuras organizativas con gran inercia ya no tienen cabida. Debemos eliminar inmediatamente la cultura corporativa que no tiene una mentalidad abierta y se resiste a lo nuevo. La conectividad con los ecosistemas, especialmente con aquellos con soporte de tecnología digital, permite a las empresas descubrir y hacer realidad nuevos valores que antes no eran posibles cuando solo se dependía de las cadenas de valor tradicionales.[23]

En conclusión, una empresa debe tener la capacidad de gestionar simultáneamente la rigidez y la flexibilidad. Esa capacidad –incluida la coordinación– abrirá oportunidades más importantes para lograr economías de alcance.[24] En resumen, las empresas de hoy deben ser capaces de construir una flexibilidad estratégica para dirigirse con éxito hacia 2030, lo que es un paso importante hacia las próximas décadas.[25]

Conclusiones clave

- La rigidez de una empresa puede deberse a una mentalidad empresarial débil, al estancamiento de la creatividad y la innovación, a ignorar la competencia, a no cuidar a los clientes, a no transformar el modelo de negocio, a ignorar los cambios del macroentorno y a una débil orientación a la digitalización.

---

23 https://www.linkedin.com/pulse/death-value-chain-new-world-order-requires-ecosystem-analysis-shwet

24 Para más información sobre el mecanismo de coordinación, véase https://www. bptrends.com/bpt/wp-content/uploads/05-02-2017-COL-Harmon-on-BPM-Value-Chains.pdf

25 Michael A. Hitt, Barbara W. Keats y Samuel M. DeMarie, "Navigating in the New Competitive Landscape: Building Strategic Flexibility and Competitive Advantage in the 21st Century", *Academy of Management Perspectives* 12, no. 4 (November 1998). https://doi.org/10.5465/ame.1998.1333922

- Una fuerte integración de la cadena de suministro crea rigidez, al mismo tiempo que permite flexibilidad a las empresas para responder a la dinámica del mercado.
- Los ecosistemas empresariales pueden proporcionar una barrera de entrada, soluciones a amplios problemas y plataformas versátiles.

Visualizando la próxima curva

La sección central del modelo *omnihouse* –los conceptos de CI-EL y PM-PG, que se inspiran también en historias mitológicas arraigadas en la cultura javanesa (ver Apéndice)– es necesaria para que las empresas aseguren su viaje hacia el futuro. Sin embargo, además de comprender las condiciones actuales, también debemos poder observar lo que probablemente debamos enfrentar en el futuro. La implementación del marketing empresarial no será óptima y no tendrá un impacto significativo si no estamos preparados para anticiparnos a lo que sucederá.

¿A qué nos estamos enfrentando?

A partir de diversos acontecimientos de los últimos años, hoy en día nos encontramos en las siguientes condiciones.

La colaboración es imprescindible

No todas las empresas tienen acceso de forma individual a ventajas que les ayuden a afrontar los retos futuros. Aquellas que cuentan con fuentes de ventaja muy limitadas o insuficientes para superar los desafíos necesitan redefinir de inmediato la competencia y pensar en cómo colaborar con otras partes, incluso con sus competidores. *Colaboración* es la palabra fundamental para llevar nuestra empresa al futuro.

Clientes altamente sofisticados

En un mundo cada vez más conectado, los clientes también están cambiando. Desde principios de la década de 2010, nuestros clientes parecen haberse metamorfoseado en un nuevo tipo de consumidor porque pueden encontrar y absorber fácilmente una cantidad extraordinaria de información. Se han vuelto muy sofisticados y tienen un poder de negociación cada vez más fuerte. Captar nuevos clientes es cada vez más complicado, por no hablar de satisfacerlos, por lo que necesitamos encontrar nuevas formas de gestionarlos.

La necesidad de hacer converger las dicotomías

Las empresas deben poder adaptarse a cambios significativos en el entorno empresarial apoyándose en la flexibilidad o en la agilidad. Deben renovarse continuamente para permanecer en el largo plazo. Por esa razón, es necesario hacer converger las diferentes dicotomías; por ejemplo, la generacional o la tecnológica, y fusionar la mentalidad empresarial con el profesionalismo. Llevar a cabo el imprescindible proceso de convergencia constituye todo un desafío para las empresas en general.

Son imprescindibles una estrategia y tácticas sólidas

El cada vez más dinámico y complejo entorno empresarial requiere que analicemos detalladamente el impacto de todos los cambios en las empresas que gestionamos. Debemos entonces identificar diferentes opciones, lo que a veces no es fácil de hacer, y al mismo tiempo tener en cuenta las distintas competencias con que contamos. Por último, es necesario que desarrollemos una estrategia sólida y tácticas coherentes.

La importancia de la gente talentosa

Para garantizar el éxito, necesitamos gente talentosa con diferentes capacidades. No podemos esperar que una sola persona posea todas las calificaciones necesarias. Por lo tanto, las empresas deben encontrar, atraer, desarrollar y retener a las mejores personas. Las empresas deben brindar condiciones que les permitan a esos talentos liberar su potencial, involucrarse plenamente con la empresa y actualizarse. Las empresas deben tener capacidades omnidireccionales para seguir siendo relevantes y continuar existiendo a largo plazo.

Integrar lo interno y lo externo

Debemos desterrar todos los silos dentro de la empresa. Si no podemos contar con una colaboración interdepartamental en una empresa por causa de esos silos, no esperemos que podamos colaborar bien con las diferentes partes externas y hacer algo relevante y significativo para el bien de la sociedad. Primero debemos garantizar la integración de todas las divisiones de la empresa antes de avanzar hacia algo más grande. Es necesario que nos atrevamos a revisar o actualizar nuestra cadena de valor, formar parte del ecosistema empresarial (tanto del convencional como del digital) y aprovechar las ventajas del ecosistema para seguir siendo sostenibles.

La era del marketing impulsado por la tecnología

El marketing impulsado por la tecnología ha cambiado la forma en que implementamos la gestión de clientes, productos y marcas ahora y en el futuro. La tecnología, en términos generales, también debe estar dirigida a toda la humanidad. Internamente, es necesario que proporcionemos diferentes tecnologías de apoyo a nuestra gente para que puedan maximizar su creación de valor. Debemos proporcionar tecnología a nuestros clientes, para que nuestras soluciones sean accesibles. También tenemos que utilizar diferentes tecnologías para garantizar que la sociedad y el medio ambiente siempre sean cuidados de la mejor manera posible.

La flexibilidad operativa es crucial

El aspecto operativo, por supuesto, también se verá afectado. Las empresas deben equilibrar diferentes procesos operativos rígidos según las demandas muy flexibles del mercado. Al mismo tiempo, tanto las empresas B2C como B2B deben mejorar la calidad de sus productos y servicios de soporte con costos más eficientes y entregas de acuerdo con las expectativas de los clientes (incluso cautivándolos). Todos los puntos de contacto deben poder proporcionar una excelente experiencia al cliente.

Lo que está por venir sí importa

Con independencia de la gravedad que hayan tenido los efectos de la pandemia de COVID-19, ha llegado la hora de recuperarnos. A pesar de la incertidumbre global que se avecina, habrá varios fenómenos interesantes en los próximos años a los que debemos anticiparnos.

La era dorada pendiente de la generación Z

Según el Foro Económico Mundial, en comparación con las generaciones anteriores y basándonos en datos de 2020, podemos ver que la tasa de desempleo de la generación Z casi se ha duplicado en casi todos los países de la OCDE. Ese elevado índice de desempleo se debe a que los jóvenes de la generación Z están buscando trabajo (la mayoría de ellos acaban de terminar la universidad o la escuela secundaria) y, casualmente, están sobrerrepresentados en sectores de servicios como viajes y restaurantes, que se han visto muy afectados por la reciente pandemia. La generación Z perderá su oportunidad de acumular experiencia laboral y capacitación, esenciales para el desarrollo de sus capacidades, lo que afectará a sus trayectorias profesionales en el futuro.[1] La era dorada de la generación Z parece haber quedado un poco retrasada.

El comienzo del metaverso

La evolución de las comunidades web aún está en curso; de la web 1.0 se ha pasado a la web 2.0, y ahora nos embarcamos en la era de la web 3.0, la era del metaverso. Como se ha debatido ampliamente en diversos foros, el metaverso, que aún se encuentra en su etapa embrionaria, revolucionará todo, desde el comercio electrónico, los medios de comunicación y el entretenimiento hasta el sector inmobiliario. El metaverso puede transformar la forma en que interactuamos socialmente y hacemos negocios e incluso hacernos dar un gran salto en la economía de Internet.

Mayor relevancia de los criterios ESG

Los ESG se han convertido en un criterio no financiero fundamental en el análisis de los inversores, que es la base para comprender los riesgos reales de una empresa y el potencial de su crecimiento. Estas mediciones son ahora una parte inte-

---

1   https://www.weforum.org/agenda/2021/03/gen-z-unemployment-chart-global-comparisons/#:~:text=There%20are%20more%20than%202,about%2027%25%20of%20the%20workforce

gral del proceso de selección de inversiones.[2] La aplicación de los criterios ESG demuestra la adopción generalizada del enfoque por las partes interesadas en diversas empresas. Además, el uso simultáneo de la medición ESG muestra que las diferentes magnitudes no financieras se están volviendo cada vez más significativas para determinar el valor de una empresa y ver en qué medida hace realidad sus diversos valores. Los criterios ESG se han convertido en un estándar cada vez más adoptado.[3]

Se acerca la fecha límite de los ODS

La Organización de las Naciones Unidas (ONU) puso en marcha en 2015 los Objetivos de Desarrollo Sostenible (ODS) para erradicar la pobreza, proteger nuestro planeta y garantizar que en 2030 todo el mundo pueda disfrutar de una vida plena de paz y prosperidad. Los ODS son importantes para las empresas, aunque cada una de ellas puede aplicar un énfasis diferente en cada objetivo de los ODS. Estos son una guía imprescindible para que las empresas puedan alinear sus diversas estrategias con los intereses de la sociedad actual. Curiosamente, los ODS también están en armonía con el nuevo tipo de marketing empresarial, porque hacen hincapié en la innovación y las oportunidades para abrir nuevos mercados.[4]

Los 7 Graves (The Wicked 7)

Al igual que los ODS, lo que vemos en los 7 Graves puede enriquecer nuestra visión con respecto a los diferentes

---

2   https://www.cfainstitute.org/en/research/esg-investing#:~:text=ESG%20 stands%20for%20Environmental%2C%20Social,material%20risks%20 and%20growth%20opportunities.&text=This%20guide%20takes%20fiduciary%20duty,important%20ESG%20 issues%20into%20account

3   https://cglytics.com/what-is-esg/

4   https://www.17goalsmagazin.de/en/the-relevance-of-the-sustainable-development-goals-sdgs-for-companies/

problemas urgentes que afectan al mundo, como lo son la destrucción de la naturaleza, la desigualdad, el odio y el conflicto, el poder y la corrupción, el trabajo y la tecnología, la salud y los medios de subsistencia, y la población y la migración. Esos siete problemas también forman parte de los cinco subelementos del cambio.[5]

La era del compartir y la economía circular

Estamos cada vez más familiarizados con el término *economía colaborativa* en consonancia con el creciente número de partes que la adoptan. El desarrollo de la economía colaborativa es inseparable de la facilidad con la que todo el mundo está conectado a través de múltiples redes y plataformas digitales.[6] Además de la economía colaborativa, también escuchamos cada vez más hablar de la *economía circular*, que se basa en tres principios: eliminar los residuos y la contaminación, hacer circular productos y materiales a su máximo rendimiento y regenerar la naturaleza.[7] Debemos tener en cuenta todas las consecuencias de apoyar iniciativas de reutilización, reducción y reciclaje.

La próxima curva

La próxima curva es nuestro viaje de 2022 a 2030. El trayecto a 2023, tal como lo predice el FMI, se considera lleno de incertidumbre. Más allá de 2023 aún no hay demasiado que decir en este momento, y mucho menos sobre el viaje hasta 2030.

---

5   Véase Christian Sarkar y Philip Kotler, *Brand Activism: From Purpose to Action* (Idea Bite Press, 2021).

6   https://english.ckgsb.edu.cn/knowledges/what-happened-sharing-economy-in-china/

7   https://ellenmacarthurfoundation.org/topics/circular-economy-introduction/overview

Remitiéndonos al crecimiento económico publicado por el FMI, en la Tabla E.1 podemos ver que la economía mundial seguirá aumentando, aunque después de 2021 las proyecciones muestran que habrá un crecimiento más lento hasta 2023.

Tabla E.1. Crecimiento económico global (%)[8]

	2019	2020	2021	2022	2023*
Economía global	2,9	−3,1	6,1	3,2	2,9
Economías avanzadas	1,7	−4,5	5,2	2,5	1,4
Mercados emergentes y economías en desarrollo	3,7	−2,0	6,8	3,6	3,9

*Proyecciones.

Sistemáticamente, el crecimiento de las economías emergentes y en desarrollo se muestra mayor que el de las economías avanzadas. A pesar de la desaceleración después de 2021, todavía hay un crecimiento económico positivo. Además, podemos ver que el crecimiento económico global proyectado para 2022 es mejor que en 2019, y se estima que el crecimiento económico en 2023 será el mismo que en 2019.*

El FMI expresó que las perspectivas económicas mundiales tienden a ser sombrías e inciertas. En su opinión, son varias las causas, entre ellas el desempeño decreciente de los grandes países considerados potencias económicas, a saber, China, Rusia y Estados Unidos. La guerra en Ucrania también contribuyó al deterioro de la economía global, especialmente en Europa, debido al cese del suministro de gas procedente de Rusia. Además, la fragmentación geopo-

---

8 https://www.imf.org/en/Publications/WEO/Issues/2020/06/24/WEOUpdateJune 2020;https://www.imf.org/en/Publications/WEO/Issues/2022/07/26/ world-economic-outlook- update-july-2022

* La primera edición de este texto es de 2019. Por lo tanto, las proyecciones -cumplidas, por cierto- no exceden del año 2023.

lítica continúa ensombreciendo y puede obstaculizar la cooperación y el comercio globales. También se espera que aumente la tasa de inflación mundial.[9]

La economía global puede mejorar, estancarse o incluso empeorar después de 2023. Nuestra actitud actual ante las diversas posibilidades de aquí a 2025 es muy decisiva. Pase lo que pase en la próxima curva de esta era posnormal, no podemos quedarnos quietos. Esta situación incierta también sugiere que cada vez se vuelve más relevante adoptar un enfoque holístico del marketing empresarial para enfrentar un mundo que será muy complicado (ver Figura E.1).

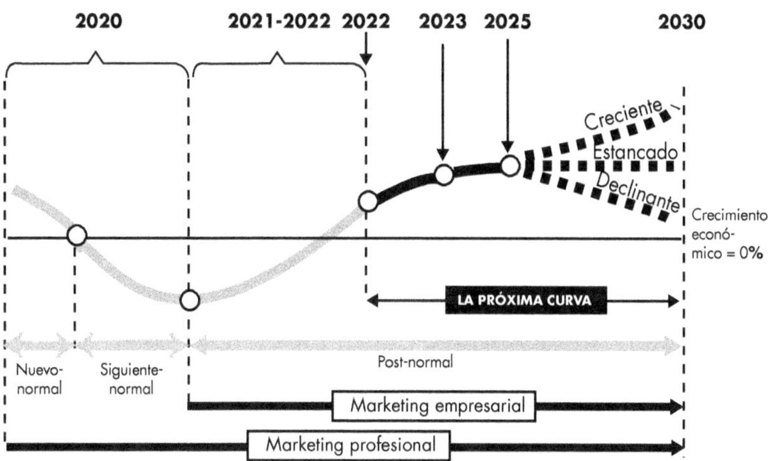

Figura E.1. La próxima curva 2022–2030

Durante el peor momento de la pandemia de COVID-19, aunque muchas empresas experimentaron entonces un descenso en sus rendimientos, resultó que había muchas empresas que podían sobrevivir incluso sin un crecimiento signifi-

---

9   https://www.imf.org/en/Publications/WEO/Issues/2022/07/26/world-economic-outlook-update-july-2022

cativo (estando estancadas). Otras empresas pudieron crecer, no solo por la influencia de las ganancias inesperadas, sino también porque habían conseguido hacer converger su enfoque profesional con una mentalidad empresarial.

Políticas de recursos, capacidades y competencias

Las empresas que aún pueden crecer deben optimizar sus recursos, alinear las diferentes capacidades para adaptarlas a su dirección estratégica impulsada por un propósito e identificar sus competencias distintivas en una situación de crecimiento. En un estado de crecimiento, las empresas pueden incluso considerar la posibilidad de diversificar.

Las empresas con un desempeño estancado pueden enfatizar sus esfuerzos por aumentar la eficiencia, la eficacia y la productividad general. Pueden llevar a cabo diferentes estrategias de marketing o ajustes de tácticas. Ese ajuste puede requerir recursos adicionales, mejorar las capacidades existentes, calibrarlas con la revitalización de la dirección estratégica y reenfocarse en las competencias básicas.

En una situación declinante, las empresas deben realizar un proceso de renovación aprovechando cualquier oportunidad de negocio disponible. Las empresas pueden necesitar recursos adicionales además de los diversos recursos existentes e incluso buscar otros nuevos. También deben mejorar sus capacidades actuales y establecer capacidades nuevas y únicas. Por último, las empresas pueden revisar sus competencias actuales o comenzar a desarrollar otras nuevas (ver Tabla E.2).

Como ha dicho el FMI, el camino que tenemos por delante está lleno de incertezas. La incertidumbre es algo a lo que mucha gente teme. Un estudio reveló que la imprevisibilidad aumenta de forma significativa el malestar de las personas, lo que según Ema Tanovic puede intensificar aún más la forma en que percibimos las situaciones amenazantes.[10] No obstante, debemos seguir siendo optimistas, pero también realistas a la hora de afrontar diversos desafíos en el futuro.

Tabla E.2. Desempeño de la empresa y opciones para los próximos pasos

Desempeño de la empresa	Recursos	Capacidades	Competencias
Creciente	Optimizar recursos disponibles	Alinear las capacidades con dirección estratégica impulsada por propósito	Buscar competencias distintivas
Estancado	Sumar más recursos	Actualizar las capacidades existentes y calibrarlas con dirección de revitalización estratégica	Reenfocarse en competencia central
Declinante	Sumar más recursos y/o adquirir nuevos recursos	Actualizar las capacidades existentes y/o construir nuevas capacidades (únicas) para la renovación	Reavivar competencias existentes o desarrollar nuevas competencias

Por un lado, cuanto más demoremos o pospongamos el cambio, mayor será el potencial de complicaciones que surjan con el tiempo, empeorando la situación de la empresa y finalmente haciéndola colapsar. Por el otro, David

---

10 https://www.bbc.com/worklife/article/20211022-why-were-so-terrified-of-the-unknown

Teece demostró que no podríamos evitar ni hacer frente a las incertidumbres aunque ejecutáramos inmediatamente el proceso de renovación

Por lo tanto, no dudemos en colaborar. Utilicemos una mentalidad emprendedora junto con el profesionalismo. Hagamos converger diferentes dicotomías y desarrollemos e implementemos estrategias y tácticas sólidas. Asegurémonos de que nuestra gente talentosa no quede atrapada en silos dentro de la empresa y que esté lista para formar parte del ecosistema empresarial.

Debemos permanecer alerta y anticipar diferentes cosas que tendrán un impacto significativo en el futuro, por ejemplo, la llegada de la generación Zer y el surgimiento del metaverso. Seamos flexibles con los cambios y no seamos alérgicos a la tecnología si es necesaria.

No hay nada de malo en mantener nuestro fuerte afán de rentabilidad, pero eso no significa que podamos olvidar diversas prioridades de responsabilidad relacionadas con los aspectos sociales y ambientales de la vida. Para quienes aún no lo han hecho, este es el momento de incorporar inmediatamente el elemento sostenibilidad al modelo de negocio de su empresa.

Los desafíos de la próxima curva no son fáciles, pero eso no significa que no podamos superarlos. Está demostrado que los seres humanos han sobrevivido a infinidad de catástrofes y desafíos durante miles de años. Si los humanos fortalecen continuamente sus mentes, usan sus conciencias y las utilizan como un faro de marketing, el futuro está en sus manos. Por lo tanto, rendirse no es una opción.

¡Bienvenidos a la próxima curva!

Apéndice

Punokawan y Pandava

Los símbolos míticos indonesios
del CI-EL y el PM-PG en el modelo *omnihouse*

El concepto de marketing empresarial tiene por objeto responder a los desafíos futuros. La existencia de la digitalización y la pandemia de COVID-19 requieren que los líderes sean ágiles, flexibles y resilientes para hacer frente al cambio. El CI-EL es la respuesta para que la gente de negocios, los funcionarios gubernamentales, los activistas sociales y los líderes de diversas organizaciones no vacilen al responder al entorno dinámico.

El concepto de CI-EL se inspira además en la filosofía nativa indonesia, especialmente en el teatro *wayang*, uno de los géneros del patrimonio cultural de Indonesia. De acuerdo con la tradición javanesa, las historias *wayang* se basan en mitologías autóctonas y epopeyas indias.[1] El *wayang* floreció en las cortes reales de Java –la isla principal de Indonesia– y Bali durante diez siglos, expandiéndose a islas vecinas –Lombok, Madura, Sumatra y Kalimantan–, donde

---

1   https://ich.unesco.org/en/RL/wayang-puppet-theatre-00063

ha evolucionado hacia diferentes estilos locales de representación y acompañamientos musicales.

La historia representada popularmente en los espectáculos *wayang* es el Mahabharata, una de las dos epopeyas más importantes de la antigua India, además del Ramayana.[2] Los protagonistas principales de la historia narrada en el Mahabharata son los Pandava, cinco hermanos llamados Yudhishthira, Bhima, Arjuna, Nakula y Sadewa. Ellos son nobles y asimismo caballeros con diferentes poderes sobrenaturales.

En la tradición javanesa hay además cuatro figuras locales conocidas como la versión javanesa de los payasos, llamados los Punokawan. Estos son sirvientes de los Pandava. Los Punokawan son cuatro personajes: Semar, Gareng, Petruk y Bagong. Aunque se los describe como personajes cómicos, poseen grandes habilidades y sabiduría. Suelen ser ayudantes y consejeros de los Pandava.

Esa colaboración entre los Punokawan y los Pandava inspiró los conceptos de CI-EL (creatividad, innovación, espíritu emprendedor y liderazgo) y de PM-PG (productividad, mejora, profesionalismo y gestión] como una de las primeras dicotomías en el modelo *omnihouse*. Los Punokawan, con toda su singularidad y su comportamiento divertido –muchas veces proporcionan soluciones inesperadas–, son símbolos del CI-EL. En tanto que los Pandava, como personajes de "elite", son la manifestación del PM-PG.

Los Punokawan como símbolo del CI-EL

La figura más joven de los Punokawan es Bagong. Bagong es bajo y relleno, pero su boca y sus ojos son grandes.[3] Es

---

2   Amaresh Datta, *The Encyclopaedia of Indian Literature* (Vol 2: Devraj to Jyoti). (New Delhi: Sahitya Akademi, 1988).

3   https://www.indonesia.travel/gb/en/trip-ideas/wayang-s-own-four-musketeers-punokawan4https://indonesiar.com/getting-to-know-the-punakawan-characters-petruk-in-javanese-puppetry/

un personaje divertido, le gusta entretener y es inteligente. Aunque sus movimientos no son tan ágiles como los de sus hermanos, Bagong se caracteriza por tener muchas ideas. Por eso lo hemos elegido como un ícono de la creatividad.

La segunda figura de los Punokawan es Petruk. Este personaje tiene un gran sentido del humor pero es también un ágil luchador. Petruk es alto, tiene un rostro peculiar, con una nariz larga. Otras partes de su cuerpo –manos, cuello y piernas– son de características similares. Petruk posee muchas habilidades mágicas y está dispuesto a ponerlas a prueba en diferentes situaciones.[4] Así, se asemeja a un innovador al que le gusta experimentar con nuevas ideas, y es por lo tanto símbolo de la innovación.

El siguiente personaje es Gareng. A diferencia de los otros Punokawan, a Gareng se lo representa como una figura humana con algunos rasgos atípicos. Tiene los ojos bizcos, las manos imperfectas y los pies cojos.[5] Pero en realidad, la imperfección física de Gareng representa su habilidad especial. Los ojos bizcos no son una debilidad; simbolizan la precisión y minuciosidad para ver el entorno circundante. Con esa precisión, Gareng puede ver oportunidades que otros han pasado por alto. Esa habilidad para ver oportunidades es una de las características principales del espíritu emprendedor.

De los Punokawan, Semar es la figura más veterana; constituye la figura paterna para los otros Punokawan. Semar es representado como un personaje gordo, de baja estatura, de asentaderas grandes y una nariz respingona.[6] En las historias *wayang* javanesas, es el líder

____

4   https://indonesiar.com/getting-to-know-the-punakawan-characters-petruk-in-javanese-puppetry/

5   https://soedonowonodjoio.family/the-story-of-our-ancestors/dive-into-the-philosophical-meaning-of-gareng,-javanese-puppet-characters.html

6   Claire Holt, *Art in Indonesia: Continuities and Change* (Ithaca, NY: Cornell University Press, 1967).

de los otros Punokawan y desempeña un papel central como consejero de los Pandava. Por lo tanto, es muy apropiado que Semar simbolice el liderazgo.

Figura A.1. Los Punokawan

Los Pandava como símbolo del PM-PG

Los más jóvenes de los cinco hermanos Pandava son los gemelos Nakula y Sadewa. Nakula tiene un profundo conocimiento de la cría de caballos. También se dice que es un gran espadachín.[7] Sadewa, el menor de los gemelos, es el más joven de todos los Pandava, pero sabe mucho, en especial de astrología. Tiene además la misma destreza que su hermano como espadachín.[8] Con sus habilidades y conocimientos diferentes, los gemelos pueden satisfacer muchas necesidades de sus hermanos.

---

7   Kanjiv Lochan, *Medicines of Early India* (con apéndice de un texto antiguo poco conocido) (Varanasi:Chaukhambha Sanskrit Bhawan, 2003).

8   https://dbpedia.org/describe/?uri=http%3A%2F%2Fdbpedia.org%2 Fresource%2FSahadeva

Por eso es que son adecuados para simbolizar la productividad.

El personaje siguiente es Arjuna. En la epopeya del Mahabharata es el tercero entre los Pandava. Arjuna fue un estudiante sobresaliente en sus años de formación, y el preferido de su adorado maestro, Drona, quien también lo favoreció. De mayor, se convierte en un arquero de notable habilidad.[9] Arjuna siempre trata de mejorar sus poderes sobrenaturales por medio de la meditación y de la práctica. Por esa insistencia en seguir progresando elegimos a Arjuna como símbolo del mejoramiento.

Figura A.2. Los Pandava

Bhima es un personaje Pandava con habilidades excepcionales para el combate. Su tremenda estatura y su fuerza lo distinguen de sus hermanos.[10] Por su capacidad física, no es infrecuente que Bhima se encargue de dirigir la batalla. Puede llevar a cabo tareas pesadas con excelencia. Por lo tanto, Bhima es la figura correcta para simbolizar el profesionalismo.

---

9   https://www.britannica.com/topic/Arjuna
10 https://detechter.com/bhima-who-slayed-all-kauravas-including-duryodhana/

Yudhishthira es el mayor de los otros cuatro personajes Pandava. Honestidad, justicia, tolerancia y discernimiento son todas cualidades que posee. También es conocido por ser muy estricto con las reglas.[11] Esa característica a veces lo lleva a ser demasiado rígido al dirigir a los demás Pandava. Como el hermano mayor, Yudhishthira es la figura más adecuada para representar el concepto de gestión.

---

11 https://www.mahabharataonline.com/stories/mahabharata_character.
php?id=59

Sobre los autores

PHILIP KOTLER es profesor emérito de la Escuela de Administración Kellogg, de la Universidad Northwestern, donde ocupó la cátedra de marketing internacional de S.C. Johnson & Son. Es una de las principales autoridades mundiales en marketing, ampliamente considerado como el "padre del marketing moderno". Ha recibido numerosos premios y títulos honoríficos de universidades de todo el mundo, y fue votado como el Gurú Número 1 en Management en la lista de los 30 Principales Gurúes en Management (2022). El *Wall Street Journal* lo ubica entre los seis principales pensadores de negocios más influyentes. Posee una maestría de la Universidad de Chicago y un doctorado del MIT, ambos en economía. Philip tiene una increíble presencia internacional: sus libros han sido traducidos a más de 25 idiomas, y da charlas regularmente en el circuito internacional.

HERMAWAN KARTAJAYA es el fundador y presidente de MarkPlus, Inc., e integra la lista "50 Gurúes Que Han Moldeado el Futuro del Marketing" confeccionada por el Instituto Colegiado de Marketing del Reino Unido. Recibió el premio al Liderazgo Global Distinguido de la Pan-Pacific Business Association que otorga la Universidad de Nebraska-Lincoln. Es además presidente del Consejo Asiático para Pequeñas Empresas y co fundador de la Federación Asiática de Marketing.

HOOI DEN HUAN es profesor asociado y ex jefe de la División de Marketing y Comercio Internacional y vice decano de la Escuela de Negocios de Nanyang, en la Universidad Tecnológica de Nanyang (NTU), Singapur. Obtuvo su licenciatura en la Universidad de Bradford y su doctorado en la Universidad de Manchester. Fue presidente del comité planificador de la licenciatura en negocios que creó los programas de la carrera empresarial en la NTU. Fue también director del Centro de Tecnoemprendimiento de la Universidad de Nanyang.

JACKY MUSSRY es vicepresidente y director ejecutivo de MarkPlus, Inc., donde ayuda a muchas empresas a diseñar estrategias corporativas y de marketing, así como sus programas de capacitación. Da también conferencias en varias prestigiosas universidades de Indonesia, además de ser un escritor y orador activo. Obtuvo su maestría en gestión de marketing y un doctorado en management estratégico en la Facultad de Economía y Negocios de la Universidad de Indonesia.